文库

丛书主编 郑毅

吉林志书

宋抵 点校

吉林文史出版社

《长白文库》总序

中华优秀传统文化是中华民族的“根”和“魂”，习近平总书记高度重视中华优秀传统文化，并将其作为治国理政的重要思想文化资源。“不忘本来才能开辟未来，善于继承才能更好创新。”“优秀传统文化是一个国家、一个民族传承和发展的根本，如果丢掉了，就割断了精神命脉。”中华优秀传统文化具有多样性和地域性等特征，东北地域文化是多元一体的中华文化中的重要组成部分。吉林省地处东北地区中部，是中华民族世代生存融合的重要地区，素有“白山松水”之美誉，肃慎、扶余、东胡、高句丽、契丹、女真、汉族、满族、蒙古族等诸多族群自古繁衍生息于此，创造出多种极具地域特征的绚烂多姿的地方文化。为了“弘扬地方文化，开发乡邦文献”，自20世纪80年代起，原吉林师范学院李澍田先生积极响应陈云同志倡导古籍整理的号召，应东北地区方志编修之急，服务于东北地方史研究的热潮，遍访国内百余家图书馆寻书求籍，审慎筛选具有代表性的著述文典300余种，编撰校订出版以《长白丛书》（以下简称《丛书》）为名的大型东北地方文献丛书，迄今已近40载。历经李澍田先生、刁书仁和郑毅两位教授三任丛书主编，数十位古籍所前辈和同人青灯黄卷、兀兀穷年，诸多省内外专家学者的鼎力支持，《丛书》迄今已共计整理出版了110部5000余万字。《丛书》

以“长白”为名，“在清代中叶以来，吉林省疆域迭有变迁，而长白山钟灵毓秀，蔚然耸立，为吉林名山，从历史上看，不咸山于《山海经·大荒北经》中也有明确记录，把长白山当作吉林的象征，这是合情合理的。”（《长白丛书》初版陈连庆先生序）

1983年吉林师范学院古籍研究所（室）成立，作为吉林省古籍整理与研究协作组常设机构和丛书的编务机构，李澍田先生出任所长。全国高校古籍整理工作委员会、吉林省教委和省财政厅都给予了该项目一定的支持。李澍田先生是《丛书》的创始人，他的学术生涯就是《丛书》的创业史。《丛书》能够在国内外学界有如此大的影响力，与李澍田先生的敬业精神和艰辛努力是分不开的。《丛书》创办之始，李澍田先生“邀集吉、长各地的中青年同志，乃至吉林的一些老同志，群策群力，分工合作”（初版陈序），寻访底本，夙兴夜寐逐字校勘，联络印刷单位、寻找合作方，因经常有生僻古字，先生不得不亲自到车间与排版工人拼字铸模；吉林文史出版社于永玉先生作为《丛书》的第一任责编，殚精竭虑地付出了很多努力，为《丛书》的完成出版做出了突出贡献；原古籍所衣兴国等诸位前辈同人在辅助李澍田先生编印《丛书》的过程中，一道解决了遇到的诸多问题、排除了诸多困难，是《丛书》草创时期的重要参与者。《丛书》自20世纪80年代出版发行以来，经历了铅字排版印刷、激光照排印刷、数字化出版等多个时期，《丛书》本身也称得上是改革开放以来中国印刷史的见证。由于《丛书》不同卷册在出版发行的不同历史时期，投入的人力、财力受当时的条件所限，每一种图书的质量都不同程度留有遗憾，且印数多则千册、少则数百册，历经数十年的流布与交换，有些图书可谓一册难求。

1994年，李澍田先生年逾花甲，功成身退，由刁书仁教授继任《丛书》主编。刁书仁教授“萧规曹随”，延续了《丛书》的出版生命，在经费拮据、古籍整理热潮消退、社会关注度降低的情况下，多方呼吁，破解困局，使得《丛书》得以继续出版，文化品牌得以保存，其功不可没。1999 年原吉林师范学院、吉林医学院、吉林林学院和吉林电气化高等专科学校合并组建为北华大学，首任校长于庚蒲教授力主保留古籍所作为北华大学处级建制科研单位，使得《丛书》的学术研究成果得以延续保存。依托北华大学古籍所发展形成的专门史学科被学校确定为四个重点建设学科之一，在东北边疆史地研究、东北民族史研究方面形成了北华大学的特色与优势。

2002 年，刁书仁教授调至扬州大学工作，笔者当时正担任北华大学图书馆馆长，在北华大学的委托和古籍所同人的希冀下，本人兼任古籍所所长、《丛书》主编。在北华大学的鼎力支持下，为了适应新时期形势的发展，出于拓展古籍研究所研究领域、繁荣学术文化、有利于学术交流以及人才培养工作的实际需要，原古籍研究所改建为东亚历史与文献研究中心，在保持原古籍整理与研究的学术专长的同时，中心将学术研究的视野和交流渠道拓展至东亚地域范围。同时，为努力保持《丛书》的出版规模，我们以出文献精品、重学术研究成果为工作方针，确保《丛书》学术研究成果的传承与延续。

在全方位、深层次挖掘和研究的基础上，整套《丛书》整理与研究成果斐然。《丛书》分为文献整理与东亚文化研究两大系列，内容包括史料、方志、档案、人物、诗词、满学、农学、边疆、民俗、金石、地理、专题论集 12 个子系列。《丛书》问世后得到学术界和出版界的好评,《丛书》初集中的《吉林通志》于 1987 年荣获全国古籍出版奖,三集中的《东三省政略》于 1992 年获国家新闻出版总署全国古籍整理图书奖，是当年全国地方文献中唯一获奖的图书。同年，在吉林省第二届社会科学成果评奖中，全套丛书获优秀成果二等奖，并被国家新闻出版总署列为“八五”计划重点图书。1995 年《中国东北通史》获吉林省第三届社会科学优秀成果二等奖。2005 年,《同文汇考中朝史料》获北方十五省（市、区）哲学社会科学优秀图书奖。

《丛书》的出版在社会各界引起很大反响，与当时广东出现的以岭南文献为主的《岭南丛书》并称国内两大地方文献丛书，有“北有长白，南有岭南”之誉。吉林大学金景芳教授认为“编辑《长白丛书》的贡献很大，从《辽海丛书》到《长白丛书》都证明东北并非没有文化”。著名明史学者、东北师范大学李洵教授认为：“《长白丛书》把现在已经很难得的东西整理出来，说明东北文化有很高的水准，所以丛书的意义不只在于出了几本书，更在于开发了东北的文化，这是很有意义的，现在不能再说东北没有文化了。”美国学者杜赞奇认为“以往有关东北方面的材料，利用日文资料很多。而现在中文的《长白丛书》则很有利于提高中国东北史的研究”（《长白丛书》出版十周年纪念会上的发言）。中国社会科学院边疆史地研究中心主任厉声研究员认为：“《长白丛书》已经成为一个品牌，与西北研究同列全国之首。”（1999 年 12 月在《长白丛书》工作规划会议上的发言）目前，《长白丛书》已被收藏于日本、俄罗斯、美国、德国、英国、加拿大、澳大利亚、韩国及东南亚各国多所学府和研究机构，并深受海内外史学研究者的关注。

为了更好地传承和弘扬优秀地域文化，再现《丛书》在“面向吉林，服务桑梓”方面的传统与特色，2010 年前后，我与时任吉林文史出版社社长的徐潜先生就曾多次动议启动出版《长白丛书精品集》，并做了相应的前期准备工作，后因出版资助经费落实有困难而一再拖延。2020 年，以十年前的动议与前期工作为基础，在吉林省省级文化发展专项资金的资助下，北华大学东亚历史与文献研究中心与吉林文史出版社共同议定以《长白丛书》为文献基础，从《丛书》已出版的图书中优选数十种具有代表性的文献图书和研究著述合编为《长白文库》加以出版。

《长白文库》是在新的历史发展时期对《长白丛书》的一种文化传承和创新，《长白丛书》仍将以推出地方文化精华和学术研究精品为目标，延续东北地域文化的文脉。

《长白文库》以《长白丛书》刊印 40 年来广受社会各界关注的地方文化图书为入选标准，第一期选择约 30 部反映吉林地域传统文化精华的图书，充分展现白山松水孕育的地域传统文化之风貌，为当代传统文化传承提供丰厚的文化滋养，是一件功在当代、利在千秋的文化盛举。

盛世兴文，文以载道。保存和延续优秀传统文化的文脉，是人文社会科学研究者的社会责任和学术使命，《长白丛书》在创立之时，就得到省内外多所高校诸多学界前辈的关注和提携，“开发乡邦文献，弘扬地方文化”成为20世纪80年代一批志同道合的老一辈学者的共同奋斗目标，没有他们当初的默默耕耘和艰辛努力，就没有今天《长白丛书》这样一个存续40年的地方文化品牌的荣耀。“独行快，众行远”，这次在组建《长白文库》编委会的过程中，受邀的各位学者都表达了对这项工作的肯定和支持，慨然应允出任编委会委员，并对《长白文库》的编辑工作提出了诸多真知灼见,这是学界同道对《丛书》多年情感的流露，也是对即将问世的《长白文库》的期许。

感谢原吉林师范学院、现北华大学40年来对《丛书》的投入与支持，感谢吉林文史出版社历届领导的精诚合作，感谢学界同人对《丛书》的关心与帮助！

郑　毅

谨序于北华大学东亚历史与文献研究中心

2020年7月1日

《长白丛书》序

吉林师范学院李澍田同志，悉心专研历史，关心乡邦文献，于教学之余，搜罗有关吉林的书刊，上自古代，下迄辛亥，编为《长白丛书》，征序于予，辞不获命。爰缀予所知者书于简端曰：

昔孔子有言："夏礼吾能言之，杞不足征也。殷礼吾能言之，宋不足征也。文献不足故也，足则吾能征之矣。"说者以为："文，典籍也。献，贤也。"这是因为文献对于历史研究相辅相成，缺乏必要的文献，历史研究便无从措手。古代文献，如十三经、二十四史之属，久已风行海内外，家传户诵，不虞其失坠，而近代文献往往不易保存。清代学者章学诚对此曾大声疾呼，唤起人们的注意。于其名著《文史通义》中曾详言之。然而，保存文献并不如想象那么容易。贵远贱近，习俗移人，不以为意，随手散弃者有之。保管不善，毁于水火，遭老鼠，批判者有之。而最大损失仍与政治原因有关。自清朝末叶以来，吉林困厄极矣，强邻环伺，国土日蹙，先有日、俄帝国主义战争，继有军阀割据，九一八事变后，又有敌伪十四年统治，国土沦陷，生民憔悴。在政权更迭之际，人民或不免于屠刀，图书文物更随时有遭毁弃和掠夺的命运。时至今日，清代文书档案几如凤毛麟角，"九一八"以前书刊也极为罕见。大抵有关抨击时政者最先毁弃，有关时事者则几无孑遗。欲求民国以来一份完整无缺地方报纸已不可能，遑论其他。

中华人民共和国成立以来，百废俱兴，文教事业空前发展。而中经十年浩劫，公私图书蒙受极大损失，断简残篇难以拾缀。吉林市旧家藏书，“文革”期间遭到洗劫，损失尤重。粉碎“四人帮”后，祖国复兴，文运欣欣向荣，在拨乱反正的号召下，由陈云同志领导，大张旗鼓，整理古籍，一反民族虚无主义积习，尊重祖国悠久文化传统，为振兴中华，提供历史借鉴。值此大好时机，李澍田同志以一片爱国爱乡的赤子之心，广泛搜求有关吉林之文史图书，不辞劳苦，历访东北各图书馆，并远走京沪各地，仆仆风尘，调查访问，即书而求人，因人而求书，在短短几年期间内，得书逾千，经过仔细筛选，择其有代表性者三百种，编为《长白丛书》。盖清代中叶以来，吉林省疆域迭有变迁，而长白山钟灵毓秀，巍然耸立，为吉林名山，从历史上看，不咸山于《山海经·大荒北经》中也有明确记录，把长白山当作吉林的象征，这是合情合理的。

从书中所收著作，以清人作品为最多，范围极其广泛，自史书、方志、游记、档案、家谱以下，又有各家别集、总集之属。为网罗散佚，在宋、辽、金以迄明代的著作之外，又以文献征存、史志辑佚、金石碑传补其不足，取精用宏，包罗万象，可以说是吉林文献的总汇。对于保存文献，具有重大贡献。

回忆酝酿编余之际，李澍田同志奔走呼号，独立支撑，在无人、无钱的条件下，邀集吉长各地的中青年同志，乃至吉林的一些老同志，群策群力，分工合作，众志成城，大业克举。在整理文献的过程中，摸索出一套先进经验，培养出一支坚强队伍。这也是有志者事竟成的一个范例。

我与李澍田同志相处有年，编订此书之际，澍田同志虚怀若谷，对于书刊的搜求，目录的选定，多次征求意见。今当是书即将问世之际，深喜乡邦文献可以不再失坠，故敢借此机会聊述所怀。殷切希望读此书者，要从祖国的悲惨往事中，培养爱国家、爱乡土的心情，激发斗志，为四化多做贡献。也殷切希望读此书者能够体会到保存文献之不易，使焚琴煮鹤的蠢事不要重演。

当然，有关吉林的文献并不以汉文书刊为限。在清代一朝就有大量的满、蒙文的档案和图书，此外又有俄、日、英、美各国的档案和专著，如能组织人力，有计划、有步骤地进行整理，提要钩玄勒成专著，先整理一部分，然后逐渐扩大，这也是不朽的盛业，李君其有意乎？

一九八六年五月一日

吉林陈连庆　谨序

吉林第一部方志长编清朝孤本《吉林志书》考略

——兼论吉林方志学的萌芽

1985年清孤本《吉林志书》（清抄本）被披露出来[①]，重新回到人们的视野，1988年吉林文史出版社出版此书简体点校本。但目前学界对此书的关注、研究与利用未能引起足够重视，甚至对此书之性质、史源、文献价值、学术史地位等基本问题的探讨，亦有因袭成说、以讹传讹的弊病。虽然个别学者尝试对此书进行讨论[②]，惜乎其未能亲睹此孤本而不免留下遗憾。全面整理此书，并予以评价，是推进吉林方志学发展，并为东北史学界提供新材料的重要举措。

一、《吉林志书》版本形态

《吉林志书》，清抄本，不著撰人姓名爵里，但据卷端标题可知，此书为嘉庆年间吉林将军衙门纂辑。因内文记事止于嘉庆十八年（1813）[③]，故该书纂辑时间不早于是年，抄写时间未详，今学界定为嘉庆抄本。全书不分卷，无序跋，亦无边框、界格，每页行数、字数不一，从字体来看，

① 参见倪波：《吉林省现存最早独立全境志书考论——关于〈吉林志书〉》，刊《吉林史志》1985年第1期。

② 王景泽：《清代〈吉林志书〉刍议》，刊《古籍整理研究学刊》2020年第2期。

③ 《吉林志书·官额》：“伊通巡检一员，于嘉庆十八年添设。”见李澍田、宋抵点校：《吉林志书》，吉林文史出版社1988年6月，第33页。

抄工当为两人。此抄本原系金陵大学图书馆插架之物，今藏南京大学图书馆古籍部，且为目前所知存世之孤本。抄本原书经重装合订后为四眼线装三册，重装时间未详。高 25.2 厘米，宽 15.3 厘米。每册封面贴木刻书签，上题书名《吉林志书》，书签下方钤“声山翰墨”白文朱方印。又于封面右下钤“天佑堂”朱文竖长方无框印、“穆铁森章”朱文方印。卷端钤“金陵大学藏书”朱文方印、“南京大学图书馆藏书”蓝文长方印。卷尾钤“孟岑图章”朱文方印。吉林大学图书馆早年曾据该抄本制成静电复印本（下称复印本），共订为四册，然受限于彼时复印技艺，效果一般，内文颇多漫漶之处。1988 年 6 月，吉林文史出版社出版李澍田、宋抵点校的《吉林志书》（下称点校本），是为此书第一个整理本。

二、《吉林志书》性质

东北地区地处边陲，文化晚进，编修方志也晚于内地。“东北地区方志有专书可考者，始于元代的《辽阳图志》。此书未付梓，已佚；明代仅有《辽东志》和《全辽志》2 种”[①]。清入主中原后，以沈阳为盛京。康熙年间虽设宁古塔将军、黑龙江将军分管吉黑二省军政，但二省仍未脱与盛京的隶属关系。故《盛京通志》合东三省事并记之，然皆以盛京为主，吉黑二省特从附载。而东三省中吉林方志专书成书最晚，清道光年间萨英额撰《吉林外记》，其自序云：

“天下府州县莫不有志，盛京有《通志》，黑龙江有志又有记。吉林为我朝发祥根本之地，并无记载，岂非缺典”？“于是退食之暇，搜罗采访，集腋成裘。虽文采不足观，而事必征实，言皆有据，并考志（按：《盛京通志》）内所载，略其所详，详其所略，其成数篇，分别条类呈正”[②]。

可见道光年间萨英额撰《吉林外记》时并没经眼《吉林志书》，他

① 赵太和：《援史入志：东北方志纂修考略（1911—1945）》，刊《中国地方志》2018年第2期。

② 萨英额撰：《吉林外记》，《中国方志丛书》影印本，成文出版社1974年，第1页、第2页。

主要的参考著作是《盛京通志》。至光绪年间,长顺等人纂修《吉林通志》时,亦未见过《吉林志书》。学界普遍认为现存吉林省方志专书始于《吉林外记》,如薛虹指出此书"是第一部初具规模、体例比较完备的吉林通志"①。金恩晖说:"是书填补了吉林志书史上的空白。"② 曹殿举等人也赞同此说,认为:"它(按《吉林外记》)是吉林省的第一部志书,有'开创'之功。"③ 至此,现存最早的吉林方志专书是《吉林外记》的说法几成定谳。但也有不同说法,如李澍田认为:"从道光四年(1824)开始,吉林省才编纂本省的地方志,这就是萨英额编撰的《吉林外记》(后人又称《吉林统志》)。此书不过是《盛京通志》的摘抄,初具一部地方志的体例和规模,它是吉林省独立的地方志的雏形。"④

考《吉林志书》前此著录者甚少,迟至20世纪八十年代,才被学者发现该南大图书馆藏抄本。倪波在《吉林史志》1985第1期刊文《吉林省现存最早独立全境志书考论——关于〈吉林志书〉》,对《吉林志书》抄本予以简要介绍,以期引起学界对此书的重视,倪文是目前所知最早研究此抄本的论文。曹殿举在1989年出版的《吉林方志大全》将《吉林志书》抄本列入《存目待考方志》,1993年李澍田等人在其主编的《东北文献辞典》,为此书编有词条:

"《吉林志书》,清镇守吉林等处将军衙门编纂。该志系清嘉庆十六年(1811)吉林将军衙门为遵奉国史馆行查事迹,按款记述吉林将军所辖吉林、伯都讷、拉林、阿勒楚喀、珲春、宁古塔、三姓等驻防地方,自乾隆三十年(1765)至嘉庆十六年事实咨册。共十大款,有道府州县厅营裁改归并,长春、伯都讷两厅设置原委及疆界,各城池修建、河渠、堤堰、桥梁、关隘现状,寺庙、陵墓现状、民田、官庄地亩及赋额,学

① 薛虹著:《中国方志学概论》,黑龙江人民出版社1984年4月,第51页。

② 金恩晖著:《吉林省地方志总目提要》,载《寻根集》,北京图书馆出版社1988年8月,第148页。

③ 曹殿举主编:《吉林方志大全》,吉林文史出版社1989年7月,第16页。

④ 李澍田编著:《东北史志文献要略》,吉林,出版社不详,1982年,第69页。

校数及学额，文武官缺增裁情况，名宦、儒林、文苑、孝友、烈女姓名录，各驻防城疆界，山川名目，驿站线路及距离，历任文武职官姓名及任期，岁贡物产，兵役设额，裁汰及装备，边门设置，移民情况，参票发放与收参，为吉林最早之志书。嘉庆间抄本，南京大学图书馆藏。1988 年 6 月吉林文史出版社李澍田、宋抵点校铅印本，与《吉林分巡道造送会典馆清册》合刊，收入长白丛书二集。”①

在《东北文献辞典》中李氏才接受此书“为吉林最早之志书”的说法。但此书抄本及点校本皆流传不广，故金恩晖、薛虹及曹殿举等人仍主张现存最早吉林省方志专书始于《吉林外记》的说法。

其实，从《吉林志书》编纂宗旨上看，此书只能算是初具方志规模的方志长编，严格来说只是吉林省省志的志料，并非完备的方志正式著作。首先，此书原本系嘉庆年间“镇守吉林等处将军衙门，为造册咨送事。今将吉林所属各处，遵奉国史馆行查事迹，按款分晰造册，咨送贵馆，以凭纂辑可也”②。可见从此书只是因应朝廷功令而作。吉林将军衙门纂辑《吉林志书》的直接原因和主要目的是供编修国史之采择，而非著成体例严谨、完备的方志专书。从著述形式来看，《吉林志书》属于章学诚所说的“记注‘比次之业’，即资料长编，而不是‘撰述川’独断之学”的方志著作。“吾国史学著作，以长编名者，最初始自南宋李焘《续资治通鉴长编》”，“‘长编’一词本来是有逊于正式专著，有待于继续提炼的初稿的意思”，③ 因此，长编只是正式著作的初级阶段或前期成果。《吉林志书》尚未经融会熔铸，显然仍是方志长编性质，因此不能说此书是吉林省第一部方志。

其次，《吉林志书》缺少对整部志书具有提纲挈领作用的体例。方

① 李澍田、罗节文、衣兴国主编：《东北文献辞典》，吉林文史出版社1993年，第334页、第335页。

② （清）佚名撰，李澍田、宋抵点校：《吉林志书》，吉林文史出版社1988年6月，第1页。

③ 陈福康：《“年谱长编”的“长编”是什么意思？》，载《中华读书报》2016年3月23日第15版。

志“体例就是志书区别于其他著述的整体表现形式，它具体地表现在志书的类型、篇目、体裁、章法、语言文字等各个方面”[①]。同时，体例也是评价方志完备与否、质量优劣的重要指标。方志学家傅振伦说：“修志之道，先严体例。义不先例无有起，故志家必以先凡例冠之。”[②]王鹤龄说得更直白：“县志之凡例何为而作也？所为记者一序之，预定其梗概；阅者一览焉，尽窥其底蕴而作也。盖何者宜总计，何者沿成规，何者造创，则无不当胪列于篇。”[③]王氏虽就编修县志立论，但编省志、府志、厅志等任何志书皆可作如是观，而《吉林志书》并无体例，亦无篇目、序跋、目录，甚至连卷次亦付阙如，其志料的痕迹非常明显。笔者推测吉林大学图书馆复印本与抄本内容顺序不同的重要原因，就是《吉林志书》无体例、不分卷造成的。而抄本经重装成三册后，其原本次序亦因此而淆乱不可考究。

再次，从《吉林志书》编次来看，此书芜杂不伦。该书原有地图，如《吉林志书》抄本记载：“现今库贮乾隆四十四年四月接到平定金川版图三十四张。嘉庆五年九月接到平定台湾版图十二张。嘉庆十年三月接到平定湖北、湖南版图十六张，平定四川版图四张。吉林通省图一张，长白山图一张，望祭长白山图一张。”而上述地图今皆不存，不得不说是一种遗憾。虽然从编纂方法上看，此书较好地继承了我国传统方志学“左图右史”的传统，但所附地图并不全是吉林省地图，编次芜杂不伦，由此可见纂辑者的粗疏。因此书未经剪裁，仍属半成品，也可看出此书流传到现在已非全帙。

① 王德恒著、朱天俊审定：《中国方志学》，大象出版社1997年4月，第46页。

② 傅振伦著：《中国方志学通论》，商务印书馆1935年，第110页。

③ 王鹤龄著：（民国）《义县志·凡例弁言》，柳成栋、宋抵编：《东北方志序跋辑录》哈尔滨工业大学出版社1996年，第158页。

三、《吉林志书》的成书及内容

康雍乾三朝四修《盛京通志》，吉林地方当局皆为之搜集材料①。但《吉林志书》成书前，吉林并无单独修志行为，该书记载："查吉林省会所有物产、食货并一切事件，具与旧有《盛京通志》所载相符，吉林并无另有编修志书之处，理合声明。"②此外，乾隆四十六年（1781），吉林当局亦积极配合三通馆工作，并为之提供素材③。由此可知，纂辑《吉林志书》时，纂修者尚可看到吉林当局历次为配合《盛京通志》纂修和三通馆纂修活动而搜集、遗留下来的文献。又《吉林志书》开篇说："镇守吉林等处将军衙门，为造册咨送事。今将吉林所属各处，遵奉国史馆行查事迹，按款分晰造册，咨送贵馆，以凭纂辑可也。"④可知《吉林志书》系清嘉庆年间吉林将军衙门遵奉国史馆下达的编纂条款，利用《盛京通志》，以及尚可看到的历次为修《盛京通志》和为配合三通馆工作而搜集和遗留下来的材料，为之爬疏、整理，纂辑成书。备编修国史之采择，是吉林将军衙门纂辑《吉林志书》的直接目的和主要动机。显然，《吉林志书》的成书，是国史馆行政命令的直接成果体现，也是吉林将军衙门文献积累到一定程度，吉林本省文化发展到一定阶段的结果。

《吉林志书》的材料来源，除了上述官方记载外，还包括纂修者的实地踏查。如桥梁部分，其中说道："珠鲁多浑河桥一座，"小注云："在城东二百九十里，系任和尚募建，现今坍废。"所谓"现今坍废"的说法，显然是经过实地踏查所得的结论，这无疑增加了《吉林志书》记载的可

① 佟冬主编：《中国东北史》（第四卷），吉林文史出版社2006年1月，第1828页。

② （清）佚名纂，李澍田、宋抵点校：《吉林志书》，吉林文史出版社1988年6月，第101页。

③ 同上，第118页。

④ 同上，第1页。

靠性和准确性。

《吉林志书》主要内容有十一项：

奉原单内开："道、府、州、县、厅、营有无裁改、归并，详查年分，造册送馆"等语[①]。

奉原单内开："盛京吉林长春厅绘明地图，并注明疆界及何年设厅，一切沿革事宜等查送馆"等语[②]。

奉原单内开："盛京吉林伯都讷厅绘明地图，并注明疆界及何年设厅一切沿革事宜，详查送馆"等语[③]。

奉原单内开："省会及府、厅、州，县城池有无修建，详查年月，造册送馆"等语[④]。

奉原单内开："河渠、堤堰、桥梁、关隘，有无开浚、淤塞、修筑、添设、坍废等事，详晰查明，造册送馆"等语[⑤]。

奉原单内开："寺观、祠庙、陵墓有无添建坍废，详查送馆"等语[⑥]。

奉原单内开："田赋开垦坍废，其中增减赋额，详晰造册开明送馆"等语[⑦]。

奉原单内开："学校各额有无增减，详查造册送馆"等语[⑧]。

奉原单内开："道、府、州、县、厅、营文武各员弁，文职自道府起至巡检典史、闸官止，有无增添裁改，详细分晰造册送馆"等语[⑨]。

奉原单内开："名宦、儒林、文苑、孝友、列女，详查造册送馆"

① （清）佚名纂、李澍田、宋抵点校：《吉林志书》，吉林文史出版社1988年6月，第1页。

② 同上，第2页。

③ 同上，第5页。

④ 同上，第9页。

⑤ 同上，第20页。

⑥ 同上，第23页。

⑦ 同上，第27页。

⑧ 同上，第30页。

⑨ 同上，第31页。

等语[①]。

奉原单内开户省志、府志、州志、县志，除业经移送到馆外，有未经移送者，无论新旧，概行送馆”等语[②]。

可以说《吉林志书》内容丰富，点校本据此总结为三十二个门类，计有：行政裁改归并、疆界、设置、沿革、城池、河渠、堤堰、桥梁、关隘、寺观、祠庙、陵墓、田赋、开垦、学校、官额、名宦、文苑、儒林、孝友、列女、省府州县志、山川、路站、粮船、职官、岁贡、兵备、边门、移民、参票、库贮地图明细等内容。此书比较完整和详细地记录了吉林省自然和社会的方方面面，大体涵盖了吉林一省的基本情况，是历史上第一次专门对吉林省进行全方位的记述，具有重要文献价值和学术价值。

四、《吉林志书》史料价值

虽然《吉林志书》也有《吉林外记》摘抄《盛京通志》的做法，但此书仍有较高的史料价值，可补文献记载的缺略。《盛京通志》最后修定于乾隆四十九年（1789），其记事亦止于是年。而《吉林志书》所载内容始于乾隆三十年（1765），止于嘉庆十八年（1813），可以说乾隆四十九年以后至嘉庆十八年之间的吉林史事，端赖此书才得以更好地保存至今。

首先，《盛京通志》不载长春厅及伯都讷厅，此二厅为嘉庆年间在哲里木盟所添设。《吉林志书》载："长春厅：吉林属伊通边门外蒙古地方，于嘉庆五年设立长春厅通判一员，巡检一员。"[③]"乾隆二十六年，裁汰巡检（按：伯都讷巡检）改设办理蒙古事物委署主事一员，嘉庆十五年，裁汰委署主事，改设伯都讷厅理事同知一员，并添设巡检二员，内分驻

① （清）佚名纂、李澍田、宋抵点校：《吉林志书》，吉林文史出版社1988年6月，第40页。

② 同上，第101页。

③ 同上，第1页。

伯都讷界孤榆树屯一员。”[①]《吉林志书》顺应时代变化及时增补了长春厅、伯都讷厅的内容，详细记述了内蒙古哲里木盟放垦过程、二厅设置原委、疆界、各厅属官署及官员和杂役配置情况、税务等。对哲里木盟蒙古地方放垦及移民的记载，尤为详细，是研究移民史以及内蒙古东部历史政治地理、历史人文地理，研究清朝中央与吉林地方、理藩院与哲里木盟蒙古王公往来关系的重要材料。即使哲里木盟的专志《哲盟实剂》对长春厅及伯都讷厅的放垦、设治过程也远远不及《吉林志书》详赡。

其次，对于《盛京通志》原有内容，《吉林志书》则接续增补。仅从此书《山川》篇即可窥见一斑，文中说："《盛京通志》所载吉林所属山川名目抄录于后。"[②]又说："以上所有山川名目，概行抄录咨送外，再查乾隆四十六年咨送三通馆，山川名目，除于志（按《盛京通志》）载相同者删减不录，所有不在志书（按《盛京通志》）内之山川城堡及程途里数、方向，一并造册开送。"[③]总之，此书增补了大量《盛京通志》不载的山川地名、里数及方位，巨细靡遗，可备史乘。

而继《吉林志书》而起的《吉林外记》，作者萨英额因未见《吉林志书》，除摘抄《盛京通志》，兼及吏牍外，于乾隆以后乃至嘉庆年间的吉林史事增补不多。如《人物》一门，萨英额虽然声称："我朝发祥长白，国初佐命貔貅之士，皆出自吉林省，载在史册。今自乾隆年间开录，补志之未载也。"[④]实则所记不过39人，远远不足以反映吉林省的尚武精神，也无法真切反映清朝前期吉林省屡次出征四川、陕西、新疆的军功军威之盛况。而《吉林志书》对于吉林省出征将士的记载颇为详赡，单赏给巴图鲁名号并授给世职的就多达152人，远非《吉林外记》可比。而且《吉林外记》所载《人物》皆为满族人，而《吉林志书》还记载蒙古人7名、

① （清）佚名纂、李澍田、宋抵点校：《吉林志书》，吉林文史出版社1988年6月，第1页。

② （清）佚名纂，李澍田、宋抵点校：《吉林志书》，第105页。

③ 同上，第118页。

④ 萨英额撰，史吉祥、张羽点校：《吉林外记》，吉林文史出版社1986年6月，第104页。

汉军 3 人。又如列女，《吉林外记》只记载贞女二人。而《吉林志书》记载乾隆三十年至嘉庆十六年间所有旌表节妇、烈妇、贞女、烈女多达 1395 人，封建社会对妇女摧残程度之深于此可见一斑。《吉林志书》所录节妇皆为旗籍，"还有更多的孀妇，因限于'标准'而未获旌表，可知孀妇群体之庞大，也为我们研究当时的旗营社会，提供了资料。"[①] 后世学者认为。《吉林外记》不仅记载疏略，而且"体例庞杂，文不雅驯，考证尤殊，难可依据"[②]。因此，《吉林志书》自有不可替代的价值。为"研究清前期吉林地方史之第一手资料"[③]。

再次，抄本可补吉林文史出版社简体点校本之缺佚。今把抄本与点校本对校，发现抄本可补点校本所缺的 6 位满族旗人及其出征的佚事：

"防御巴音布，系吉林厢红旗满洲人。因往准噶尔出征，贼众侵犯，在北路剿贼，奋勇打仗阵亡，加恩赏给云骑尉世职。

骁骑校委署参领额克图，系吉林厢红旗满洲人。因往巴尔坤跟随将军兆惠至叶尔羌城，打仗阵亡，加恩赏给云骑尉世职。

领催委署防御穆哈那，系吉林厢红旗满洲人。因往巴尔坤跟随将军兆惠至叶尔羌城，打仗阵亡，加恩赏给云骑尉世职。

蓝翎侍卫穆克登保，系吉林厢红旗满洲人，因往金川出征，攻克下巴木通处碉栅，打仗受伤身故，加恩照阵亡例赏给云骑尉世职。

骁骑校雅珥泰，系吉林厢红旗满洲人，因往剿灭反叛察哈尔布尔尼时，在大鲁地方打仗阵亡，加恩赏给骑都尉世职。

三等侍卫穆哈那，系吉林厢红旗满洲人。因往金川出征，围攻勒乌图、转经楼等处，打仗阵亡，加恩赏给云骑尉世职。"

① 王景泽：《清代<吉林志书>刍议》，《古籍整理研究学刊》2020年第2期。

② 长顺等纂：《吉林通志·凡例》，《中国地方志集成·吉林省志辑》，凤凰出版社2009年12月，第6页。

③ 佟冬主编：《中国东北史》第四卷，吉林文史出版社2006年1月，第1829页。

五、结论

虽然《吉林志书》存在缺少提纲挈领的体例、给人漫无章法的直观感受，且编次芜杂，充其量只是第一部吉林省方志长编，或曰志料，也存在一些不足之处。但此书仍有极高的文献价值，不仅可以续补《盛京通志》之吉林史事，而且因其稀见，此书记载的大量史事为《吉林外纪》《吉林通志》《哲盟实剂》等志书缺载。利用《吉林志书》与吉林省其它早期方志参互考证，可以推进东北史、历史地理学、社会史等诸多领域的研究。总之，此书对保存乾隆后期一直到嘉庆十八年间的吉林文献，厥功甚伟，是萌芽期吉林方志学和官修史学的代表作。

研读《吉林志书》，可知萌芽期的吉林方志学带有强烈的官方色彩，是官方行政命令推动的产物。《吉林志书》的成书就是由清政府自上而下的备修国史之行政命令的直接体现，行政命令规定了《吉林志书》的纂辑内容，保证了此书内容之系统、翔实。在材料处理上，吉林将军衙门得以充分收集和利用官方档案，并注重实地调查，以便增强方志编纂的准确性。在编纂方法上有意识地采用“详人所略，略人所详”的原则，尤其是纂修者有意识地记载“近现代”的史事。而且，此书很好地沿袭了我国编修方志“左图右史”的传统，图文结合，较好地提升了立体观感。作为吉林省第一部初具方志雏形的方志长编，《吉林志书》无疑是萌芽期吉林方志学的代表作，它改写了传统认为的《吉林外记》之前吉林省无志书的历史，刷新了人们对吉林方志学的认知，因此，《吉林志书》在东北方志学、学术史上有不可磨灭的价值和地位。

六、《吉林志书》校订说明

鉴于《吉林志书》的重要价值，今吉林文史出版社编修《长白文库》，拟重新修订此书，因此我们仍以点校本为工作本，以复印本为校本，复印本漫漶难以释读之处复核抄本。原点校本或受限于体例，文本改动无校勘记，为保存古籍原貌，此次我们在通校全书的基础上，凡遇底本误而抄本不误者，径改并出校。底本不误而抄本误者，亦出校说明，以见抄本面貌。本次校订，间用他校，凡采自前人成果者，皆一一注明，所采之书有《尔雅义疏》《嘉庆帝起居注》《新唐书》《明一统志》《盛京通志》《吉林外记》《吉林通志》《黑龙江外记》《国朝耆献类征初编》《清史列传》及《清史稿》等。

《吉林志书》抄本原书无篇目，经重装次序或已淆乱。吉林大学图书馆藏复印本与南京大学图书馆藏抄本内文次序不同，而点校本与抄本、复印本皆有别。本次整理，内文顺序仍如点校本。点校本据文意增加篇目，分为三十二个门类，本书篇目仍如点校本，段落亦如旧。但于点校本脱文径补，并在脱文前注明“补”字，以示区别，以便读者。

乾隆晚年于元朝、明朝译名均加改定，嘉庆年间《吉林志书》成书时译名又不同，故《吉林志书》新旧译名杂用，却不注明旧作某某，今作某某，徒使阅者茫然。本次校订于新旧地名译名，凡《吉林志书》采自《盛京通志》者，皆一一考订并表而出之，题为《〈吉林志书〉与〈盛京通志〉地名异同表》，作为本书附录。

本书整理工作，不仅校订点校本标点及文字，于点校本内容脱略之处，亦间为订补。因所补脱文不多，凡三百余字，故本书不题《吉林志书校补》，而定名为《吉林志书》。校订工作为本人水平所限，舛误自仍不免，惟望博雅君子不吝赐教！

（感谢罗毅峰提供《吉林志书》抄本馆藏线索、南京大学图书馆提供抄本、上海人民出版社邵冲提供吉林大学图书馆藏静电复印本）

编辑前言

《吉林志书》抄本，不分卷，计八册，每册封面帖木刻书签，上有“声山翰墨”篆文印章一方，另加“天佑堂”长印和“穆铁森章”的钤记。

前此未见著录，为近年新发现，较传世最早的《吉林外纪》为先。据考证为嘉庆年间修纂，未著纂修者姓名。实系当年吉林将军衙门遵奉国史馆行查事迹，造册咨送的公文。材料来源，既有文献档案的转录，也有实际情况的详查。编纂者恭谨从命，史料有很大的可靠性。当然亦不乏为封建统治者隐恶扬善的回护之笔。

本书对研究清朝乾嘉时代（记事止于嘉庆十八年）吉林的经济、政治、军事诸方面均具较高的史料价值。

今由吉林省志编纂委员会与吉林师范学院古籍研究所合作整理，纳入《长白丛书》二集。由王季平同志董其事，李澍田、宋抵二同志校点。

《吉林分巡道造送会典馆清册》系光绪十八年二月呈报的公文，今由吉林省图书馆曹殿举同志标点整理。

以类相从，兹将二书合订一集，皆为孤本志书，价值弥足珍贵。曾经周克让先生审稿，傅伯昕等同志抄正。最后由郭殿忱同志编辑、李澍田教授审定。

为方便读者，新编目录。另，通用不一文字，一仍其旧。讹误之处在所不免，敬祈读者方家教正。

编者　戊辰年小满日

目　　录

本册凡例

一、本书校订，以吉林文史出版社 1988 年 6 月点校本《吉林志书》（下称点校本）为底本，以吉林大学图书馆据南京大学图书馆藏《吉林志书》嘉庆抄本（下称抄本）制成的静电复印本（下称复印本）为校本。复印本漫漶难以释读者复核抄本。

二、文字处理上，底本误而抄本不误者，径改并出校。底本不误而抄本误者，亦出校说明，以见抄本面貌。抄本缺字，点校本径补者，出校说明。抄本衍字，点校本径删者，亦出校说明。避讳字，一律回改，不出校。通假字保留，异体字和俗体字径改。

三、古人腹笥之学，引文多隐括大意，与原文不尽一致，在不失原意的情况下，不出校记。引文明显错误之处，出校记说明。

四、《志书》大量节录《盛京通志》（下称《通志》），其山川写法多与《通志》不同，如《志书》作“西兰窝集”，《通志》作“锡兰窝集”；《志书》作“商坚窝黑”，《通志》作“珊延沃赫”；《志书》作“占泥河”，《通志》作“瞻河”等等。为节省校记规模，诸如此类情况，概不出校记，而是制成《〈吉林志书〉与〈盛京通志〉地名异同表》，作为本书附录。

行政裁改归并

镇守吉林等处将军衙门，为造册咨送事。今将吉林所属各处，遵奉国史馆行查事迹，按款分晰造册，咨送贵馆，以凭纂辑可也，须至册者。

计开：

奉原单内开："道、府、州、县、厅、营有无裁改、归并，详查年分，造册送馆"等语。

查吉林驻防，康熙十年设立。雍正五年，添设永吉州知州一员，吏目一员。乾隆二年，添设理事通判一员。乾隆十二年，裁汰知州改设理事同知，裁汰吏目改设巡检。乾隆二十八年，裁汰理事通判，吉林理事同知、巡检即归吉林将军管辖。

吉林属伊通边门外蒙古地方，于嘉庆五年设立长春厅通判一员，巡检一员。系吉林管辖。

乌拉地方，乾隆五年设立。系吉林管辖。

伊通地方，雍正六年设立。系吉林管辖。

额穆和索啰地方，乾隆三年设立。系吉林管辖。

宁古塔驻防，顺治十年设立。系吉林管辖。

珲春地方，康熙五十三年设立。系吉林管辖。

伯都讷驻防，康熙三十一年设立。雍正五年，添设长宁县知县一员，典史一员。乾隆元年[①]，裁汰知县改设州同。乾隆十二年，裁汰州同并裁汰典史，改设巡检一员。乾隆二十六年，裁汰巡检改设办理蒙古事务委署主事一员。嘉庆十五年，裁汰委署主事，改设伯都讷厅理事同知一员，并添设巡检二员，内分驻伯都讷界孤榆树屯一员。伯都讷管辖。系吉林统辖。

三姓驻防，康熙五十三年设立。系吉林管辖。

阿勒楚喀、拉林驻防，雍正三年设立。乾隆九年，拉林添设副都统。乾隆二十一年，阿勒楚喀添设副都统。乾隆三十四年，裁汰拉林副都统，拉林地方即归并阿勒楚喀管辖。系吉林管辖。

此外，并无另有归并、裁改之处，理合登[②]明。

疆界　设置　沿革

奉原单内开："盛京、吉林、长春厅绘明地图，并注明疆界及何年设厅，一切沿革事宜等查送馆"等语。

查吉林属伊通边门外长春厅，系蒙古郭尔罗斯札萨克公地方，于嘉庆四年经吉林将军查明具奏。嘉庆五年，添设通判一员，巡检一员。

通判衙门，弹压地方、管理词讼、承办一切命盗案件，俱呈吉林将军衙门核转。

① "乾隆元年"，抄本作"乾隆二年"，点校本同，误。按《盛京通志》卷二十三："乾隆元年裁长宁县。"《嘉庆重修统志》卷六十七《吉林一》《吉林通志》卷十二同，故裁长宁县时任乾隆元年，今改。

② "登"，点校本作"声"，抄本作"登"，今据抄本改。

巡检衙门，看管监狱罪囚暨[①]巡缉境内贼匪等事。

长春厅所属疆界：东至木石河，距厅一百九十里与松花江接界。西至巴彦吉鲁克山，距厅四十里与喀尔沁达尔罕王接界。南至吉林伊通边门，距厅八里[②]与吉林接界。北至纪家窝铺[③]，距厅一百七十二里与郭尔罗斯扎萨克公接界。

长春厅原委：初于嘉庆四年郭尔罗斯蒙古公因早年借用民人银两，出放印信合同，私招民人聚集，盖房开垦。经蒙古盟长查知，呈报理藩院参奏。奉旨特派吉林将军会同盟长查办，定拟具奏。经将军、盟长亲至其地查讯明确，系未经奏准，违例妄行，自应治罪，银地入官。会同定拟复[④]奏。旋蒙恩旨：以蒙古公业经物故，不必究治，八千余银恩免查追。续经将军以地亩、民人应行设官管理征纳钱粮具奏，奉旨交部议奏。经理藩院议准各项，惟蒙古穷苦，每年于钱粮内悬赏银一千两，以兹蒙古生计。奉旨允行。后经户部以为此地既与建昌等处蒙古相同，似可仍令蒙古自行收租，始属画一为奏。即奉旨交军机大臣会同各该部另行妥议，具奏。经会同各部另议，将地亩照依他处蒙古，今其向民人自行收租、设官、弹压，其租价地亩民人数目，令该将军再行议奏。于嘉庆五年冬间，经将军衙门委员会同蒙古公核计地亩，议定租数，并将每年所得租息如何分赏之处具奏。奉旨交部议奏，钦此。既经理藩院议奏，臣等查郭尔罗斯地方民人所开地亩，东自木石河，西至巴彦吉鲁克山二百三十里，南至吉林伊通边门，北至纪家窝铺一百八十里。立定界址，新设理事通判弹压民人、管理词讼。其通判、巡检廉俸，役工及修建衙署需用银两，俱于吉林地丁项下动用等事，先经军械处、吏部会议具奏。奉旨，依议允行之处，行知该将军遵照在案。今据该将军遵旨派员会同该扎萨克详查明确，所开地亩共计二十六万五千六百四十八亩，

① “暨”，点校本作“及”，抄本作“暨”，今据抄本改。

② “八里”，《吉林外纪》卷二作“十五里”。

③ “纪家窝棚”，《吉林外纪》卷二作“吉家窝棚”。

④ “复”，抄本作“覆”。

民人二千三百三十户。该扎萨克与民人议定租数，每亩地收粮四升，折银二分一厘，共计银五千五百七十八两六钱，永为定则。此项租银，扎萨克等亲向民人收取，毋庸官为催办，嗣后不准增添一户、多开一亩。此项租银，按照所奏清单推算，该旗官员户口自扎萨克以至骁骑校，按兵逐户，各为区别定数分赏银两。但散给此项银两之时，若仅着扎萨克承办，不无公费侵蚀入己等弊。交该通判会同该扎萨克等集众秉公散给，仍令该通判、盟长将有无少给侵蚀入己等弊，严查具结报部。奉旨依议，钦此。遵办在案。此项地租银两，自嘉庆六年蒙古公自向民人催收起，迨缘六、七、八三年民人拖欠租息，经蒙古分等呈报，理藩院行令该通判，查明民人积欠地租数目，分作四年代收，并代收本年正租银两。自嘉庆九年代收起，一十二年止，四年期内将民人积欠并正租逐一代催完结，按年收交蒙古扎萨克公会同散放讫。嗣后民人地租，仍令蒙古自行收取，当经咨报在案。嗣于嘉庆十一年查出，厅境续来流民一千五百九十四户，申请将军奏明。奉旨：着该将军派员会同蒙古公，查丈流民新垦地亩。于十三年春间查竣，复查出续来流民三千一十户，并十一年民户共开垦新地七万五千一百八十四亩。仍按每亩地租银二分一厘，共计租银一千五百七十八两八钱六分四厘。此项租银业经奏明，拟定赏单分赏众蒙古。兹于嘉庆十五年，查出流民六千九百五十三户，亦经奏准交理藩院转饬该盟长、该将军派员会同查明，民户等所垦地亩报部。自十六年三月奉文查丈起，共查得流民六千九百五十三户，内垦有地亩者四千一百一十七户，共垦新地五万二千七百四十一亩。仍按每亩地租银二分一厘，共计租银一千一百零七两五钱六分一厘。租种陈民地亩之新户一百零二户，无地户二千七百三十四户，正在造报。以[1]上陈新共流民一万三千八百八十七户，内有租种地亩之户一百零二户，无地户二千七百三十四户。陈新垦有地亩之户一万一千零五十一户，陈新共垦地三十九万三千五百七十三亩，与蒙古交地租银共八千二百六十五两零二分五厘。

① “以”，点校本缺，据抄本补。

嘉庆五年修建通判衙署，建设大门一间，两边听差房各一间，门前照壁一座，仪门一间，两边二门各一间，东西科房六间，大堂三间，穿堂三间，二堂三间，住房三间，档子房三间。衙署外围筑打土墙，周围五十丈、高七尺。

巡检衙署，建设大门一间，二门一间，门前照壁一座，科房一间，大堂三间，住房三间。衙署外围筑打土墙，周围二十五丈，高七尺。监狱砖墙，共长二十三丈二尺。监狱卒正房二间，罪犯东西横房六间，狱神庙一间，狱门前堆子房一间。所有通判并巡检各衙署暨监狱等项，共计需用银二千八百十五两二钱一分九厘，遵照奏定章程，在于吉林地丁项下动用讫。

通判衙门，额设经制六名、门子二名、马快四名、皂隶四名、民壮十五名、伞扇轿夫七名、禁卒二名。巡检衙门额设攒典一名、门子一名、皂隶四名、马快一名。

通判每年俸银六十两、养廉银三百两。门子二名，工食银十二两。马快四名，工食草料银六十七两二钱。皂隶四名，工食银二十四两。民壮十五名，工食银九十两。伞扇轿夫七名，工食[①]银四十二两。禁卒二名，工食银十二两。巡检每年俸银三十一两五钱二分，养廉银三十一两五钱二分。皂隶四名，工食银二十四两。门子一名，工食银六两。马快一名，工食银六两。总计银七百零六两二钱四分，遵照奏定章程，在于吉林地丁项下动用讫。

经征烟酒、牲畜税务。于嘉庆五年奏准。在厅设局，仿[②]照吉林征收，俟试收三年期满定额。自是年十一月十八日奉到关防征收起，至七年分年底止，征收过烟酒、牲畜税银三百零六两八钱九分五厘。嘉庆七年分共征收过烟酒、牲畜税银二百三十四两零三厘。嘉庆八年分共征收过烟酒、牲畜税银二百五十两零三分三厘。嘉庆九年分奉蒙札饬，着嘉庆六

① “食”，抄本作“十”，误，点校本改。工食，指杂工和炊事人员。

② “仿”，抄本作“防”，误点校本改。仿，此处为“效法”之意。

年分所征税银数目定额，遵照在案。嗣于嘉庆十四、五等年，蒙户部以厅境户数倍增，税务仍无增添，饬查前来。经将军以通判承办人命、窃盗案件，于征收税务，恐有遗漏。请将长春厅税务，派委旗员协同该通判征收。具奏奉旨准行。现在派员兼收，所有厅境绘明地图，并注明疆界，相应声明设厅年分，该员应办一切事宜，理合声明外，（下缺）

厅界有关帝庙一座厅西街路西，嘉庆十一年建[①]。娘娘庙一座厅西四十里巴彦吉鲁克山上，嘉庆六年建。伊通河厅西三里，源出南山围场。雾海河厅东北九十里，源出吉林境界。伊勒门河厅东北一百三十里，源出南山围场。木石河厅东一百九十里，源出吉林境界。

绘明地图一张。（缺图）

城　池

奉原单内开："盛京、吉林、伯都讷厅绘明地图，并注明疆界及何年设厅，一切沿革事宜，详查送馆"等语。

查伯都讷城内伯都讷厅，于嘉庆十五年十月二十二日奉准吏部议复。内开吉林将军赛奏称：以伯都讷地方屯堡毗连，丁口日众，讼狱纷繁，非添设官员不足以资治理，应请仿照吉林、长春堡地方添设理事同知一员，并请添设巡检等语。应如该将军所奏，将原设理藩院委署主事裁撤，改为理事同知，驻扎本城专管地方刑钱及旗民交涉事务，并添设巡检，管理捕务，分驻孤榆树屯弹压私采、开荒等事，及添设书役、刑

① "建"，点校本作"设"，复印本作"建"，今据复印本改。

件、建造衙署，逐款详议咨报各部，再行办理，谨将臣等核议缘由缮折具奏。伏乞皇上睿鉴，谨奏等因。嘉庆十五年八月初十具奏，十三日奉旨：依议，钦此。等因前来。嘉庆十六年闰三月十八日，承准吏部咨文内开：前次该将军奏请添设理事同知一员，驻扎本城专管地方刑钱及旗民交涉事务，并请添设巡检，一则管监狱捕务，一则以资弹压，并未声明添设二员字样。是以臣部议复[①]准其添设理事同知一员驻扎本城，并添设巡检管理捕务，弹压私采、开荒等。今该将军既本城应设一员，孤榆树屯应设一员，查在城监狱、捕务，其在屯弹压私采、开荒等事自难兼顾，如该将军所请准其再添设一员以资办理，所有建造衙署，添设书役、刑仵，仍令该将军咨报各部办理，具题请旨。嘉庆十六年二月十七日题十九日奉旨:依议，钦此。等因前来。今伯都讷厅设在伯都讷城内，系该处副都统管辖，吉林将军统辖。

同知衙门，专管地方刑钱及旗民交涉一切事务。该厅俱行详呈本城副都统核转。

巡检衙门，在城者专管监狱、捕务。在屯者专管[②]私采、开荒等事。

伯都讷厅所属疆界:东至拉林河沿一百五十余里[③]与阿勒楚喀接界，西至松花江西岸二里与蒙古郭尔罗斯扎萨克公额邛克托克托库旗属接界，南至巴彦鄂佛罗边门外封堆三百余里与吉林接界，北至松花江北岸七十里与蒙古郭尔罗斯扎萨克公古鲁扎布旗属接界。

一、原有纳粮丁民一千六百五十五户，旧地十万四十五亩八分五厘，编为三则。银米折半征收，征银地五万二十四亩九分二厘五毫。内：上则地二万二百九十六亩九分二厘五毫，每亩[④]按银三分，征收银六百八两九钱八厘；中则地一万五千四十亩，每亩按银二分，征收银三百两八

① “复”，抄本作“覆”。

② 抄本“者”下缺“专管”二字，点校本补。

③ “一百五十余里”，《盛京通志》卷二十四作“一百三十里”。《吉林外纪》卷二同。

④ “亩”，抄本作“银”，下文皆作每亩按银若干分，故作“亩”是，点校本改。

钱；下则地一万四千六百八十八亩，每亩按银一分，征收银一百四十六两八钱八分。以上共银一千五十六两五钱八分八厘。

征米地五万二十四亩九分二厘五毫。内：上则地二万二百九十六亩九分二厘五毫，每亩按六升六合，征米一千三百三十九石五斗九升七合五抄；中则地一万五千四十亩，每亩按四升四合，征米六百六十一石七斗六升；下则地一万四千六百八十八亩，每亩按二升二合，征米三百二十三石一斗三升六合。以上共征米二千三百二十四石四斗九升三合五抄，每石折征银一两，共折征银二千三百二十四两四钱九分三厘。

乾隆四十二、三等年，查出流民一千九百户，查丈出增垦地七万三千九百十一亩。每亩征银八分，征米四合四勺二抄五撮，折征银四厘四毫二丝五忽。每亩按八分四厘四毫二丝五忽，共征银六千二百三十九两九钱三分六厘一毫七丝五忽。

乾隆四十六、七等年，查丈出纳粮民户开垦地九百四亩，每亩征银八分，征米四合四勺二抄五撮，折征银四厘五毫二丝五忽。每亩按八分四厘四毫二丝五忽，共征银七十六两三钱二分二毫。

乾隆五十八年，查出流民二千一百五十一户。

嘉庆五年[①]，查丈出陈民等开垦地五万七千二百八十一亩，每亩征银八分，征米四合四勺二抄五撮，折征银四厘四毫二丝五忽。每亩按八分四厘四毫二丝五忽，共征银四千八百三十五两九钱四分八厘四毫二丝五忽。

嘉庆五年[②]，查出流民三百八十一户，查丈出增垦地八千四百六十四亩，每亩征银八分，征米四合四勺二抄五撮，折征银四厘四毫二丝五忽。每亩按八分四厘四毫二丝五忽，共征银七百一十四两五钱七分三厘二毫。

嘉庆八年，查丈出增垦地二千二百五十六亩，每亩征银八分，征米

① “嘉庆五年”，《吉林通志》卷二十九作“嘉庆六年”。

② “嘉庆五年”，《吉林通志》卷二十九作“嘉庆六年”。

四合四勺二抄五撮，折征银四厘四毫二丝五忽。每亩按八分四厘四毫二丝五忽，共征银一百九十两四钱六分二厘八毫。

嘉庆八年，查丈纳粮民户开垦地一千七百五十九亩，每亩征银八分，征米四合四勺二抄五撮，折征银四厘四毫二丝五忽[1]。每亩按八分四厘四毫二丝五忽，共征银一百四十八两五钱三厘五毫七丝五忽。

嘉庆十二年，查丈出增垦地一百四亩，每亩征银八分，征米四合四勺二抄五撮，折征银四厘二丝五忽。每亩按八分四厘四毫二丝五忽，共征银八两七钱八分二毫。

嘉庆十四年，查出流民五百九十四户，查丈出纳粮民户开垦地五万八百五十一亩，每亩征银八分，征米四合四勺[2]二抄五撮，折征银四厘四毫二丝五忽。每亩按八分四厘四毫二丝五忽，共征银四千二百九十三两九分五厘六毫七丝五忽。

嘉庆十四年，查出流民一千一百四十四户，开垦地一千九百四十九亩，每亩征银八分，征米四合四勺二抄五撮，折征银四厘四毫二丝五忽。每亩按八分四厘四毫二丝五忽，共征银一百六十四两五钱四分四厘三毫二丝五忽。

嘉庆十四年[3]，查出流民一千一百四十四户，开垦地一千九百四十九亩，每亩征银八分，征米四合四勺二抄五撮，折征银四厘四毫二丝五忽，共征银一百六十四两五钱四分四厘三毫二丝五忽。

以上旧有、新增纳粮丁民共七千七百六十二户，每丁征银一钱五分，共征银一千一百六十四两三钱。旧有、新增地共二十九万七千五百二十八亩八分五厘，共征银二万五十三两二钱四分六厘。

同知现驻扎旧有理藩院委署主事公所，该员衙署以及监狱仿照吉林

① “每亩按八分征米四合四勺二抄五撮，折征银四厘四毫二丝五忽。”点校本缺此句，据抄本补。

② “勺”，复印本“二”前缺“勺”字，点校本补。

③ “嘉庆十四年”，《吉林通志》卷二十九作“嘉庆十二年”。

同知衙署章程建造，今尚未动修。

伯都讷厅、孤榆树屯巡检等衙署，亦照吉林巡检衙署章程建造，亦未动修。

同知[①]衙门吏、户、礼、兵、刑、工等六房应照书役，均照吉林同知处定额，各房招选经制一名、门子二名、皂隶十名、马快四名、民壮四名、捕役八名、库丁一名、禁卒二名、伞房轿夫七名、仵作一名。

伯都讷巡检、孤榆树屯巡检衙门，招选书役亦照吉林厅巡检衙门例，各招攒典一名、门子一名、皂隶四名、马快一名。

同知每年俸银八十两、养廉银五百二十七两六钱。经制六名，不应得公费银两。门子二名，工食十二两。皂隶十名，工食银□两。马快四名，工食银六十七两二钱。民壮三十名，工食银一百八十两。捕役八名，工食银四十八两。库丁一名，工食银六两。禁卒二名，工食银十二两。伞扇轿夫七名，工食银四十二两。仵作一名，不应得公费银两。

伯都讷巡检、孤榆树屯巡检，每年各俸银三十一两五钱二分、养廉银各三十一两五钱二分。攒、典各一名，不应得公费银两。每门子一名得工食银六两。每皂隶四名，工食银二十四两。每马快一名，工食银六两。

伯都讷城里，征收牲畜、烟酒等项杂税银三百一十七两。

孤榆树屯征收牲畜等项税银一百三十二两。

征收网课税银三百二两。

所有厅境绘明地图，注明疆界，并设厅年分、该员应办事宜，理合声明。绘[②]明地图一张。（图佚）

① “知”，抄本作“治”，不通。按同知，官名，地方政权的长官。乾隆十二年裁汰永吉州知州改设理事同知。点校本作“知”是。

② “绘”，抄本作“会”，此处当作“绘”，点校本改。

奉原单内开："省会及府、厅、州、县城池有无修建，详查年月，造册送馆"等语。

查吉林所属各城，原系兵力修建，筑打土城以及衙属公所房间，自何年陆续改为动用官项修理，年分详查列后：

吉 林 城

康熙十二年[①]兵力修建。三面筑打土墙，共一千四百五十一丈，高一丈。南面[②]江无墙，西一门，东与北各二门，看门堆房十三间。于乾隆七年，改为官项修理。

将军衙署，康熙十五年兵力修建。大堂七间[③]，穿堂五间，仪门三间，于乾隆七年改为官项修理。乾隆十九年，皇上驾幸吉林时，御书"天江锁钥"匾额，现今恭悬大堂[④]。

印务处，办本折档房五间，书吏办事房二间。乾隆三十年兵力修建，于乾隆五十七年改为官项修理。

户司，办事房五间。工司，办事房三间。康熙十五年兵力修建，于乾隆七年改为官项修理。乾隆六年兵力添建档房各三间，于乾隆四十八年改为官项修理。

兵、刑司，办事房各五间。康熙十五年兵力修建，于乾隆七年改为官项修理。乾隆六年兵力添建档房各二间，于乾隆四十七年改为官项修

① "康熙十二年"，《盛京通志》卷三十一、《嘉庆重修一统志》卷六十七、《吉林外纪》卷二、《吉林分巡道造送会典馆清册》、《吉林通志》卷二十三皆同。《八旗通志》卷一百十六作"康熙十三年"，疑误。

② "南面"，点校本作"面南"，抄本作"南面"，又《吉林外纪》卷二作"南面倚江无墙"，故作"南面"是，今改。

③ "大堂七间"，《吉林外纪》卷七同。《盛京通志》卷四十六作"大堂五间"，《吉林通志》卷二十五同，但夹注云"折档作七楹"。

④ "大堂"，《吉林外纪》卷七作"穿堂"，《吉林通志》卷二十五同。"大堂"疑"穿堂"之讹。

理。乾隆二十年兵力添建档房各一间，于乾隆五十八年改为官项修理。

印库二间，棉甲库三间，看库巡更堆房二间，银库二间，枪库二间，看库巡更堆房二间，均系康熙十五年兵力修建，于乾隆七年改为官项修理。乾隆十五年兵力添建银库档房二间，于乾隆五十七年改为官项修理。

米仓五间，于乾隆五十七年裁汰。

督催所办事房三间，同[①]知办事房二间，乾隆五十年兵力修建，于乾隆五十七年改为官项修理。

前锋营房三间，康熙十五年兵力修建，于乾隆七年改官项修理。于乾隆十年兵力添建前锋该班房二间，于乾隆四十九年改为官项修理。

鸟枪营办事房三间，水手营办事房三间，虎枪营房二间，荒营房二间，番役房一间，原系兵力修建，于乾隆七年改为官项修理。

土地祠一间，大狱房十五间，狱神庙一间，看狱巡更堆房五间。狱墙四十丈，原系兵力修建，于乾隆七年改为官项修理。乾隆三十五年，兵力添建狱官住房三间，于乾隆四十九年改为官项修理。乾隆五十七年裁汰看狱巡更堆房一间，行狱房五间，看狱巡更堆房三间。周围木墙三十一丈，乾隆五十四年兵力修建，于乾隆五十七年因被回禄，均改为官项修理。衙署外围板墙一百五十九丈，衙署内板墙一百二十七丈，乾隆三十年兵力修建，于乾隆五十七年改为官项修建砖墙。衙署前八旗听差房十六间，鹿角木二十丈四尺，砖照壁[②]一座，牌楼二座，原系兵力修建，于乾隆七年改为官项修理。左右翼激桶房八间[③]，原系兵力修建，于乾隆七年改为官项修理。乾隆三十六年兵力添建查街办事房四间，于乾隆五十四年改为官项修理。

果子楼三间，看守堆房五间，原系兵力修建，于乾隆七年改为官项

① “同”，点校本作“司”，抄本作“同”，今据抄本改。

② “壁”，复印本作“璧”，误。“照壁”古为遮挡大门的低矮墙壁。郝懿行《尔雅义疏》“是屏以土为墙，即今之照壁”云云，则作“壁”是。

③ “间”，抄本作“房”，《吉林外纪》卷七两翼激桶房“八间”，又以文意律之，则点校本作“间”是。

修理。乾隆三十五年兵力添建晒晾楼三间，于乾隆五十八年改为官项修理。

八旗弓匠房十六间，铁匠房十七间，打铁板棚八间，原系兵力修建，于乾隆七年改为官项修理。

镶黄旗堆房三间，正黄旗堆房五间，内于乾隆四十五年裁汰二间。正白旗堆房三间，正红旗堆房三间，镶白旗堆房三间，镶红旗堆房三间，正蓝旗堆房三间，镶蓝旗堆房二间，西门外松花江岸摆渡房二间，原系兵力修建，于乾隆七年改为官项修理。

颜料库三十间，看库巡更堆房三间，原系兵力修建，于乾隆七年改为官项修理。

存贮龙船房十九间，看船巡更堆房二间，原系兵力修建，于乾隆七年改为官项修理。乾隆二十八年兵力添建造船房三间，于乾隆五十七年改为官项修理。嘉庆十五年裁汰存贮龙船房七间。

养黑牛圈铡草、煮料房六间，牛圈五间，羊圈板棚二间，大门一间，堆房三间，养鹰房六间，原系兵力修建，于乾隆七年均改为官项修理。教场演武厅五间，堆房二间，后垣土坯墙十丈，操演枪亭三间，原系兵力修建，于乾隆七年改为官项修理。乾隆三十四年兵力添建教场十旗听差房十间，于乾隆五十一年改为官项修理。乾隆三十六年兵力添建演武厅棬棚三间，于乾隆五十四年改为官项修理。火药库三间，看库巡更堆房二间，原系兵力修建，于乾隆七年改为官项修理。配造火药局房六间，板棚六间，乾隆四十四年动用官项修建。官参局正房五间，穿堂五间，东西厢房各三间，门房五间，于乾隆二十八年动用参务银两修建。

将军住房六十四间，板门一间，东西板门二间，周围砖墙八十七丈五尺。副都统住房四十二间，板门一间，周围土坯墙五十八丈五尺。原系兵力修建，于乾隆七年陆续均改为官项修理。

同知衙署，在城内西北隅，雍正六年建。原系永吉州知州衙署，乾隆十二年改为同知衙署。大门三间，仪门三间，大堂三间，穿堂三间，二堂三间，书吏房六间，翻清档房三间，书房三间，住房六间，厨房三间。衙署外围板墙一百一十六丈五尺，高七尺。永丰仓十二间，税房三间，狱房六间，看狱巡更堆房三间。巡检衙署在同知署东，雍正六年建。原系永吉州吏目衙署，乾隆十二年改为巡检衙署。大门一间，仪门一间，大堂三间，住房三间，书吏房二间，衙署外围板墙五十二丈，高七尺，于乾隆七年均改为官项修理。

太平仓，在城内东北隅，修建仓房六十间，大门一间，看仓巡更堆房三间，康熙二十八、三十九等年动用官项修建，于乾隆五十四年陆续改为楼仓。永宁仓亦在城内东北隅，修建仓房六十四间，大门一间，看仓堆房三间，仓上办事房三间，康熙四十三年兵力修建，于乾隆二十年改为官项修理，乾隆五十四年陆续改为楼仓。

八旗义仓亦在城内东北隅，兵力修建仓房九十六间。西门外西南隅水手营，丁力修建义仓七间，于乾隆八年陆续均改为官项修理。

满洲八旗、蒙古旗、鸟枪营办事官房二百八间，乾隆三十年兵力修建，于乾隆三十八年陆续均改为园租银两粘补修理。望祭长白山殿五间，盛放器皿楼二间，看山白唐阿住房十二间[①]，雍正十一年动用官项修建。乾隆三十年，兵力修建鹿圈木墙二十六丈，乾隆五十一年添建十九丈，均改为官项修理。

松花江神庙五间，山门三间，牌楼一座，栅栏门二合，堆房三间，乾隆四十五年动用官项修建，嘉庆二年将土墙五十一丈改砌砖墙修建。

打牲乌拉协领办事衙署，原系兵力修建，正房五间，于乾隆四十八年改为官项修理，东厢房三间，于乾隆四十九年改为官项修理，西厢房三间，于乾隆五十二年改为官项修理，二门一间，周围土墙一百八十丈，于乾隆五十五年均改为官项修理，大门一间，两傍听差房二间，于乾隆六十年改为官项修理。

八旗义仓十三间，原系兵力修建，于乾隆二十一年改为官项修理五

① “间”，抄本误作“年”，点校本改。

间，乾隆二十七年改为官项修理五间，隆乾三十四年改为官项修理三间。八旗堆房，原系兵力修建。镶黄、正黄二旗堆房六间，于乾隆四十九年改为官项修理。正白、镶蓝二旗堆房六间，于乾隆五十二年改为官项修理。正红，正蓝二旗堆房六间，于乾隆五十年改为官项修理。镶白、镶红二旗堆房六间，于乾隆五十一年改为官项修理。

教场演武厅三间，堆房二间，原系兵力修建，演武厅于嘉庆三年改为官项修理，堆房于嘉庆十年改为官项修理。

伊通佐领办事公所，原系兵力修建，正房三间，大门一间，于乾隆五十二年改为官项修理，东西厢房六间，于乾隆五十九年改为官项修理，周围板墙四十八丈四尺①，于乾隆六十年改为官项修理。教场演武厅三间，原系兵力修建，于乾隆六十年改为官项修理。镶黄、正黄二旗义仓各三间，原系兵力修建，镶黄旗义仓于乾隆二十四年改为官项修理，正黄旗义仓于乾隆三十年改为官项修理。

额木和索罗佐领办事公所，原系兵力修建正房三间，听差房三间，大门一间，周围板墙三十一丈，于乾隆五十八年改为官项修理。教场演武厅三间，现今仍系兵力修建。

巴彦鄂佛罗边门一间，原系兵力修建，于乾隆六十年改为官项修理。设有七台，每台义仓三间，原系台丁修建，于乾隆四十八年陆续改为官项修理。伊通边门一间，原系兵力修建，于乾隆六十年改为官项修理。设有七台，每台义仓三间，原系台丁修建，于乾隆二十九年陆续改为官项修理。赫尔苏边门一间，原系兵力修建，于嘉庆元年改为官项修理。设有八台，每台义仓三间，原系台丁修建，于乾隆三十五年陆续改为官项修理。布尔图库边门一间，原系兵力修建，于乾隆六十年改为官项修理。设有七台，每台义仓三间，原系台丁修建，于乾隆二十九年陆续改为官项修理。乌拉、额赫穆等十八站，每站义仓三间。乌拉站水手义仓三间，原系站丁、水手修建，于乾隆十八年陆续改为官项修理。金珠鄂

① “尺”，抄本作“寸”。

佛罗等十站，每站义仓三间，原系站丁修建，于乾隆二十一年陆续改为官项修理。

宁古塔城

康熙五年兵力修建。周围筑打土墙五百八十五丈，高六尺五寸，东、西、南三面各一门，看门堆房各二间。城墙与西门于乾隆四十二年均改为官项修理，看门堆房于乾隆五十四年均改为官项修理，东门于乾隆五十七年改为官项修理，南门于乾隆五十八年改为官项修理。

副都统衙署，康熙五年兵力修建，大堂五间，于乾隆八年改为官项修理。仪门一间，于乾隆三十五年改为官项修理。穿堂五间，大门三间[①]，于乾隆四十九年改为官项修理。

左、右司办事房各三间[②]，原系兵力修建，于乾隆二十五年改为官项修理。后添档房各三间，现今仍系兵力修建。左、右司房后土墙八十五丈，原系兵力修建，于乾隆五十六年改为官项修理。左、右司房板门各一间，周围板墙五十二丈三尺，原系兵力修建，于乾隆三十五年改为官项修理。

银库三间，印楼一间，看库巡更堆房二间，原系兵力修建，印楼于乾隆四十四年改为官项修理，堆房于乾隆四十八年改为官项修理，银库于乾隆五十五年改为官项修理。

前锋营、虎枪营房六间，原系兵力修建，于乾隆四十八年改为官项修理。

狱房五间，周围土坯墙二十八丈，墙外堆房三间，于乾隆二十八年动用官项修建。看狱巡更堆房三间，原系兵力修建。果子楼三间，原系

① “大门三间”，抄本作“大门五五间”。不合情理。《盛京通志》卷四十六作“大门三间”，《吉林外纪》卷七同。又《吉林分巡道造送会典馆清册》“东、西、南各壹门”，亦作三门，故点校本作“大门三间”是。

② “各三间”，《吉林外纪》卷七同，《盛京通志》卷四十六作“各四间”。

兵力修建。

公仓四十间，仓档房二间，看仓巡更堆房二间，原系兵力修建，其仓于乾隆八年改为官项修理十间，十四年改为官项修理十间，十七年改为官项修理五间，二十七年改为官项修理五间，三十二年改为官项修理五间，五十八年改为官项修理五间。仓档房、看仓堆房于乾隆四十八年均改为官项修理。

义仓三十二间，原系兵力修建，于乾隆十二年陆续均改为官项修理。激桶房八间，原系兵力修建，内有三间于嘉庆四年改为官项修理，其余五间现今仍系兵力修建。弓铁匠房六间，现今仍系兵力修建。教场演武厅三间[①]，原系兵力修建，于乾隆四十八年改为官项修理。火药库一间，看库巡更堆房二间，原系兵力修建。火药库于乾隆五十一年改为官项修理，巡更堆房现今仍系兵力修建。养鹰房三间，原系兵力修建。官参局，正房五间，东厢房三间，西厢房六间，大门三间，仪门一间，仪门外正房五间，于乾隆二十八年动用参务银两修建。副都统住房，原系兵力修建，正房五间，于乾隆四十七年改为官项修理。厅房五间，东山傍正房二间，铡草房三间，西山傍正房七间，西边正房三间，现今仍系兵力修建。大门三间，于乾隆四十六年改为官项修理。左右厢房六间，大门外东西板门各一间，周围栅栏四十四丈，土墙九十丈，于乾隆四十八年均改为官项修理。马棚三间，于乾隆五十一年改为官项修理。

珲春协领衙署，康熙五十三年[②]兵力修建，办事房三间，于嘉庆十二年改为官项修理。档房三间，于嘉庆十三年改为官项修理。银库二间[③]，大门三间，于嘉庆十四年均改为官项修理。仪门一间，周围土墙八十四丈，现今仍系兵力修建。义仓十五间，看仓库巡更堆房三间，原

① “三间”，《八旗通志》卷一百十六、《吉林外纪》卷七同，《盛京通志》卷四十六作“五间”。

② “康熙五十三年”《盛京通志》卷四十六、《嘉庆重修一统志》卷六十七、《吉林通志》卷二十五皆同，《八旗通志》卷一百十六作“康熙五十四年”。

③ “二间”，《吉林外纪》卷七作“三间”。

系兵力修建，义仓于乾隆十二年改为官项修理。堆房于嘉庆十二年改为官项修理。三旗堆房[1]三间，原系兵力修建，于嘉庆十三年改为官项修理。教场演武厅三间，原系兵力修建，于嘉庆十五年改为官项修理。

伯都讷城

康熙三十二年兵力修建，周围筑打土墙一千三百五十丈，高八尺，东、南、西、北各一门，看门堆房各二间。城墙与看门堆房于乾隆三十九年均改为官项修理。东门与南门于乾隆四十三年改为官项修理。西门与北门于乾隆四十四年改为官项修理。

副都统衙署，康熙三十二年兵力修建，大堂五间，穿堂三间，于乾隆三十年改为官项修理。大门三间[2]，仪门一间，于乾隆三十九年改为官项修理。大堂后办事房二间，原系兵力修建，于嘉庆四年改为官项修理。

左、右司办事房各三间，康熙三十二年兵力修建，左司于乾隆四十五年改为官项修理，右司于乾隆五十一年改为官项修理。

银库二间，康熙三十二年动用官项修建印库二间。看守银库、印库、巡更堆房各二间，原系兵力修建，看库堆房于乾隆四十五年改为官项修理，印库于乾隆四十六年改为官项修理。

前锋营房三间，荒营、虎枪营房三间[3]，原系兵力修建，前锋营房于乾隆四十二年改为官项修理，荒营、虎枪营房于乾隆四年[4]改为官项修理。狱房三间，看狱巡更堆房二间，乾隆二十六年动用官项修建，狱

① “三旗堆房”，抄本及点校本皆作“三姓堆房”，误。《吉林外纪》卷七作“三旗堆房”，《吉林通志》卷二十五同。按此处堆房系指珲春协领衙署之八旗堆房，与三姓驻防无涉。

② “三间”，《吉林外纪》卷七同，《盛京通志》卷四十六作“五间”。

③ “三间”，《吉林外纪》卷七同，《盛京通志》卷四十六作“共六间”。

④ “四年”，抄本作“四十四年”。

周围土坯墙二十丈，原系兵力修建。

衙署前八旗听差房四间[①]，原系兵力修建，于乾隆五十二年改为官项修理。衙署周围土坯墙一百零一丈，原系兵力修建，于乾隆四十二年陆续改为官项修理。

果子楼二间，看楼堆房三间，周围土墙十八丈，原系兵力修建，周围土墙于乾隆四十三年改为官项修理，看楼堆房于乾隆五十八年改为官项修理，其果子楼现今仍系兵力修建。激桶房二间，原系兵力修建，于乾隆五十一年改造三间，俱动官项修理。弓匠房三间，原系兵力修建，于乾隆四十七年改为官项修理。

中仓十间，康熙三十二年[②]动用官项修建。后仓十间，雍正六年动用官项修建。前仓十间，乾隆十年动用官项修建。看仓巡更堆房二间，原系兵力修建，于嘉庆五年改为官项修理。义仓二十六间[③]，看仓巡更堆房二间，雍正五年兵力修建，于乾隆二十四、三十二、四十四等年陆续均改为官项修理。看仓堆房于嘉庆十四年改为官项修理。仓周围土墙九十三丈，原系兵力修建，于乾隆十六年改为官项修理。教场演武厅三间，原系兵力修建，于乾隆四十三年改为官项修理。火药库一间，看库巡更堆房二间，原系兵力修建，于嘉庆二年改为官项修理。

副都统住房，原系兵力修建，正房三间，西厢房三间，于乾隆四十一年改为官项修理。厅房三间，耳房二间，于乾隆四十七年改为官项修理。东厢房三间，于乾隆四十九年改为官项修理。大门三间，耳房二间，于乾隆五十年改为官项修理。二门外东西厢房各三间，于乾隆五十三年改为官项修理。周围土墙一百九十丈，于嘉庆元年陆续改为官项修理。

---

① “八旗听差房四间”，《吉林外纪》卷七作“八旗办事房四间”，《盛京通志》卷四十六作“八旗办事房六间”。

② “康熙三十二年”，《盛京通志》卷四十六、《吉林外纪》卷七同，《八旗通志》卷一百十六作“康熙三十三年”。

③ “二十六间”，《八旗通志》卷一百十六、《吉林外纪》卷七同、《盛京通志》卷四十六作“十六间”。

三 姓 城

康熙五十四年兵力修建。周围筑打土墙一千二十六丈，高七尺，东、南、西、北各一门，看门堆房各二间。城墙与东、南、西、北门于乾隆十七年均改为官项修理。西门堆房于乾隆二十八年改为官项修理。东、南、北三门堆房于乾隆三十二年改为官项修理。

副都统衙署，雍正十年兵力修建，大堂五间，穿堂五间，大门一间①，仪门一间②，左右司办事房各三间，左右翼门各一间，八旗听差房八间，于乾隆十七年均改为官项修理。

印务处档房三间，左右司档房各三间，原系兵力修建，于嘉庆元年改为官项修理。银库二间，看库巡更堆房三间，雍正十年兵力修建，于乾隆十七年改为官项修理。印库一间，看库巡更堆房三间，雍正十年兵力修建。印库于乾隆十七年改为官项修理，堆房于乾隆三十五年改为官项修理。四十三年因存贮棉甲，又动官项添建印库一间。

前锋营、荒营房六间③，番役房三间，原系兵力修建，前锋营、荒营房于乾隆五十六年改为官项修理，番役房于乾隆五十七年改为官项修理。

狱房三间，看狱堆房三间，周④围土坯墙十九丈四尺，乾隆三十二年动用官项修理，乾隆六十年改为砖墙修理。衙署周围土墙一百七十五丈，原系兵丁修建，于乾隆五十八、九等年陆续改为官项修理。衙署前照壁一座，原系兵力修建，于乾隆三十三年改为官项修理。鹿角木三十丈，乾隆四十一年动用官项修建。

赏需楼三间，乾隆四十五年动用官项修建。果子楼二间，原系兵

① “一间”抄本作“三间”，《吉林外纪》卷七同，《盛京通志》卷四十六作“五间”，未知孰是。

② “一间”，《盛京通志》卷四十六作“一座”，《吉林外纪》卷七作“三间”。

③ “前锋营、荒营房六间”，《吉林外纪》卷七同，《盛京通志》卷四十六作“前铎营及虎枪营房共八间”。

④ 周，抄本误作“围，点校本改作“周”。

力修建。于乾隆三十三年改为官项修理。看楼堆房二间，弓铁匠房六间[①]，原系兵力修建，于嘉庆元年均改为官项修理。查街办事房三间，原系兵力修建，于乾隆六十年改为官项修理。

永丰仓五十间，仓档房三间。看仓巡更堆房四间，原系兵力修建。仓档房于乾隆十七年改为官项修理，堆房于乾隆二十八年改为官项修理。永丰仓于乾隆三十二年改为官项修理三十间，乾隆四十八年改为官项修理二十间，乾隆十八年动用官项添建永丰仓十间，五十五年动用官项添建仓房十间[②]。义仓二十间，原系兵力修建，于乾隆三十五年改为官项修理十间，嘉庆十四年改为官项修理五间，其余五间尚未改修。仓周围筑打土墙二百七十丈，于乾隆五十七年陆续改为官项修理。

税房三间，周围土墙三十一丈，原系兵力修建，于乾隆五十九年改为官项修理。火药库一间，原系兵力修建，于乾隆五十一年改为官项修理。教场演武厅三间，堆房三间，原系兵力修建，演武厅于乾隆三十三年改为官项修理。堆房于乾隆五十八年改为官项修理。养鹰房五间，于乾隆三十九年动用官项修建。看守采捕东珠船房三间，原系兵力修建，于嘉庆二年改为官项修理。

副都统住房，原系兵力修建。正房五间，厅房五间，书房三间，东西厢房各三间，大门三间，于乾隆十七年均改为官项修理。周围板墙一百四十九丈，于乾隆五十八年改为官项修理。

阿勒楚喀城

雍正七年兵力修建，板墙七百四十五丈[③]，高七尺，东、南、西、北

① “六间”，《吉林外纪》卷七同，《吉林通志》卷二十五作“六间”。

② “十间”，《吉林外纪》卷七作“二十间”。

③ “板墙七百四十五丈”《八旗通志》卷一百十六、《吉林外纪》卷二、《吉林通志》卷二十四同。《盛京通志》卷三十一作“周围三里”，《嘉庆重修一统志》卷六十七同。

各一门，看门堆房各二间。东、南、两、北门与堆房于乾隆三十五年均改为官项修理，城墙于乾隆四十八年改为官项修筑土墙。

副都统衙署，雍正六年兵力修建，大堂五间，于乾隆二十七年动用官项修建，穿堂三间，大堂五间，于乾隆三十二年改为官项修理，仪门一间，于乾隆三十七年改为官项修理。

左、右司办事房各三间，银库二间，印库二间，看银库、印库巡更堆房各二间，乾隆二十七年动用官项修建。衙署前八旗听[①]差房十间，原系兵力修建，于乾隆四十九年改为官项修理。

前锋营房三间，原系兵力修建，于乾隆四十三年改为官项修理。狱房七间[②]，看狱巡更堆房三间，周围砖墙三十丈，乾隆三十二年动用官项修建。果子楼二间，看楼堆房三间，原系兵力修建。果子楼于乾隆三十五年改为官项修理，看楼堆房于乾隆三十六年改为官项修理。

公仓六十间，看仓巡更堆房三间，仓垣大门三间，乾隆二十一年动用官项修建，乾隆三十九年裁汰仓垣大门二间。义仓十三间，乾隆三十九年动用官项修建，仓周围筑打土墙一百八十二丈，乾隆四十五年动用官项修建。查街办事房三间，教场演武厅三间，看守教场堆房二间，原系兵力修建，于乾隆三十五年均改为官项修理。

副都统住房，原系兵力修建，正房五间，穿堂三间，东西厢房各三间，正房两旁配房六间，照房五间，大门三间，两旁配房六间，仪门一间，乾隆二十二年动用官项修建。马棚八间，乾隆四十九年动用官项修建，乾隆五十二年裁汰照房二间。

拉林协领衙署，原系兵力修建，大堂五间，穿堂三间，大门三间，于乾隆四十一年均改为官项修理。仪门一间，于乾隆四十六年改为官项修理。棉甲库二间，原系银库，于乾隆四十四年拆造改为棉甲库，动用

① “听”，抄本作“厅”，《吉林外纪》卷七作“听”，《吉林通志》卷二十五同，故作“听”是。

② “七间”，《盛京通志》卷四十六作“十间”，《吉林外纪》卷七作“九间”，《吉林通志》卷二十五作“五间”，未知孰是。

官项修建。看库巡更堆房三间，亦系兵力修建，于乾隆四十六年改为官项修理。

果子楼二间，看楼堆房三间，原系兵力修建，果子楼于乾隆四十五年改为官项修理，看楼堆房于乾隆四十六年改为官项修理。查街办事房三间，原系兵力修建，于乾隆三十三年改为官项修理。

公仓六十间，乾隆八年动用官项修建。看仓巡更堆房三间，原系兵力修建，于乾隆十九年改为官项修理。义仓十三间，内原有兵力修建六间[1]，乾隆三十九年动用官项添建七间，乾隆四十五、六等年将兵力修建义仓六间，陆续改为官项修理。仓门房三间，原系兵力修建，于乾隆四十六年改为官项修理。仓周围筑打土墙一百八十二丈，原系兵力修建，于乾隆三十九年改为官项修理。

教场演武厅三间，堆房三间，原系兵力修建。演武厅于乾隆三十三年改为官项修理，堆房于乾隆四十九年改为官项修理。

以上吉林所属各城均系筑打土城，并无修池之处，理合声明。

① “六间”，《盛京通志》卷四十六作“三间”。

河渠　堤堰　桥梁　关隘

奉原单内开："河渠、堤堰、桥梁、关隘，有无开浚、淤塞、修筑、添设、坍废等事，详晰查明，造册送馆"等语。

查吉林乌拉、伊通、额穆赫索罗四边门、宁古塔、珲春、伯都讷、三姓、阿勒楚喀、拉林地方，旧有河渠至今并无开浚、淤塞之处，理合声明。

吉林城南松花江堤。自城东门至西门长八百十四丈，堤高一丈五尺，宽一丈，于嘉庆十六年题准修筑，今尚未动修，理合声明。

桥梁。查吉林地方，遵法板桥一座，在城内将军衙署南，官项修建。板桥一座在城小东门外，雍正九年兵力修建，乾隆十年改为官项修理，珠鲁多浑河桥一座在城东二百九十里，系任和尚募建，现今坍废。

宁古塔地方，旧有石甸子桥一座在城西一百余里黑石甸子石空处。任和尚募建。

吉林地方原有乌拉站渡口一处，康熙十一、二十五等年官设渡船四只。嫩乌拉松花江渡口一处，康熙二十五年官设渡船八只。于雍正五年挪移拉林喀萨哩渡船二只。拉林喀萨哩渡口一处，于雍正五年由嫩乌拉松花江移设官渡船二只。郭尔罗斯札萨克巴达玛渡口一处，康熙三十五年官设渡船三只。佛斯亨、妙嘎善渡口二处，乾隆二十五年官设渡船四只。

此外并无另有添设、坍废桥梁之处，理合声明。

关隘。查吉林地方，康熙二十年设立巴彦鄂佛罗、伊通、赫尔苏、布尔图库等四边门，各设专管边门防御一员、笔帖式一员，吉林移驻满洲兵各二十名。巴彦鄂佛罗、伊通、布尔图库等三边门各属七台，赫尔苏边门所属八台，共台二十九座。每边门各有总理台务领催一名，每台各有领催一名[①]。每边门各有台丁一百五十名。兵系充当巡查出入边门差使，台丁系春、秋二季拴边挖壕差使。其边界，东自亮子山至西威远堡门，相距六百二十二里。边条高四尺五寸，壕底宽五尺，深一丈，口面宽一丈。并无淤塞、坍废之处，理合声明。

吉林所属各外城，永设卡伦、添设卡伦及每卡伦着派官兵数目更换之处，分晰开列于后。

吉林地方所辖，按月更换永设卡伦：二道河、俄和穆、登坛、辉法。以上四处，每处官一员、兵十名。

每年刨夫未进山以前三月添设，至刨夫等回山后，于十月撤回。

按两个月更换添设卡伦：山音倭和、拉法、乌哩、蛟哈、舒尔哈、平顶山、荒沟、额赫穆屯、推吞、荒地、绥音、瓜勒察、依吉思珲、罗圈沟、钓鱼台、倒木沟。以上十六处，每处官一员、兵十名。荒营处出派巡查围场，按两个月更换添设卡伦：马鞍山、萨伦、依勒们、苏瓦延、伊通、库尔讷窝集、尼雅哈器。以上七处，每处官一员、兵五名。

打牲乌拉地方所辖，按月更换永设卡伦：喀萨哩、那穆唐阿。以上二处，每处官一员，兵十名。

三月添设，至十月撤回，按两个月更换添设卡伦：四道梁子、常岭子、朴家屯、老少屯。以上四处，每处官一员，兵十名。

额穆赫索罗地方所辖，按两个月更换永设卡伦：坛品，领催一名、兵五名。英额达巴罕，官一员、兵八名。

三月添设，至十月撤回卡伦：通沟，即和两合，领催一名、兵五名。

宁古塔地方所辖，按月更换永设卡伦：德林、依彻、萨奇库、穆楞、

① “一名”，《吉林外纪》卷四作“七名”，《吉林通志》卷五十引《吉林外纪》卷四，亦作“七名”。

霍祯河。以上五处,每处官一员、兵十二名。玛勒呼哩官一员,兵十五名。

三月添设，至十月撤回卡伦:昂阿拉岳、呼西喀哩、泥叶和、佛讷、倭楞、噶思哈、花蘭、尚西、松根、倭勒珲噶尔甘、多永武、蜜占、呼朗吉、塔克通吉、乌勒呼霍落。以上十五处，每处官一员、兵八名。

珲春地方所辖，按月更换永设卡伦：蜜占、穆克德和。以上二处，每处领催一名、兵十名。哈顺，官一员、兵十名，噶哈哩，领催一名、兵六名。磨磐山、达尔欢霍落，以上二处，每处官一员、兵六名。

蒙古官一员、兵十名。

二月添设，至十月撤回卡伦：佛多西，官一员、兵六名。珠伦、阿蜜达、法依他库、哈达玛、西图、呼拉穆、图拉穆。以上七处，每处领催一名、兵六名。

伯都讷地方所辖，按月更换永设卡伦：当集、团山子、五道河、古景子、二道河。以上五处，每处官一员、兵十名。

三月添设，至十月撤回卡伦：哈萨哈博，官一员、兵十名。

三姓地方所辖，按月更换永设卡伦：乌思珲河，官一员、兵十名。萨哈连昂阿，官一员、兵十五名。音连穆额克沁、西伯河口，以上二处，每处官一员、兵十名。

二月添设至七月、十月撤回卡伦：瓦里霍吞，官一员、兵十五名。玛彦口、费岳吞河、佛勒霍乌珠、玛泥兰、法勒图珲河、图雅奇、音达穆毕尔甘、西芬河、果普奇喜、吞河、温肯河。以上十一处，每处官一员、兵十名。

阿勒楚喀地方所辖，按月更换永设卡伦：多滚、谟勒费、克图。以上三处，每处官一员、兵十名。

三月添设，至十月撤回卡伦:费克图昂阿、佛多霍、海沟、夹信子、马鞍山。以上五处，每处官一员、兵十名。

吉林地方共永设卡伦三十三处，添设卡伦六十九处，共卡伦一百零二处。此外并无另有卡伦，亦无关隘名目，理合声明。

寺观　祠庙　陵墓

奉原单内开："寺观、祠庙、陵墓有无添建坍废，详查送馆"等语。

查吉林境内：文庙在城内东南隅。乾隆七年永吉州知州魏士敏捐建。每岁春秋致祭，用笾豆盘二十四个，爵杯三盏。文昌阁在城内东南隅。乾隆三十一年知州杜薰[①]捐建。先农坛在城小东门外，雍正十年建。每岁春秋致祭，用笾豆十二个，爵杯三盏。社稷坛在城小东门外建，每岁春秋致祭。用笾豆盘十三个，爵杯三盏。风云雷雨山川坛在小东门外，雍正十年建。关帝庙一在城北门外北山上，乾隆十九年建[②]。皇上驾幸吉林时庙御书"灵著豳岐"匾额，现今恭悬圣殿。一在城小东门外，后有关帝三处，每岁春秋官为致祭，用笾豆十二个，爵杯三盏。一在城西处，一在城东一百五十里纳穆窝集，一在城西七十里蒐登站，一在城西一百九十里苏瓦延站，一在城西二百五十里伊巴丹站，一在城西二百六十六里伊通河，一在城西三百里阿勒护额墨勒站，一在城西三百七十里赫尔苏站，一在城西四百五十里叶赫站，一在城西四百九十里蒙古和罗。皇上驾幸吉林时庙御书"福佑大东"匾额，现今恭悬圣殿。一在城内东北隅，乾隆四十八年建。一在城东二百八十里色楚窝集岭。九天玄女庙一在城西大孤山。一在城西小孤山。西方寺在城西门外，乾隆二十九年里民重修。崇礼龙王庙在城小东门外江北岸，乾隆二十五年重修。厉坛在城西门外

① "杜薰"，点校本作"杜董"误。按《盛京通志》卷九十九作"杜薰"，卷四十一同。"杜薰，四川崇庆人，进士，雍正六年任永吉州知州。

② "建"，抄本原缺，点校本补。

建。八蜡庙在城东南隅，康熙年间建。马神庙在城西门外。康熙三十四年[①]建。山神庙在城西门外，雍正元年建。天齐庙在城东门外，康熙三十五年建。北极庙在城北门外，玄天岭山上，乾隆三十年建。三皇庙在城北门外北山上，乾隆三年建。玉皇阁在城北门外北山上，乾隆四十一年建。三官庙在城内正北牛马行街风水河西岸，乾隆四十四年[②]建。城隍庙在城内将军衙门东，乾隆四十八年里民重修。地藏寺在城东门外，乾隆五十二年[③]建。祖师庙在城内东门里河南街路南，乾隆二十年建。现今圣殿被毁，尚未重修。三义庙在城内北隅，乾隆二十一年[④]建，现今圣殿被毁，尚未重建。毓麟堂在城内西隅，乾隆十一年建。直隶会在城西门外，乾隆三十三年建。财神庙在城内西隅，嘉庆十二年里民重修。火神庙在城西门外，嘉庆十三年里民重修。功德院在城内北隅，嘉庆十年里民重修。茶棚庵在城内将军衙门南，尚义街路西建。望祭长白山殿五间，在温德恒山，雍正十一年建。向长白山望祭，每岁春秋官为致祭。用爵杯三盏，酒杯三十个，壶一把，盖碗二个，笾豆盘二十四个。北海于混同江边望祭。松花江神庙在城小东门外江北岸，乾隆四十五年[⑤]添建。每岁春秋致祭，用笾豆盘二十四个，爵杯三盏。龙王庙在江南岸，乾隆五十七年添建。昭忠祠在城内城隍庙西，嘉庆八年添建。

宁古塔：三官庙在城东门外，康熙三十一年建。娘娘庙在城东门外，康熙三十七年建。城隍庙在城东门外，康熙三十二年[⑥]建。土地祠在城东门外，康熙六十一年建。祖师庙在城东门外，康熙四十五年建。天齐庙在城东门外，康熙四十五年建。山神庙在城东门外，康熙四十六年[⑦]建。药王庙在城东门外，

① “康熙三十四年”，《吉林通志》卷二十六作“雍正二年”。

② “乾隆四十四年”，《吉林外纪》卷六同，《吉林通志》卷二十六作“康熙三十三年”。

③ “乾隆五十二年”，《吉林外纪》卷六同，《吉林通志》卷二十六作“乾隆五十三年”。

④ “乾隆二十一年”，《吉林外纪》卷六作“乾隆二十年”。

⑤ “乾隆四十五年”，《盛京通志》卷九十九同，《吉林外纪》卷六作“乾隆四十三年”，《吉林通志》卷二十六作“乾隆四十四年”，未知孰是。

⑥ “康熙三十二年”，《吉林通志》卷二十六作“康熙六十一年”。

⑦ “康熙四十六年”，《吉林通志》卷二十六作乾隆十二年“。

康熙四十六年①建。财神庙在城东门外，康熙四十六年②建。七圣祠在城东门外，康熙四十六年③建。地藏寺一在城东门外，康熙三十四年建。一在城西门外，雍正七年建。关帝庙一在城东门外，康熙四年建。一在西门外，康熙四十四年建。一在城西门外，康熙四十五年建。文昌阁在东门外，乾隆四年建。马神庙在城东门外，康熙四年建。龙王火神庙在城西门外，康熙四十九年建。山神庙在城西门外，乾隆四年建。观音阁在城西门外，康熙四年建。茶棚庵在城南门外，乾隆四年建。石佛寺在西南六十五里旧城内，康熙三十七年建。古佛寺在城西门外，乾隆三年建。昭忠祠一在城西门外，嘉庆九年添建。一在珲春，嘉庆九年添建。

伯都讷：城隍庙在城西南隅，乾隆三十九年建④。山神庙在城内西北隅，乾隆二十九年建。北极庙在城内西北隅，乾隆二十九年建。药王庙在城内东南隅，乾隆十六年建。观音堂在城南门外，乾隆五十六年添建。关帝庙在城南门外，乾隆三年⑤建。文庙在城东⑥门外，乾隆四十九年添建。龙王、马神、火神庙在城南门外，乾隆四十九年添建。祖师庙在城南门外，乾隆十六年建。娘娘庙在城南门外，乾隆十六年建。鬼王庙在城南门外，乾隆五十七年添建。瘟神庙在城南门外，乾隆五十九年建。昭忠祠在城南门外，嘉庆九年添建。

三姓：文庙在城东南隅，乾隆四十七年添建。文昌阁在城东南隅，乾隆五十五年添建。魁星楼在城东南隅，乾隆四十八年添建。关帝庙一在城西北

① “康熙四十六年”，《吉林通志》卷二十六作“康熙五十四年”。

② “康熙四十六年”《吉林通志》卷二十六作“康熙四十五年”。

③ “康熙四十六年”，《吉林通志》卷二十六作“康熙五十四年”。

④ “乾隆三十九年”，《盛京通志》卷九十九作“雍正六年”，《吉林外纪》卷六同。

⑤ “乾隆三年”，《吉林通志》卷二十六作“康熙年”，《盛京通志》卷九十九作“康熙四年”，《吉林外纪》卷六同。

⑥ “东”，抄本作“在”，误。萨英额《吉林外纪》卷六：“至圣先师庙，在城东南隅，道光二年建。”至圣先师庙即孔庙，明清称孔庙为文庙。王维宪《清朝伯都讷的满族教育》（刊《伯都讷文艺季刊》2010年第3期）谓伯都讷文庙在伯都讷新城南门外，即伯都讷乾隆四十五年添建的文庙在城南门外，道光二年迁建城东南隅。

隅，康熙五十九年建。一在南门外，雍正十年建。娘娘庙一在西北隅，康熙五十九年建，一在城南门外，乾隆五十四年添建。一在城南三里旧城内，乾隆五十六年添建。城隍庙在城西北隅，康熙六十年建。马神庙在城西北隅，雍正九年建。火神庙在城西北隅，康熙五十八年建。财神庙在城西北隅，康熙六十年建。地藏寺在城西北八里呼尔哈河东岸，乾隆五十年建。三皇庙在城西南二里呼尔哈河东岸，乾隆九年建。龙王庙在城南三里旧城内，康熙五十年建。昭忠祠在城内西北隅，嘉庆九年添建。

阿勒楚喀：城隍庙在城内西北隅，乾隆二十八年建。关帝庙一在城外东南隅，乾隆二十八年建。一在城外西南隅，乾隆三十四年建。娘娘庙在城外东南隅，乾隆三十四年建。八蜡庙在城外西南隅，乾隆三十年建。山神庙在城外西南隅，乾隆四十一年建。财神庙在城外西南隅，乾隆四十年建。龙王庙在城外东北隅，乾隆四十八年建。火神庙在城外东北隅，乾隆四十六年添建。文昌阁在城外东南隅，嘉庆十一年添建。文庙在城内东南隅，嘉庆元年添建。昭忠祠在城外东北隅，嘉庆元年添建。

拉林：关帝庙在东北隅，乾隆十四年建。娘娘庙在东北隅，乾隆十四年建。药王庙在东北隅，乾隆十六年建。三皇庙在东北隅，乾隆四十八年添建。山神庙在东北隅，乾隆十九年建。城隍庙在东北隅，嘉庆十六年添建。

查吉林打牲乌拉，嘉庆十年奉旨修理御前大臣、领侍卫内大臣、太子太保、巴图鲁都统、三等公额勒登保祖父之墓，立碑二座，恭刻上谕：嘉庆七年十二月十六日奉上谕额勒登保，总统师于[①]公忠懋著，谋勇兼优。前此平定苗匪时即[②]经赏给侯爵。兹[③]因剿办邪匪迟延，暂于降黜。自膺经略重任，运筹决胜，悉中机宜。躬亲行阵与士卒同，劳苦用能，屡获渠魁，扫除苞孽。业经即次加恩，晋封三等侯爵。兹三省全奏底平，厥功殊伟。额勒登保着晋封一等侯，世袭罔替。并授[④]为御前大臣，加

① “于”《嘉庆帝起居注》，嘉庆七年十二月十六日，作“干”。

② “节”，《嘉庆帝起居注》，嘉庆七年十二月十六日，作“即”。

③ “兹”，《嘉庆帝起居注》，嘉庆七年十二月十六日，作“嗣”。

④ “授”下原缺“为”字，据《嘉庆帝起居注》，嘉庆七年十二月十六日，补。

太子太保衔，赏用紫缰，以彰殊锡，钦此。

嘉庆十年八月二十二日，奉上谕:朕恭谒三陵礼成，本日驻跸盛京，以次举行一切典礼，渥敦[1]恺[2]泽，吉事有祥。因念额勒登保久历戎行，克敌致果。前因平定苗匪，仰蒙皇考[3]高宗纯皇帝锡以通侯之爵。旋因剿办教匪迟延除爵，仍令带兵打仗，屡[4]立战功。嗣经畀以经略重任，伊倍加感奋，数年之间，扫荡凶渠，俾以川、楚、陕三省地方，咸臻宁辑，厥功甚伟。且能力矢[5]公正，操守洁清，众口交称，实堪嘉尚。前于大功告蒇时，业经爵封[6]一等侯，授为御前大臣。此次因积劳抱病，不克扈从前来，朕升香列圣，赐酬[7]元勋，并将其后裔量加恩擢，以奖前劳。言念荩臣，宜膺殊锡。额勒登保着加恩晋封三等公，以示朕锡类酬庸，有加无已。至意，钦此。

嘉庆十年八月二十五日奉上谕：御前大臣、领侍卫内大臣、都统、三等公额勒登保，秉志忠诚，夙娴韬略。从前朕在藩邸时，充谙达有年，小心勤恪[8]。曾出师缅甸、金川、石峰堡、台湾、廓尔喀等处，久经行阵，累立战功。嗣又平定苗疆，蒙高宗纯皇帝锡封侯爵。旋因教匪滋事，简畀戎行。始以迟延获愆，终能奋勇克[9]捷。自朕授为经略大臣，实力督师，冲冒霜雪，屡阅寒暑，身经百战，艰险备尝。将数万凶渠扫除净尽，三省地方，咸臻安缉。实能为国宣劳，且其宅[10]心公正，力矢清操，中

---

① “敦”，复印本及《嘉庆帝起居注》，嘉庆十年八月二十二日壬寅，皆作“敷”。

② “岂”，《嘉庆帝起居注》，嘉庆十年八月二十二日壬寅，作“恺”。

③ “蒙”后缺“皇考”二字，据《嘉庆帝起居注》，嘉庆十年八月二十二日壬寅，补。

④ “建”，《嘉庆帝起居注》，嘉庆十年八月二十二日壬寅，作“屡”。

⑤ “实力”，《嘉庆帝起居注》，嘉庆十年八月二十二日壬寅，作“力矢”。

⑥ “爵封”，《嘉庆帝起居注》，嘉庆十年八月二十二日壬寅，作“晋封全”。

⑦ “酬”，《嘉庆帝起居注》嘉庆十年八月二十二日壬寅，作“酹”，《清史列传》亦作“酹”，“酹”为以酒洒地表示祭奠，与文意合，“酬”疑“酹”之讹。

⑧ “慎”，《嘉庆帝起居注》嘉庆十年八月二十五日乙巳作“恪”。

⑨ “先”，《嘉庆帝起居注》嘉庆十年八月二十五日乙巳作“克”。

⑩ “他”，《嘉庆帝起居注》嘉庆十年八月二十五日乙巳作“宅”。

外满[①]汉臣工及外藩蒙古等即素不相识者，亦不无间言[②]，尤为不可多得。是以叠[③]加恩奖，仍锡通侯，兼授以御前大臣，晋加宫保，并赐双眼花[④]翎、紫缰，用昭殊赐。此次感患病症，即因积劳所致。月前启跸时，伊正当乞假，不克扈从前来。朕怀日切萦廑，屡命留京办事王[⑤]大臣等往看疾状，谕令安心调养，并亲解佩囊，寄京赏给。昨谒陵礼成，特晋封为三等公。复命乾清门侍卫庆惠前[⑥]往看视，赏[⑦]锡荷囊、玉韘[⑧]、鹿雉等件，方冀日渐痊愈，长被恩光。今据留京王大臣驰奏：额勒登保于月之二十一日溘逝。披揽遗章，实深震悼。念其一生忠荩，不禁涕泗交集。先宜宠锡饬终，以示酬庸。额勒登保除赏给陀罗被外，着成亲王带领侍卫十员前往奠醊，并赏给广储司库银五千两，着派总管内务府大臣广兴为之经理丧事。朕于回銮后，以九月二十七日亲临赐[⑨]奠，并着庆惠到京后，将赍赐[⑩]物件陈之墓前，烹饪赐酹，并将加恩建立专祠，岁时赐祭。着禄康于地安门外相度地基，动用官项，营建祠宇。所有工程，即着禄康督率办理。伊子谟尔赓额尚在襁褓，着即袭封一等侯爵，给予半俸。所有额勒登保历任降革罚俸处分，悉予开复。其应得恤典，仍着该部照三等公例，察核具奏。再额勒登保祖茔[⑪]系在吉林，此次朕诣盛京，伊本思

① “藩”，《嘉庆帝起居注》嘉庆十年八月二十五日乙巳作“满”。

② “不无闻”，《嘉庆帝起居注》嘉庆十年八月二十五日乙巳作“人无间言”。

③ “宜”，《嘉庆帝起居注》嘉庆十年八月二十五日乙巳作“叠”。

④ “花”字原缺，《嘉庆帝起居注》嘉庆十年八月二十五日乙巳“翎”前有“花”字，《清史列传》卷二十九同，今据补。

⑤ “事”下“王”字原缺，据《嘉庆帝起居注》嘉庆十年八月二十五日乙巳、《清史列传》卷二十九补。又下文亦有留京王大臣。

⑥ “前”，《嘉庆帝起居注》嘉庆十年八月二十五日乙巳作“弛”。

⑦ “赏”，《嘉庆帝起居注》嘉庆十年八月二十五日乙巳作“赍”。

⑧ “韘”，复印本作牒，误。玉牒为皇族族谱。《嘉庆帝起居注》作韘，按韘即扳指，射箭用具，戴在右手大拇指用来钩弦。额勒登保为武将，又非皇族，故嘉庆帝不当赐玉牒。《清史列传》卷二十九牒疑韘之讹。

⑨ “视”，《嘉庆帝起居注》嘉庆十年八月二十五日乙巳作“赐”。

⑩ “赏”，《嘉庆帝起居注》嘉庆十年八月二十五日乙巳作“赍赐”。

⑪ “坟”，《嘉庆帝起居注》嘉庆十年八月二十五日乙巳作“茔”。

扈跸[1]而来，请假修理坟墓、建立碑座。今遽焉徂谢，未遂乌私。着将军秀林查看伊家祖墓，动项修理，并为立碑，以示朕笃念勋臣，泽及泉壤。至意，钦此。

敕修御前大臣、领侍卫内大臣、太子太保、都统三等公额勒登保曾祖父远威将军都尔赛，曾祖母一品夫人松佳氏。祖父远威将军德依三，祖母一品夫人松佳氏。父远威将军海青，母一品夫人佟佳氏、伊尔根觉罗氏。

以上吉林所属各处，除旧建、添建、重修寺庙、祠墓及现在圣殿被毁尚未重建之庙，均于册内注明，此外并无另有坍废，亦无寺观、陵墓之处，理合声明。

田赋　开垦

奉原单内开："田赋开垦坍废，其中增减赋额，详晰造册开明送馆"等语。

查吉林地方于乾隆三十年奏销原额人丁八千九百六十一丁，原额陈民旧地四十二万八千五百一十三亩。乾隆三十二年新增地十二亩。乾隆三十三年新增地十二亩。乾隆三十五年新增地二十八万一千五百亩。乾隆四十年新增地十二亩。乾隆四十二、三年新增地二十二万四千零四十七亩，内有查出旗民两无着落之产，共纳入籍随带陈地一百九十二亩。乾隆四十六、七年新增地二万三千三百五十三亩。嘉庆七年新增地

① “毕”，《嘉庆帝起居注》嘉庆十年八月二十五日乙巳作“跸”。

一万零六百九十一亩。嘉庆八年新增地四万九千九百六十八亩。嘉庆十年新增地一万三千零八十六亩。嘉庆十二年新增地六千零七十九亩七分。以上共新增地六十万零八千七百六十亩零七分。

原额陈民旧地，当初系分为上中下三则征收。上则地每亩征银三分，中则地征银二分，下则地征银一分。至乾隆四十六年，经原任吉林将军和隆武，会同盛京将军索诺穆策凌奏奉部覆，将四十二年以前陈民旧地，仿照奉天科则，分为上中下三则，银米各半征收。上则征银地每一亩征银三分，征米地每一亩征米六升六合。中则征银地每一亩征银二分，征米地每一亩征米四升四合。下则征银地每一亩征银一分，征米地每一亩征米二升二合。其四十二年以后，续行查出流民开垦地亩不分等则，每亩征银八分、征米四合四勺二抄五撮，每米一石折征银一两等因。遵照科则，征收在案。

又查乾隆三十年至嘉庆十六年以前，历年续增人丁一万九千五百九十丁，五十年开除人丁四千八百六十一丁。嘉庆十五年分，奏销实在行差人丁二万三千六百九十丁外，又有奏准入籍，应于十六年分，征人丁一千四百五十九丁，每丁征银一钱五分，共征丁银三千七百七十二两三钱五分。嘉庆十五年分，奏销原额陈民旧地及新增地共一百零三万七千二百七十三亩七分，共征银及征米折银五万二千八百一十七两一钱七分六厘。

查吉林额征牲畜、牙当、杂税银一千七百八十两，额征烟酒、貂皮税银一千二百两，田、房税银尽收尽解，并无定额。

查宁古塔地方于嘉庆十五年分，奏销实额征人丁一千三百九十丁，共征丁银二百零八两五钱。额征地五万五千零五十九亩，共征地米银八百五十八两四钱二分二厘。每年额征牲畜、烟酒、斗称、杂税银共二千零七十六两四钱五分。

伯都讷地方于嘉庆十五年分，奏销实在额征人丁七千七百六十二丁，共征丁银一千一百六十四两三钱。额征地二十九万七千五百二十八亩八分五厘，共征地米银二万零五十三两二钱四分六厘。每年额征牲畜、烟酒、网课等项杂税银七百六十九两。

三姓地方于嘉庆十五年分，奏销实在额征人丁三百九十四丁，共征丁银五十九两一钱。额征地一百八十六亩，共征地米银九两四钱一分二厘。每年额征牲畜、烟酒、牙当、斗称等项杂税银共六百四十三两七钱四分。

阿勒楚喀、拉林地方于嘉庆十五年分，奏销实在额征人丁一千零五十三丁，共征丁银一百五十七两九钱五分。每年额征牲畜、烟洒、斗称、牙当等项税银共百三十两九钱五分二厘。

吉林地方额设官庄五十处，壮丁五百名。每壮丁地十二晌，共地六千晌。每壮丁交粮仓石三十石,共交粮一万五千石。设有官牛三百条，内每年例应倒毙牛共六十条，买补倒毙缺额每牛价银各六两七钱，合计共应用银四百二十两。

宁古塔额设官庄十三处，壮丁一百三十名。每壮丁地十二晌，共地一千五百六十晌，每壮丁交粮仓石三十石，共交粮三千九百石。设有官牛七十八条，内每年例应倒毙牛共十六条，买补例毙缺额每牛价银各六两七钱，合计共应用银一百七两二钱。

伯都讷地方额设官庄六处，壮丁六十名。每壮丁地十二晌，共地七百二十晌，每壮丁交粮仓石三十石，共交粮一千八百石。设有官牛三十六条，内每年例应倒毙牛共六十条，买补倒毙缺额每牛价银各六两七钱，合计共应用银四十六两九钱。

三姓地方额设官庄十五处，壮丁一百五十名。每壮丁地十二晌，共地一千八百晌，每壮丁交粮仓石三十石，共交粮四千五百石。设有官牛九十条，内每年例应倒毙牛共十八条，买补倒毙缺额每牛价银各六两七钱，合计共应用银一百二十两六钱。

阿勒楚喀、拉林地方额设官庄六处，壮丁六十名。每壮丁地十二晌，共地七百二十晌，每壮丁交粮仓石三十石，纳仓粮一千八百石。设有官牛三十六条，内每年例应倒毙牛共七条，买补倒毙缺额每牛价银各六两七钱，合计共应用银四十六两九钱。

共应领银七百二十三两六钱。

以上吉林通省所有民田、官庄地亩，自乾隆三十年至嘉庆十六年以前并无坍废之处，理合声明。

学　校

奉原单内开："学校各额有无增减，详查造册送馆"等语。

查吉林地方，乾隆七年永吉州知州魏士敏在城内东南隅建立文庙圣殿三间，启圣祠[①]三间，东庑、西庑各三间，大城门三间，棂星门一间，泮池一座，照壁一座，明伦堂三间，儒学学署五间。乾隆三十年，同知图善建立魁星楼一座，山门三间。遭遇火灾圣殿被毁，奏请动用官银，重新修补。嘉庆十四年，缘奉天学政茹札知[②]奏准颁发官刻书籍，饬令修建尊经阁一座。吉林理事同知富元当即在于学署明伦堂前[③]偏西，捐建尊经阁三间。

一、吉林学额。民籍童生，旧定额数岁考额入文生四名、武生四名。科考额入文生四名，额设廪生二名、增生二名。定例每五年出岁贡一次。自设学以来，各额均无增减。至吉林满合二号旗童，自嘉庆五年科试起，

① "启圣祠"，《盛京通志》卷四十三作"崇圣祠"。

② "茹札知"，《吉林外纪》卷六作"茹棻"。钱维福《清秘述闻补》卷二《奉天府丞兼学政类》："茹棻字稚葵，浙江会稽人，乾隆甲辰进士，嘉庆二年任"。

③ "前"，抄本衍，点校本删。

添增旗学。嘉庆十三年，满合二号各设廪生一名、增生一名，业经定额。惟满合二号考取文生额数，尚未定额。又查吉林地方，康熙三十二年在城内东南隅，兵力修建左右翼官学十四间，于乾隆七年改为官项修补。八旗每牛录各额送学生四名入学读书，每年二月收学，十月散放。于乾隆六年，在城内东南隅，蒙古八旗兵力修建蒙古官学三间，于乾隆五十八年改为官项修补，由本旗学生尽其入学读书，每年二月收学，十月散放。

打牲乌拉地方，原有八旗兵力修建官学三间，于嘉庆二年改为官项修补。每旗各额送学生四名入学读书，每年二月收学，十月散放。

额穆和索啰地方，原有兵力修建官学三间，由该佐领下学生尽其入学读书，每年二月收学，十月散放。

宁古塔地方，雍正五年在城东南隅，兵力修建左右翼官学六间，乾隆五十七年改为官项修补。八旗每牛录各额送学生六名入学读书，每年二月收学，十月散放。

珲春地方，原有兵力修建官学三间，由该处学生尽其入学读书，每年二月收学，十月散放。

伯都讷地方，雍正四年在城内正南，兵力修建左右翼官学六间，于乾隆四十八年改为官项修补。八旗每牛录各额送学生四名入学读书，每年二月收学，十月散放。

三姓地方，雍正十二年在城内东南隅，兵力修建左右翼官学六间，于乾隆十七年改为官项修补。八旗每牛录各额送学生四名入学读书，每年二月收学，十月散放。

阿勒楚喀地方，雍正五年在城内东南隅，兵力修建官学三间。

拉林地方，乾隆二十一年在拉林堡内东北隅，兵力修建官学三间，此二处官学于乾隆三十三、三十五等年改为官项修补。八旗每牛录各额送学生三名入学读书。每年二月收学，十月散放。

以上吉林所属各处，除此以外并无另设学校之处，理合声明。

官　额

奉原单内开："道、府、州、县、厅、营文武各员弁，文职自道府起至巡检、典史、闸官止，武职自将军、都统、提督，总兵、副都统起至外委止，有无增添裁改，详细分晰造册送馆"等语。

查吉林地方，于康熙三年设立驿站监督[①]六品官一员，二十五年添设驿站监督[②]六品官一员。原系由都京人补放，定限六年，任满另行选放。于康熙六十年改为本处由仓官补放者，作为七品。由五品级笔帖式补放者作为八品，嗣于乾隆五十四年改为四年任满七品者以主事缺升用，八品者以小京官缺升用。如愿转武职者，以本旗骁骑校过三缺后补授。康熙二十九年，添设医官一员。康熙三十一年，添设仓官一员，系由本处人补放，定限三年，任满另行选放。康熙三十二年，添设左、右翼助教官二员，原系由盛京八品笔帖式内补放，定限六年，任满另行选放。雍正九年，将军常德奏请由本处人选放。嗣于乾隆五十四年，所有仓官、助教等官员缺，改为四年任满。仓官年满无论品级，居官好者保题以主事缺升用。平等者，报部以小京官缺升用。助教官年满，如有监生以及生员升授者，系属七品。以主事缺升用。无品级笔帖式升授者，系属八品，以小京官缺升用。如愿转武职者，均以本旗骁骑校遇三缺后，补授。康熙三十三年，添

① "驿站监督"，《吉林外纪》卷三同，《吉林通志》卷六十作"总站官"。
② "驿站监督"，《吉林外纪》卷三同，《吉林通志》卷六十作"总站官"。

设管档主事一员，原系由本处人员选放。于雍正五年改为由都京人员选放。至乾隆五十四年照依黑龙江补放主事之例，改为本处由管站监督、助教官、仓官等员内拣选引见补放。五年任满，以部院员外郎缺升用。如愿转武职者，拟于防御、佐领由兵部该旗内补放，带领引见。康熙三十三年，添设蒙古翻译笔帖式一员。雍正五年，添设永吉州知州一员，吏目一员。该州向隶奉天，一应办理旗民事务，俱行申报府尹衙门。雍正八年，添设狱官一员。雍正十二年，添设刑司主事一员，九品笔帖式二员。乾隆二年，添设理事通判一员。乾隆十二年，裁汰永吉州知州，改为理事通知，裁汰吏目改设巡检厅，属宁古塔将军管辖。永吉州学正准其照旧存留，改为宁古塔学正。乾隆十三年，裁汰刑司主事一员，九品笔帖式一员。乾隆二十八年，裁汰理事通判。吉林设有满洲笔帖式六员，翻译笔帖式、管理站笔帖式二十六员，其于何年设立之处，缘历年久远，档案不全，无凭可查。巴彦鄂佛罗、伊通、赫尔苏、布尔图库等四边门，于康熙二十年设立笔帖式各一员。乾隆四十年，添设乌拉教习官一员，无品级笔帖式二员。嘉庆五年，添设吉林长春厅理事通判一员、巡检一员。

以上增添裁改之文武员外，现在实有额[①]设：吉林主事一员缺出由本处满洲助教官、驿站监督、仓官内拣选、引见补放。主教官二员缺出由各处满洲、汉军笔帖式内拣选，引见补放。管理驿站监督二员缺出由各处现任满洲仓官、笔帖式等员内拣选，引见补放。仓官一员缺出由各处满洲、汉军笔帖式内拣选，引见补放。狱官一员缺出由左、右二翼领催内，互选补放。医官一员缺出由医生内拣选补放。理刑九品笔帖式一员缺出由满洲、汉军翻译笔帖式内拣选，引进补放。笔帖式六员缺出由满洲、汉军领催，披甲，委署笔帖式内选放。翻译笔帖式四员缺出由满洲、汉军翻译委署笔帖式、帖写考选补放。蒙古翻译笔帖式一员缺出由通蒙古文披甲、闲散内选放。仓笔帖式二员缺出由满洲、汉军领催、披甲、委署笔帖式内选放。驿站关防笔帖式二员与仓笔帖式一同选放。管理驿站笔帖式三十六员亦与仓笔帖式一同选放。巴颜鄂佛罗边门

① “额”，复印本作“厄”。额设为定员的设置之意，故点校本作额是。

笔帖式一员缺出由镶白、正蓝二旗满洲领催、披甲、委署笔帖式、帖写内互选补放。伊通边门笔帖式一员缺出由镶黄、正白二旗满洲、汉军领催、披甲、委署笔帖式、帖写内互选补放。赫尔苏边门笔帖式一员缺出由正黄、正红二旗满洲领催、披甲、委署笔帖式、帖书内互选补放。布尔图库边门笔帖式一员缺出由镶红、镶蓝二旗满洲领催、披甲、委署笔帖式、帖书内互选补放。吉林理事同知一员缺出由都京吏部补放。学正一员缺出由部选用。巡检一员缺出由都京吏部铨选。乌拉教习官一员，无品级笔帖式二员缺出由本处委署笔帖式内选放。吉林长春厅理事通判一员缺出由都京吏部补放。巡检一员缺出由都京吏部铨选。伊通巡检一员，于嘉庆十八年添设缺出由吏部选放。

宁古塔地方，设有堂左、右司笔帖式四员，仓笔帖式二员，医官一员，其于何年设立之处，缘历[①]年久远，档案不全，无凭可查。康熙三十五年，添设仓官一员，定限三年任满。嗣于乾隆五十四年，改为四年任满。雍正五年，添设教习官二员。

珲春地方，设有笔帖式二员，教习官一员，其于何年设立之处，缘历年久远，档案[②]不全，无凭可查。

以上现有额设：宁古塔仓官一员缺出与吉林仓官一同拣选。引见补放。笔帖式四员缺出由本处满洲、汉军领催、披甲、委署笔帖式内选放。仓笔帖式二员缺出与本处笔帖式一同选放。医官一员缺出亦由医生内拣选补放。教习官二员缺出由本处委署笔帖式内选放。珲春笔帖式二员缺出与宁古塔笔帖式一同选放。教习官一员缺出由本处委署笔帖式内选放。

伯都讷地方，于康熙三十一年设立堂左、右司笔帖式四员。康熙三十四年，添设仓官一员、仓笔帖式二员，其仓官员缺定限三年任满。嗣于乾隆五十四年，改为四年任满。雍正四年，添设教习官二员。雍正五年，添设长宁县一员、典史一员。乾隆二年，裁汰知县改为州同一员。乾隆四年，于笔帖式四员改设翻译笔帖式二员。乾隆十二年，裁汰州同

① “历”，抄本作“理”，不通。历年久远，形容年代很远，又上文亦作历年久远，故点校本作“历”是。

② “案”，抄本缺，点校本补，又上文亦有档“案”不全。

并裁汰典史，改设巡检一员。乾隆二十五年，于翻译笔帖式二员内，改设蒙古翻译笔帖式二员。乾隆二十六年，裁汰巡检，改设办理蒙古事务委署主事一员。嘉庆十五年，裁汰委署主事，改设伯都讷厅理事同知一员。并添设巡检二员，内分驻伯都讷界孤榆树屯一员。

以上除增添设裁改之文员外，现在实有额设：伯都讷仓官一员缺出与吉林仓官一同拣选，引见补放。笔帖式二员缺出由本处满洲、汉军领催、披甲、委署笔帖式内选放。翻译笔帖式一员缺出由本处满洲、汉军翻译，委署笔帖式、帖书内考选补放。蒙古翻译笔帖式一员缺出由本处通蒙古文披甲、闲散内选放。仓笔帖式二员缺出与本处笔帖式一同选放。教习官一员缺出由本处委署笔帖式内选放。伯都讷理事同[①]知一员缺出由都京吏部补放。巡检一员缺出由都京吏部铨选。孤榆树屯巡检一员同伯都讷巡检。

三姓地方，于康熙五十三年设立笔帖式二员。雍正五年，添设教习官一员。雍正十年，添设左、右司笔帖式二员，教习官一员。乾隆四年，添设仓官一员，仓笔帖式二员，其仓官员缺定限三年任满，嗣于乾隆五十四年改为四年任满。

以上现有额设：三姓仓官一员缺出与吉林仓官一同拣选，引见补放。笔帖式四员缺出由本处满洲、汉军领催、披甲、委署笔帖式内选放。仓笔帖式二员缺出与本处笔帖式一同选放。教习官二员缺出由本处委署笔帖式内选放。

阿勒楚喀地方，于雍正三年设立笔帖式二员。雍正五年，添设教习官一员。拉林地方于乾隆九年设立仓官一员，仓笔帖式二员，本年将阿勒楚喀笔帖式二员，移住拉林。乾隆二十一年，拉林添设教习官一员。乾隆二十一年，阿勒楚喀添设仓官一员，仓笔帖式二员。其仓官员缺定限三年任满，嗣于乾隆五十四年，改为四年任满。乾隆二十五年，拉林添设笔帖式二员。乾隆二十七年，由拉林笔帖式四员内，移往阿勒楚喀笔帖式二员。乾隆三十四年，由拉林移往阿勒楚喀笔帖式二员。

① “同”，抄本作“通”。理事同知，清朝官名，掌管厅内一切行政权。伯都讷厅理事同知，嘉庆十五年设。点校本作“同”是。

以上现有额设：阿勒楚喀仓官一员缺出与吉林仓官一同拣选，引见补放。笔帖式四员缺出由本处满洲、汉军领催、披甲、委署笔帖式内选放。仓笔帖式二员缺出由本处笔帖式一同选放。教习官一员缺出由本处委署笔帖式内选放。拉林仓官一员缺出与吉林仓官一同拣选，引见补放。仓笔帖式二员缺出由本处满洲、汉军领催、披甲、委署笔帖式内选放。教习官一员缺出由本处委署笔帖式内选放。

吉林地方，于康熙十年由宁古塔移驻副都统一员，佐领十一员，骁骑校十一员。本处添设满洲协领八员，防御八员。本年将移来库雅拉人等编设佐领时，添设佐领十二员，骁骑校十二员。康熙十三年，添设防御十五员，设立管战船、运粮船四品官二员，五品官二员。康熙十五年，将宁古塔将军移驻吉林，将吉林副都统移往宁古塔。本年，吉林添设副都统一员。康熙十六年，将移来新满洲人等编设佐领时，添设佐领二十六员，骁骑校二十六员。本年，添设管战船、运粮船骁骑校二员。康熙二十年，添设巴彦鄂佛罗、伊通、赫尔苏、布尔图库等四边门防御四员。康熙二十三年，将管战船四品官、五品官骁骑校移往黑龙江。康熙二十五年，吉林添设管运粮船四品官二员、五品官二员、六品官二员。康熙二十九年，移往黑龙江佐领二十一员，防御十三员[①]，骁骑校二十一员。本年，编设满洲佐领五员，锡伯、汉军佐领二员。添设防御十四员，骁骑校七员。其汉军佐领一缺，原系由都京人补放，嗣于乾隆四十三年，改为本处由陈、新汉军骁骑校内选放。康熙三十一年将吉林副都统移往伯都讷。本年，添设满洲佐领六员，骁骑校六员。本年，将锡伯人等编设佐领时，添设佐领十六员，骁骑校十六员。本年，将喀尔喀、巴尔虎人等编设佐领时，添设佐领八员，骁骑校八员。康熙三十八年，添设满洲佐领一员，骁骑校一员。本年，将锡伯人等移往都京时，裁汰佐领十六员，骁骑校十六员。雍正三年，添设吉林副都统一员。雍正四

① “十三员”，《吉林通志》卷六十引《清会典事例》四百二十九同，《吉林外纪》卷二作“十四员”。

年，裁汰人少之巴尔虎佐领一员，骁骑校一员。添设陈汉军佐领一员，骁骑校一员。雍正六年，移往伊通佐领一员[①]，骁骑校一员。雍正十年，由打牲乌拉包衣、闲散人等挑选一千兵时，添设满洲协领二员，佐领十员，防御八员，骁骑校十员。令其在吉林当差。乾隆元年[②]，添设鸟枪营参领一员，佐领八员，骁骑校八员。至参领、佐领员缺，均系由都京人补放。嗣于乾隆三十八年鸟枪营佐领员缺，改为本处由陈汉军骁骑校内选放。乾隆四十三年，参领员缺，改为本处由陈、新汉军佐领内选放。乾隆五年，将协领二员，佐领十员，防御八员，骁骑校十员，并将原挑选打牲兵一千名，俱行移往乌拉地方当差。乾隆二十七年，添设委官六十二员[③]。乾隆三十年，将巴尔虎、锡伯人等编设蒙古旗时，裁汰打牲乌拉协领一员，添设吉林蒙古旗协领一员。

以上除增添裁改之武弁外，现在实有额设：吉林将军一员，副都统一员，八旗满洲协领八员缺出由左右二翼满洲佐领内拣选，引见补放。佐领三十八员内有博衣浑、布特哈佐领十四员，缺出由博衣浑、布特哈骑都尉、防御内拣选，引见补放。世管佐领十八员，族内承袭。佐领四员，缺出均由伊等世职谱有分人内拣选，引见承袭。公中佐领一员，缺出由翼内满洲、锡伯、瓜勒察骑都尉、防御内拣选，引见补放。陈汉军佐领二员缺出由陈、新汉军云骑尉、骁骑校内拣选，引见补放。防御二十四员缺出由本翼满洲、锡伯、瓜勒察云骑尉、骁骑校内拣选，引见补放。骁骑校三十八员缺出由本旗委官、领催、前锋内拣选，引见补放。陈汉军骁骑校二员缺出由本翼陈、新汉军委官领催、前锋内拣选，引见补放。管理蒙古旗协领二员缺出由蒙古巴尔虎、锡伯、瓜勒察佐领内拣选，引见补放。佐领八员内有世管佐领二员，缺出均由伊等世职谱籍有分人内拣选，引见承袭。巴尔虎公中佐领六员，缺出由翼内

① “一员”，《吉林外纪》卷二作“二员”，《吉林通志》卷六十引《清会典事例》四百二十九同。

② “乾隆元年设”，《吉林通志》卷六十：“《清会典事例》四百二十九、《清朝文献通考》作雍正十一年设。”

③ “六十二员”，《吉林外纪》卷二作“六十员”。

骑都尉、云骑尉、骁骑校内拣选，引见补放。骁骑校八员缺出由本翼委官、领催、前锋内拣选，引见补放。管理鸟枪营八旗参领一员缺出由陈、新汉[①]军佐领内拣选，引见补放。佐领八员缺出由陈、新汉军云骑尉、骁骑校内拣选，引见补放。骁骑校八员缺出由本翼陈、新汉军委官、领催、前锋内拣选，引见补放。委官六十三员缺出由本旗领催内拣选补放。水手营四品官二员缺出由本营五品官内拣选，引见补放。五品官二员缺出由本营六品官内拣选，引见补放。六品官二员缺出由本营领催、会计、司属台站、官庄领催内拣选，引见补放。巴彦鄂佛罗边门防御一员缺出由镶白、正蓝二旗满洲云骑尉、骁骑校内拣选，引见补放。伊通边门防御一员缺出由镶黄、正白二旗满洲云骑尉、骁骑校内拣选，引见补放。赫尔苏边门防御一员缺出由正黄、正红二旗满洲云骑尉、骁骑校内拣选，引见补放。布尔图库边门防御一员缺出由镶红、镶蓝二旗满洲云骑尉、骁骑校内拣选，引见补放。

乌拉地方，于乾隆五年原由吉林移驻协领二员，佐领十员，防御八员，骁骑校十员。乾隆二十五年，佐领十员内，将镶黄、正黄双有佐领、骁骑校内各裁一员，移往宁古塔。乾隆二十七年，添设委官四员。乾隆三十年，将巴尔虎、锡伯人等编设蒙古旗分时，裁汰协领一员。本年，移往宁古塔防御一员。

以上除增添裁改之武弁外，现在实有额设：管理乌拉八旗协领一员缺出由左右二翼满洲佐领内拣选，引见补放。佐领八员缺出由翼内满洲、锡伯、瓜勒察骑都尉、防御内拣选，引见补放。防御四员缺出由翼内满洲、锡伯、瓜勒察云骑尉、骁骑校内拣选，引见补放。骁骑校八员缺出由本翼委官、领催内拣选，引见补放。委官四员缺出由本翼领催内拣选补放。

伊通地方，于雍正六年由吉林移驻佐领二员，骁骑校二员，由开原移驻防御二员，骁骑校二员。乾隆二十七年，添设委官六员。

以上现有额设：伊通佐领二员缺出由博衣浑、布特哈骑都尉、防御内

① “汉”，抄本原缺，点校本补。《吉林通志》卷六十引《吉林外纪》作“汉军”。

拣选，引见补放。防御二员缺出由翼内满洲、锡伯、瓜勒察云骑尉、骁骑校内拣选，引见补放。骁骑校四员缺出由本旗委官、领催、前锋内拣选，引见补放。委官六员缺出由本佐领下领催内拣选补放。

额木和索啰地方，于乾隆三年添设佐领一员，防御一员，骁骑校一员。乾隆二十七年，添设委官四员。

以上现有额设：额木和索啰佐领一员缺出由八旗都尉、防御内拣选，引见补放。防御一员缺出由左右翼满洲、锡伯、瓜勒察云骑尉、骁骑校内拣选，引见补放。骁骑校一员缺出由本旗委官、领催、前锋内拣选，引见补放。委官四员缺出由本佐领下领催内拣选补放。

宁古塔地方，于顺治十年原有大章京一员，副都统一员，佐领八员，骁骑校八员。顺治十三年，添设防御四员。顺治十八年，添设佐领十员，防御二员，骁骑校十员。康熙元年，将大章京改为宁古塔将军。康熙三年，添设佐领一员，骁骑校一员。康熙七年，添设协领二员。康熙十年，挪往吉林副都统一员，佐领十一员，骁骑校十一员。康熙十五年，将军挪往吉林驻扎，吉林副都统移驻宁古塔。康熙十七年，添设新满洲佐领三员，骁骑校三员。康熙二十九年，移往黑龙江佐领四员，防御一员，骁骑校四员。康熙五十二年，添设佐领三员，防御三员，骁骑校三员。乾隆二十五年，由打牲乌拉移驻佐领二员，骁骑校二员。乾隆二十七年，添设委官三十员。乾隆三十年，由打牲乌拉移驻防御四员。

以上除增添裁改之武弁外，现在实有额设：宁古塔副都统一员、协领二员缺出由左右二翼满洲佐领内拣选，引见补放。佐领十二员内有世管佐领四员，缺出均有伊等世职籍有分人内拣选，引见承袭。公中佐领八员，缺出由翼内满洲、锡伯、瓜勒察骑都尉、防御内拣选，引见补放。防御十二员缺出由翼内满洲、锡伯、瓜勒察云骑尉、骁骑校内拣选，引见补放。骁骑校十二员缺出由本翼委官、领催、前锋内拣选，引见补放。委官三十员缺出由本翼领催内拣选补放。

珲春地方，于康熙五十三年设立协领一员，防御二员。因将库尔喀气人等编设佐领时，添设佐领三员，骁骑校三员。雍正五年，添设副协领一员，乾隆元年裁汰副协领一员。乾隆二十七年，添设委官九员。

以上除增添裁改之武弁外，现在实有额设：珲春协领一员缺出由左右二翼满洲佐领内拣选，引见补放。佐领三员内有世管佐领二员，缺出由伊等世职谱籍有分人内拣选，引见承袭。公中佐领一员，缺出由八旗骑都尉、防御内拣选，引见补放。防御二员缺出由翼内满洲、锡伯、瓜勒察云骑尉、骁骑校内拣选，引见补放。骁骑校三员缺出由本翼三旗委官领催[①]内拣选，引见补放。委官九员缺出由本旗领催内拣选补放。

伯都讷地方，于康熙三十一年，由吉林移驻副都统一员，本年编设锡伯佐领三十员，瓜勒察佐领十员，添设协领二员，防御八员，骁骑校四十员。康熙三十四年，添设满洲协领六员。康熙三十八年，将锡伯、瓜勒察人等移往盛京时，裁汰佐领四十员，骁骑校四十员。康熙四十年，裁汰协领六员。本年，编设蒙古佐领二员，骁骑校二员。康熙五十二年，将满洲、瓜勒察人等编设佐领时，添设佐领十员，骁骑校十员。乾隆二十七年，添设委官十二员。

以上除增添裁改之武弁外，现在实有额设：伯都讷副都统一员、协领二员缺出由左右二翼满洲佐领内拣选，引见补放。佐领十员缺出由翼内满洲、锡伯、瓜勒察骑都尉、防御内拣选，引见补放。蒙古佐领二员缺出由本二佐领、骁骑校内拣选，引见补放。防御八员缺出由翼内满洲、锡伯、瓜勒察云骑尉、骁骑校内拣选，引见补放。骁骑校十员缺出由本翼委官、领催、前锋内拣选，引见补放。蒙古骁骑校二员缺出由本二佐领、委官、领催、前锋内拣选，引见补放。委官十二员缺出由本翼领催内拣选补放。

三姓地方，于康熙五十七年[②]设立协领一员，防御四员。本年，将三姓新满洲编设佐领时，添设佐领四员，骁骑校四员。雍正五年，添设副协领一员。雍正十年，添设副都统一员，协领一员。本年，将三姓打

① “催”字，抄本缺，点校本补。按“领催”，清代官名，《吉林通志》卷五十：“领催，每佐领下五人，掌登记档册及支领俸晌”。

② “康熙五十七年”，《吉林外纪》卷三作“康熙五十三年”，《吉林通志》卷六十同。

牲人等编设佐领时，添设佐领六员，防御四员，骁骑校六员。本年，裁汰副协领一员，将八姓打牲人等编设佐领时，添设佐领十员，骁骑校十员。雍正十一年，添设防御八员。乾隆二十一年，移往阿勒楚喀、拉林地方佐领五员，防御八员，骁骑校五员。乾隆二十七年，添设委官十五员。

以上除增添裁改之武弁外，现在实有额设：三姓副都统一员，协领二员缺出由左右二翼满洲佐领拣选，引见补放。佐领十六员内有世管佐领三员，缺出均由伊等世职谱籍有分人内拣选，引见承袭。公中佐领十二员，缺出由满洲、锡伯、瓜勒察骑都尉、防御内拣选，引见补放。防御八员缺出由翼内满洲、锡伯、瓜勒察云骑尉、骁骑校内拣选，引见补放，骁骑校十五员缺出由本翼委官、领催、前锋内拣选，引见补放。委官十五员缺出由本翼领催内拣选补放。

阿勒楚喀、拉林地方，于雍正三年设立协领一员，佐领五员，防御二员，骁骑校五员。本年添设副协领一员。雍正十年，添设佐领三员。乾隆元年，裁汰副协领一员。乾隆九年，拉林地方设立副都统一员，添设协领一员。乾隆二十一年，由三姓移往拉林地方佐领五员，防御八员，骁骑校五员。本年，阿勒楚喀地方添设副都统一员，分为二城。阿勒楚喀管辖协领一员，佐领七员，防御五员，骁骑校六员。拉林副都统管辖协领一员，佐领六员，防御五员，骁骑校七员。乾隆二十七年，拉林、阿勒楚喀每处添设委官各四员。乾隆三十四年，裁汰拉林副都统，拉林地方归并阿勒楚喀副都统管辖。本年，由拉林移往阿勒楚喀防御四员。乾隆三十九年，由阿勒楚喀移往[①]拉林防御一员。

以上除增添裁改之武弁外，现在实有额设：阿勒楚喀副都统一员，协领一员缺出由左右二翼满洲佐领内拣选，引见补放。佐领七员缺出由翼内满洲、锡伯、瓜勒察骑都尉、防御内拣选，引见补放。防御八员缺出由满洲、锡伯，瓜勒察云骑尉、骁骑校内拣选，引见补放。骁骑校六员缺出由本翼委官、领催、前锋内拣选，引见补放。委官四员缺出由本翼领催内拣选补放。拉林

① “移往”，抄本缺，点校本补。《吉林外纪》卷三作“移驻”，《吉林通志》卷五十引《大清会典事例》卷四百二十九亦作“移驻”。

协领一员缺出由左右二翼满洲佐领内拣选，引见补放。佐领六员缺出由翼内满洲、锡伯、瓜勒察骑都尉、防御内拣选，引见补放。防御二员缺出由翼内满洲、锡伯、瓜勒察云骑尉、骁骑校内拣选，引见补放。骁骑校七员缺出由本翼委官、领催、前锋内拣选，引见补放。委官四员缺出由本翼领催内拣选补放。

吉林省会所有骑都尉、云骑尉、恩骑尉，七品、八品监生等官，均系论功加恩赏给世袭之员，随增随减并无定额，未便开造，理合声明。

名宦

奉原单内开："名宦、儒林、文苑、孝友、列女，详查造册送馆"等语。

查吉林所属各处，所有出师奋勇打仗，赏给巴图鲁名号，并授世职人员，查明列后。

额勒登保，系打牲乌拉正黄旗满洲人，从前曾出师缅甸、金川、石峰堡、台湾、廓尔喀等处，久经行阵，累立战功。嗣又平定苗疆，爵封三等侯[①]。旋因出师川、陕、楚省，授为经略重任，于大功告蒇时，爵封一等侯，世袭罔替。授为御前大臣、领侍卫内大臣、太子太保、巴图鲁都统。锡封三等公，晋加宫保，并赐双眼翎、紫缰。

绰普通阿，系满洲人，吉林正白旗协领。出四川兵，在军营因屡次打仗奋勇，奉旨赏给巴图鲁名号。

英赉，系满洲人，吉林镶白旗协领。出巴尔坤兵亚哈托霍鼐地方，

① “侯”，抄本误作“候”，点校本改“侯”是。

因攻夺贼西伯出众，奋勇杀贼，先上梯，奉旨赏给巴图鲁名号。

武德，系满洲人，吉林镶白旗协领。出台湾兵，在军营大中林、斗升门等处地方，因打仗首先超众奋勉，奉旨赏给巴图鲁名号。

全德，系满洲人，吉林镶白旗协领，副都统衔。出四川兵，在军营屡次打仗奋勉，奉旨赏给巴图鲁名号。

德明泰，系蒙古人，吉林蒙古协领。出四川兵，在四川属古城等处地方，因追剿贼匪打仗奋勉，奉旨赏给巴图鲁名号。

德林保，系蒙古人，吉林蒙古正白旗佐领。出四川兵，在军营因屡次打仗奋勉，奉旨赏给巴图鲁名号。

舒尔哈善，系满洲人，打牲乌拉协领。出四川兵，在四川属乾沟子等处地方，因追剿贼匪打仗奋勉，奉旨赏给巴图鲁名号。

达椿，系满洲人，打牲乌拉镶白旗佐领。出四川兵，在军营因生擒贼首公文玉等之次，打仗奋勉，奉旨赏给巴图鲁名号。

明德，系满洲人，由宁古塔协领升授墨尔根城副都统。出四川兵，在甘肃属二琅坝等处地方，追剿贼匪之次，因打仗奋勉，奉旨赏给巴图鲁名号。

明保，系满洲人，宁古塔协领。出四川[①]兵，因追剿齐氏、姚知富等贼首，打仗奋勉，奉旨赏给巴图鲁名号。

扎瑚岱，系满洲人，珲春协领。出四川兵，在军营因屡次打仗奋勉，奉旨赏给巴图鲁名号。

富尔松阿，系满洲人，伯都讷协领。出四川兵，在军营因屡次打仗奋勉，奉旨赏给巴图鲁名号。

穆滕额，系满洲人[②]，由三姓协领升授艾胡城副都统。出四川兵，因生擒贼首罗起青之次，打仗奋勉，奉旨赏给巴图鲁名号。

常在，系满洲人，三姓镶白旗佐领。出四川兵，在陕西省因追剿贼

① “川”，抄本缺“川”字，点校本补。

② “人”，抄本“洲”下缺“人”字，点校本补。

匪打仗奋勉，奉旨赏给巴图鲁名号。

扎克丹保，系满洲人，三姓正红旗佐领。出四川兵，在四川属正平等处地方，因追剿贼匪打仗奋勉，奉旨赏给巴图鲁名号。

金保，系满洲人，由三姓镶红旗乌尔滚保佐领下领催。在军营升授二等侍卫，因屡次打仗奋勉，奉旨赏给巴图鲁名号。

巴尔精阿，系满洲人，三姓镶红旗佐领。出四川兵，在陕西省关堵河等处地方，因屡次追剿贼匪，打仗奋勉，奉旨赏给巴图鲁名号。

福柱，系满洲人，阿勒楚喀镶红旗佐领。出四川兵，因在陕西属盘龙山等处地方，追剿贼匪打仗奋勉，奉旨赏给巴图鲁名号。

骁骑校委署防御兆塔，系吉林镶黄旗满洲人。因往准噶尔出征，贼众侵犯，在北路剿贼打仗阵亡，加恩赏给云骑尉世职。

骁骑校委署防御桑吉那，系吉林镶黄旗满洲人。因往四川出征，进攻荣噶尔博等处打仗阵亡，加恩赏给云骑尉世职。

披甲委署骁骑校墨勒，系吉林镶黄旗满洲人。因往金川出征，攻克碾占、阿尔古、达萨谷、独古木、乃当、甲杂等处，打仗阵亡，加恩赏给云骑尉世职。

骁骑校委署防御富达礼，系吉林镶黄旗满洲人。因往金川出征，进攻甲索、丹噶、喀尔西等处，打仗阵亡，加恩赏给云骑尉世职。

佐领委署参领乌尔庆额，系吉林镶黄旗汉军人。因往金川，进攻空萨尔、桑噶斯玛特等处，打仗受伤身故，加恩照阵亡例，赏给云骑尉世职。

骁骑校奖赏花翎巴彦保，系吉林镶黄旗满洲人。因往四川出征，在川属太[①]鹏寨地方，打仗阵亡，加恩赏给云骑尉世职。入昭忠祠。

骁骑校委署防御阿克栋阿，系吉林镶黄旗汉军。因往四川出征，在陕西凤县属金口关地方打仗阵亡，加恩赏给云骑尉世职。入昭忠祠。

骁骑校委署防御阿起，系吉林正黄旗满洲人。因往准噶尔出征，贼

① “大”，抄本误作“太”。大鹏寨在今四川省营山县东北七十里大鹏山，点校本改。

众侵犯，在北路剿贼打仗阵亡，加恩赏给云骑尉世职。

佐领委署参领苏尔图，系吉林正黄旗满洲人。因往准噶尔出征，贼众侵犯，在北路剿贼打仗阵亡，加恩赏给云骑尉世职。

领催噶勒珠原，系居住拉法地方，吉林正白旗满洲人。因随往阿库哩省行走勤慎，因追杀由盛京脱逃之奔博，回往辉法，在汉兵队头前打仗奋勉。又因追杀由盛京脱逃他克都，又因在呼叶省同蒙阿图进兵打仗奋勉，又出阿库里泥麻省师，因打仗奋勉，加恩赏给云骑尉世职。

防御委署参领三保，系吉林正白旗满洲人。因往巴尔坤追剿沙拉斯、玛呼斯贼寇，打仗阵亡，加恩赏给云骑尉世职。

世袭罔替云骑尉兼三等侍卫沙尔胡达，系吉林正白旗满洲人。因往金川出征，打仗阵亡，加恩赏给云骑尉，归并骑都尉世职。

前锋委署骁骑校富常，系吉林正白旗满洲人。因往金川出征，攻取罗布瓦、喇穆喇等处，打仗阵亡，加恩赏给云骑尉世职。

委署防御和伸保，系吉林正白旗满洲人。因往金川出征，进攻空萨尔、桑噶斯玛特等处，打仗阵亡，加恩赏给云骑尉世职。

奖赏蓝翎侍卫常安，系吉林正白旗满洲人。因往四川出征，在陕西属宁山厅油房沟地方，打仗阵亡，加恩赏给云骑尉世职。入昭忠祠。

骁骑校奇努，系吉林正红旗满洲人。因往准噶尔出征，贼众侵犯，在北路剿贼，打仗阵亡，加恩赏给云骑尉世职。

领催委署[①]防御[②]那尔泰，系吉林正红旗满洲人。因往巴尔坤出征，跟随将军兆惠至叶尔羌城，打仗阵亡，加恩赏给云骑尉世职。

领催委署骁骑校武尔戡[③]，系吉林正红旗满洲人。因往巴尔坤出征，

① “委”，复印本缺，点校本据文意补。委署，清朝职官署缺之一种，即由各衙署长官委派署理。

② “防御”，《吉林通志》卷一百九作“章京”。

③ “武尔戡”，《吉林通志》卷一百九作“乌尔翰”。

跟随将军富德等至呼尔满[①]地方，打仗阵亡，加恩赏给云骑尉世职。

防御委署参领建保[②]，系吉林正红旗满洲人。因往巴尔坤出征，跟随将军兆惠至叶尔羌城，打仗阵亡，加恩赏给云骑尉世职。

防御委署参领乌林泰，系吉林正红旗满洲人。因往金川出征，进攻达尔图山梁等处，打仗阵亡，加恩赏给云骑尉世职。

防御委署参领观森保，系吉林正红旗满洲人。因往金川出征，攻克该布达西努等处，打仗阵亡，加恩赏给云骑尉世职。

骁骑校委署防御哲昆保[③]，系吉林正红旗满洲人。因往金川出征，攻打巴占一带山梁等处，打仗阵亡，加恩赏给云骑尉世职。

领催委署防御[④]阿林保，系吉林正红旗满洲人。因往金川出征，围攻勒乌图、转经楼等处，打仗阵亡，加恩赏给云骑尉世职。

披甲奖赏蓝翎额尔登保[⑤]，系吉林正红旗满洲人。因往金川出征，围攻勒乌图、转经楼等处，打仗阵亡，加恩赏给云骑尉世职。

佐领扎苏，系吉林正红旗满洲人。因平定准噶尔及回部在事有功，加恩赏给骑都尉兼云骑尉世职。

披甲赏给骁骑校衔永保，系吉林镶白旗满洲人。因往巴尔坤出征，随布政使德舒搜拿麻哈沁，打仗阵亡，加恩赏给云骑尉世职。

防御委署参领、奖赏花翎额尔登保，系吉林镶白旗满洲人。因往四川出征，进攻绒布寨等处，打仗阵亡，加恩赏给云骑尉世职。

委署七品官西拉那[⑥]，系吉林镶白旗满洲人。因往金川出征，攻克碾占、阿尔古、达萨谷、独古玛等处，打仗阵亡，加恩赏给云骑尉世职。

---

① “呼尔满”，点校本作“呼尔蒲”。《清史稿·兆惠》卷三百十三《列传》一百：“二十四年正月，富德帅师至呼尔璊。”疑满为璊之讹，今不改。呼尔璊，又名呼拉玛，在今新疆巴楚县。

② “建保”，《吉林通志》卷一百九作“简保”。

③ “哲昆保”，《吉林通志》卷一百九作“哲坤保”。

④ “防御”，《吉林通志》卷一百九作“闲散章京”。

⑤ “额尔登保”，《吉林通志》卷一百九作“额勒登保”。

⑥ “西拉那”，《吉林通志》卷一百九作“锡剌钠”。

（补）防御巴音布，系吉林厢红旗满洲人。因往准噶尔出征，贼众侵犯，在北路剿贼，奋勇打仗阵亡，加恩赏给云骑尉世职。

（补）骁骑校委署参领额克图，系吉林厢红旗满洲人。因往巴尔坤跟随将军兆惠至叶尔羌城，打仗阵亡，加恩赏给云骑尉世职。

（补）领催委署防御穆哈那[①]，系吉林厢红旗满洲人。因往巴尔坤跟随将军兆惠至叶尔羌城，打仗阵亡，加恩赏给云骑尉世职。

（补）蓝翎侍卫穆克登保，系吉林厢红旗满洲人，因往金川出征，攻克下巴木通处碉栅，打仗受伤身故，加恩照阵亡例赏给云骑尉世职。

（补）骁骑校雅珥泰，系吉林厢红旗满洲人，因往剿灭反叛察哈尔布尔尼时，在大鲁地方打仗阵亡，加恩赏给骑都尉世职。

（补）三等侍卫穆哈那，系吉林厢红旗满洲人。因往金川出征，围攻勒乌图、转经楼等处，打仗阵亡，加恩赏给云骑尉世职。

三等侍卫和善，系吉林镶红旗满洲人。因往四川出征，攻取墨龙沟等处，打仗阵亡，加恩赏给云骑尉世职。

佐领奖赏花翎赓音保[②]，系吉林镶红旗满洲人。因往四川出征，在陕西西乡县属马安山地方，打仗阵亡，加恩赏给云骑尉世职。入昭忠祠。

协领奖赏花翎富珠禄，系吉林镶红旗满洲人。因往四川出征，在川属乌龙寨新甸子地方，打仗阵亡，加恩赏给云骑尉世职。入昭忠祠

领催奖赏蓝翎明安，系吉林镶红旗满洲人。因往四川出征，在陕西省陇州属草白峪地方，打仗阵亡，加恩赏给云骑尉世职。入昭忠祠。

披甲额外骁骑校奖赏蓝翎乌金保，系吉林镶红旗满洲人。因往四川出征，在川属通江县长弯地方，打仗阵亡，加思赏给云骑尉世职。入昭忠祠。

委署参领那柳，系吉林正蓝旗满洲人。因往准噶尔出征，贼众侵犯，在北路剿贼，打仗阵亡，加恩赏给云骑尉世职。

① “防御”，《吉林通志》卷一百九作“章京”。“穆哈那”，《吉林通志》卷一百九作“穆哈纳”。

② “赓音保”，《吉林通志》卷一百九作“更音保”。

委署防御扎库起，系吉林正蓝旗满洲人。因往巴尔坤出征，在呼尔满地方，打仗阵亡，加恩赏给云骑尉世职。

领催委署骁骑校刚额[①]，系吉林正蓝旗满洲人。因往巴尔坤出征，在沙拉斯、玛呼斯等处，打仗阵亡，加恩赏给云骑尉世职。

骁骑校委署防御舒尔洪额[②]，系吉林正蓝旗满洲人。因往金川出征，攻克西里、科布曲等处，打仗阵亡，加恩赏给云骑尉世职。

前锋委署骁骑校噶禄[③]，系吉林正蓝旗满洲人。因往金川出征，攻克西里，科布曲等处，打仗阵亡，加恩赏给云骑尉世职。

领催委署骁骑校巴兰保，系吉林正蓝旗满洲人。因往金川出征，进攻空萨尔[④]、勒克尔博、松克尔宗等处，打仗阵亡，加恩赏给云骑尉世职。

协领委署营总奖赏花翎格鲁得依，系吉林正蓝旗满洲人。因平定准噶尔及回部在事有功，加恩赏给骑都尉兼云骑尉世职。

前锋委署防御奖赏蓝翎乌尔恭额，系吉林正蓝旗满洲人。因往四川出征，在川属乌龙寨新甸子地方，打仗阵亡，加恩赏给云骑尉世职。入昭忠祠。

前锋委官奖赏蓝翎额勒精额，系吉林正蓝旗满洲人。因往四川出征，在川属大鹏寨[⑤]地方，打仗阵亡，加恩赏给云骑尉世职。入昭忠祠。

佐领委署参领都鼐，系吉林镶蓝旗满洲人。因往准噶尔出征，在乌逊珠尔地方，力战阵亡，加恩赏给云骑尉世职。

骁骑校委署参领察穆布，系吉林镶蓝旗满洲人。因往准噶尔出征，贼众侵犯，在北路剿贼打仗阵亡，加恩赏给云骑尉世职。

佐领委署参领西林保，系吉林镶蓝旗满洲人。因往巴尔坤出征，跟随将军兆惠至叶尔羌城，打仗阵亡，加恩赏给云骑尉世职。

---

① “刚额”，《吉林通志》卷一百九作“刚格”。

② “舒尔洪额”，《吉林通志》卷一百九作“舒尔洪阿”。

③ “噶禄”，《吉林通志》卷一百九作“噶噜”。

④ “空萨尔”，《吉林通志》卷一百九作“康萨尔”。

⑤ “大鹏寨”，抄本作太鹏寨，点校本同。大棚寨在今四川省营山县东北七十里大鹏山，今改。

委署[①]参领固尔特依，系吉林镶蓝旗满洲人。因往巴尔坤出征，跟随将军那穆扎尔，打仗阵亡，加恩赏给云骑尉世职。

领催委署骁骑校那恩图，系吉林镶蓝旗满洲人。因往金川出征，进攻勒克尔博、松克尔宗等处，打仗阵亡，加恩赏给云骑尉世职。

领催委署骁骑校僧保，系吉林镶蓝旗满洲人。因往金川出征，攻克扎乌古山梁，打仗阵亡，加恩赏给云骑尉世职。

领催委署防御僧西保，系吉林镶蓝旗满洲人。因往金川出征，攻克格隆古、科布曲等处一带山梁碉卡，打仗阵亡，加恩赏给云骑尉世职。

乾清门头等侍卫哲森保，系吉林镶蓝旗满洲人。因往西藏出征，奋勇打仗，受伤身故，加恩照阵亡例赏给骑都尉世职。

二等侍卫达兰泰，系吉林镶蓝旗满洲人。因往金川出征，进攻噶勒丹寺、噶郎噶等处，打仗受伤身故，加恩照阵亡例赏给云骑尉世职。

委署[②]前锋校多尔济，系吉林镶黄旗蒙古人[③]。因往巴尔坤出征，追剿沙拉斯、玛呼斯贼寇，打仗阵亡，加恩赏给云骑尉世职。

领催委署骁骑校达尔胡勒岱，系吉林镶黄旗蒙古人。因往金川出征，进攻达佳布、唵吉、松克尔宗等处，打仗阵亡，加恩赏给云骑尉世职。

披甲委署骁骑校蒙库，系吉林正黄旗蒙古人。因往四川出征，进攻噶西喇嘛寺等处，打仗阵亡，加恩赏给云骑尉世职。

佐领玛色，系吉林镶白旗蒙古人，因平定准噶尔及回部在事有功，加恩赏给骑都尉世职。

领催委署骁骑校拜索呼隆，系吉林镶红旗蒙古人。因往金川出征，在荣噶尔博等处，打仗受伤身故，加恩照阵亡例赏给云骑尉世职。

骁骑校委署参领英格，系吉林正蓝旗蒙古人。因往金川出征，在巴占山梁等处，打仗阵亡，加恩赏给云骑尉世职。

① “署”，复印本缺，点校本据文意补。
② “署”，复印本缺，点校本据文意补。
③ “人”，复印本缺，点校本据文意补。

骁骑校委署参领[1]忠泰，系乌拉正黄旗满洲人。因往巴尔坤出征，在沙拉斯、玛呼斯等处，打仗阵亡，加恩赏给云骑尉世职。

骁骑校奖赏蓝翎依克唐阿，系乌拉正黄旗满洲人。因往四川出征，在陕西省陇州属草白峪地方，打仗阵亡，加恩赏给云骑尉世职。入昭忠祠。

防御雅呼，系乌拉正白旗满洲人，因往金川出征，进攻噶拉依，打仗受伤身故，加恩照阵亡例赏给云骑尉世职。

披甲委署骁骑校德明阿，系乌拉镶红旗满洲人。因往金川出征，进攻空萨尔、桑噶斯玛特等处，打仗阵亡，加恩赏给云骑尉世职。

骁骑校绰普泰，系乌拉正蓝旗满洲人。因平定准噶尔及回部在事有功，加恩赏给云骑尉世职。

委署七品官莫尔格德[2]，系乌拉镶蓝旗满洲人。因往金川出征，攻克达尔图等处，打仗阵亡，加恩赏给云骑尉世职。

披甲委官常保，系伊通镶黄旗满洲人。因往金川出征，进攻木克什等处，打仗阵亡，加恩赏给云骑尉世职。

披甲委署笔帖式巴音泰，系俄穆和索罗正白旗满洲人，因往金川出征，进攻绒布寨、思底、博楮等处，打仗阵亡，加恩赏给云骑尉世职。

领催委署防御伊保，系宁古塔镶黄旗满洲人。因往金川出征，在克木斯工噶克亚口等处，打仗阵亡，加恩赏给云骑尉世职。

披甲奖赏蓝翎法泰，系宁古塔镶黄旗满洲人。因往金川出征，在寨栅堡、前木城、石棚等处，打仗受伤身故，加恩照阵亡例赏给云骑尉世职。

副前锋参领平保，系宁古塔镶黄旗满洲人。因往金川出征，进攻荣噶尔博等处，打仗阵亡，加恩赏给云骑尉世职。

骁骑校委署防御奖赏蓝翎玛音普，系宁古塔正黄旗满洲人。因平定准噶尔及回部在事有功，加恩赏给骑都尉兼云骑尉世职。

骁骑校委署参领忠保，系宁古塔正黄旗满洲人。因往四川出征，在

---

① “参领”，《吉林通志》卷一百九作“前锋参领”。

② “莫尔格德”，《吉林通志》卷一百九作“莫勒根德”。

四川属乌龙寨新甸子地方，打仗阵亡，加恩赏给云骑尉世职。入昭忠祠。

披甲奖赏蓝翎富音保，系宁古塔正白旗满洲人。因往金川出征，攻取布翁嘎山梁等处，打仗阵亡，加恩赏给云骑尉世职。

领催委署骁骑校德保，系宁古塔正红旗满洲人。因往金川出征，攻克下巴木通等处，打仗阵亡，加恩赏给云骑尉世职。

披甲委署七品官额尔金保，系宁古塔正红旗满洲人。因往金川出征，进攻寨木斯丹当噶等处，打仗阵亡，加恩赏给云骑尉世职。

骁骑校苏伦保①，系宁古塔正红旗满洲人。因往金川出征，克复小金川各路，打仗阵亡，加恩赏给云骑尉世职。

领催委署防御玛斯泰，系宁古塔正红旗满洲人。因往准噶尔出征，贼众侵犯，在北路剿贼，打仗阵亡，加恩赏给云骑尉世职。

披甲奖赏蓝翎西尔布善，系宁古塔正红旗满洲人。因往平定准噶尔及回部在事有功，加恩赏给云骑尉世职。

前锋委署骁骑校奖赏蓝翎和泰，系宁古塔正红旗满洲人。因住四川出征，在大鹏寨打仗阵亡，加恩赏给云骑尉世职。入昭忠祠。

骁骑校委署防御常寿，系宁古塔镶白旗满洲人。因往金川出征，攻克噶尔丹寺，又在噶朗噶等处，打仗阵亡，加恩赏给云骑尉世职。

协领布尔哈，系宁古塔镶红旗满洲人。因平定准噶尔及回部在事有功，加恩赏给骑都尉兼云骑尉世职。

防御玛金泰，系宁古塔镶红旗满洲人。因往平定准噶尔及回部在事有功，加恩赏给云骑尉世职。

由披甲升授三等侍卫德楞额，系宁古塔镶红旗满洲人。因往四川出征，在湖北房县属芳甸坪地方同马步兵剿贼打仗，偶然受暑彼特亡故，加恩照阵亡例赏给云骑尉世职。入昭忠祠。

骁骑校委署防御关泰②，系宁古塔正蓝旗满洲人。因往金川出征，进

① “苏伦保”，《吉林通志》卷一百九作“苏勒保”。

② “关泰”，《吉林通志》卷一百九作“观泰”。

攻空萨尔[①]、桑噶斯玛特等处，打仗阵亡，加恩赏给云骑尉世职。

领催委官委骁骑校吉勒彰阿[②]，系宁古塔正蓝旗满洲人。因往四川出征，在陕西省陇州属草白峪地方，打仗阵亡，加恩赏给云骑尉世职。入昭忠祠。

领催委署防御奔博礼，系宁古塔镶蓝旗满洲人。因往准噶尔出征，追贼奋勇攻击，打仗阵亡，加恩赏给云骑尉世职。

领催委署骁骑校善泰，系宁古塔镶蓝旗满洲人。因往金川出征，进攻松克尔宗等处，打仗阵亡，加恩赏给云骑尉世职。

前锋委署骁骑校德隆，系宁古塔镶蓝旗满洲人。因往金川出征，进攻空萨尔[③]、桑噶斯玛特等处，打仗阵亡，加恩赏给云骑尉世职。

前锋委署骁骑校巴彦布，系宁古塔镶蓝旗满洲人。因往金川出征，进攻松克尔宗等处，打仗受伤身故，加恩照阵亡例赏给云骑尉世职。

骁骑校委署防御芬德臣[④]，系宁古塔镶蓝旗满洲人。因往准噶尔出征，贼众侵犯。在北路剿贼，打仗阵亡，加恩赏给云骑尉世职。

云骑尉依兰保，系宁古塔镶蓝旗满洲人。因往准噶尔出征，贼众侵犯，在北路剿贼，打仗阵亡，加恩赏给骑都尉兼云骑尉归并三等轻车都尉世职。

蓝翎侍卫法依松阿[⑤]，系珲春镶黄旗满洲人。因往巴尔坤出征，在叶尔羌城等处，打仗阵亡，加恩赏给云骑尉世职。

虚衔蓝翎雅秉阿[⑥]，系珲春镶黄旗满洲人。因往四川出征，在木尔孤木[⑦]地方，打仗阵亡，加恩赏给云骑尉世职。

三等侍卫哈尔赴，系珲春镶黄旗满洲人。因往金川出征，攻取贼卡

---

① “空萨尔”，《吉林通志》卷一百九作“康萨尔”。

② “吉勒彰阿”，《吉林通志》卷一百十一作“吉尔章阿”。

③ “空萨尔”，《吉林通志》卷一百九作“康萨尔”。

④ “芬德臣”，《吉林通志》卷一百九作“富德珍”。

⑤ “法依松阿”，《吉林通志》卷一百九作“法松阿”。

⑥ “雅秉阿”，《吉林通志》卷一百九作“牙秉阿”。

⑦ “木尔孤木”，《吉林通志》卷一百九作“木里木”。

地方，打仗阵亡，加恩赏给云骑尉世职。

防御委署奖赏花翎倭新保，系珲春镶黄旗满洲人，因往金川出征，在吉山追贼，打仗阵亡，加恩赏给云骑尉世职。入昭忠祠。

三等侍卫内松额，系珲春正黄旗满洲人。因往金川出征，攻围噶拉依，打仗阵亡，加恩赏给云骑尉世职。

拜唐阿塔克达那，系珲春正黄旗满洲人，因往甘肃出征，在华林寺等处，打仗阵亡，加恩赏给云骑尉世职。

披甲奖赏蓝翎哈普青阿[①]，系珲春正黄旗满洲人。因往四川出征，在松克尔宗打仗，受伤身故，加恩照阵亡例赏给云骑尉世职。

防御[②]伯禄，系伯都讷正黄旗满洲人。因往巴尔坤出征，在呼尔满等处，打仗阵亡，加恩赏给云骑尉。由部议恤，又赏给兼一云骑尉，归并骑都尉世职。

领催委署防御根椿[③]，系伯都讷正白旗满洲人。因往金川出征，攻克当噶克底等处，打仗阵亡，加恩赏给云骑尉世职。

参领委署营总奖赏花翎达礼库[④]，系伯都讷正白旗满洲人，因平定准噶尔及回部[⑤]在事有功，加恩赏给骑都尉世职。

领催委署防御巴彦达，系伯都讷正红旗满洲人。因往巴尔坤出征，在呼尔满[⑥]等处，打仗阵亡，加恩赏给云骑尉世职。

领催委署骁骑校雅哈哩，系伯都讷正红旗[⑦]满洲人。因往金川出征，在空萨尔山梁等处，打仗阵亡，加恩赏给云骑尉世职。

前锋奖赏蓝翎乌善保，系伯都讷镶红旗满洲人。因往金川出征，攻

---

① “哈普青阿”，《吉林通志》卷一百九作“哈布青阿”。

② “防御”，《吉林通志》卷一百九作“章京委前锋参领”。

③ “根椿”，《吉林通志》卷一百九作“根春”。

④ “达礼库”，《吉林通志》卷一百九作“达哩库”。

⑤ “因平定准噶尔及回部在事有功”，《吉林通志》卷一百九作“从征金川、朱文噶尔阵亡”。

⑥ “呼尔满”，《清史稿·兆惠》作“呼尔璊”，按“呼尔璊，又名呼拉玛，在今新疆巴楚县。

⑦ “正红旗”，《吉林通志》卷一百九作“镶白旗”。

克碾占、阿克达等处，打仗阵亡，加恩赏给云骑尉世职。

云骑尉[①]乌勒兴额，系伯都讷镶红旗满洲人。因往四川出征，在吉山追贼，打仗阵亡，加恩赏给云骑尉，将本身兼云骑尉归并骑都尉世职。入昭忠祠。

披甲委署笔帖式六十六，系伯都讷镶红旗满洲人。因往四川出征，在陕西省陇州属草白峪地方，打仗阵亡，加恩赏给云骑尉世职。入昭忠祠。

委署防御伊兰泰，系伯都讷[②]镶蓝旗满洲人。因往金川出征，攻绒布寨、思底、博堵等处，打仗阵亡，加恩赏给云骑尉世职。

前锋委署护军校奖赏蓝翎乌凌阿，系伯都讷镶蓝旗满洲人，因平定准噶尔及回部在事有功，加恩赏给云骑尉世职。

领催奖赏蓝翎俄勒精额，系伯都讷镶蓝旗满洲人。因往四川出征，在川属乌龙寨新甸子地方，打仗阵亡，加恩赏给云骑尉世职。入昭忠祠。

领催委署骁骑校乌林保，系三姓镶黄旗满洲人。因往巴尔坤出征，在额布退达巴罕等处，打仗中伤，伤登亡故，加恩照阵亡例赏给云骑尉世职。

骁骑校委署参领德森特依[③]，系三姓镶黄旗满洲人。因往金川出征，攻打巴占山梁等处，打仗阵亡，加恩赏给云骑尉世职。

佐领委署参领叶布冲额，系三姓镶黄旗满洲人。因往平定准噶尔及回部在事有功，加恩赏给骑都尉兼云骑尉世职。

领催委署防御奖赏蓝翎乌冲额[④]，系三姓镶黄旗满洲人。因往四川出征，在川属乌龙寨新甸子地方，打仗阵亡，加恩赏给云骑尉世职。入昭忠祠。

蓝翎沙克西那，系三姓正黄旗满洲人。因往巴尔坤出征，跟随侍卫

① “云骑尉”，《吉林通志》卷一百九作“世袭云骑尉委参领”。

② “伯都讷”，《吉林通志》卷一百九作“吉林”，是书同卷又载依兰泰，系伯都讷镶蓝旗蒙古人。

③ “德森特依”，《吉林通志》卷一百九作“德森特尔”。是书同卷又载“得森特，吉林满洲参领”，疑为另一人。

④ “乌冲额”，《吉林通志》卷一百九作“乌成额”。

绰尔图等处，打仗阵亡，加恩赏给云骑尉世职。

领催委署防御扎尔苏[1]，系三姓正黄旗满洲人。因往金川出征，进攻空萨尔山梁等处，打仗阵亡，加恩赏给云骑尉世职。

护军校委署护军参领花桑阿，系三姓正白旗满洲人。因往四川出征，在木尔孤木等处，打仗阵亡，加恩赏给云骑尉世职。

前锋委署骁骑校二达色，系三姓正红旗[2]满洲人。因往金川出征，在该布达西努等处，打仗阵亡，加恩赏给云骑尉世职。

前锋委署骁骑校富绍，系三姓镶白旗满洲人。因往四川出征，在寨鹏堡[3]等处，打仗受伤身故，加恩照阵亡例赏给云骑尉世职。

防御瓜哩，系三姓镶白旗满洲人。因往平定准噶尔及回部在事有功，加恩赏给骑都尉世职。

佐领委署参领奖赏花翎尼新泰，系三姓镶蓝旗满洲人。因平定准噶尔及回部在事有功，加恩赏给骑都尉兼云骑尉世职。

骁骑校奖赏花翎富禄慎，系阿勒楚喀正黄旗满洲人。因往四川出征，在川属乌龙寨新甸子地方，打仗阵亡，加恩赏给云骑尉世职。入昭忠祠。

骁骑校委署防御阿金泰[4]，系阿勒楚喀[5]正白旗满洲人。因往金川出征，进攻木当噶尔等处，打仗阵亡，加恩赏给云骑尉世职。

防御委署参领克兴额[6]，系阿勒楚喀[7]正白旗满洲人。因往金川出征，

① “扎尔苏”，《吉林通志》卷一百九作“扎勒苏”。又同卷载同名“扎尔苏”者，为“吉林满洲委署章京，比征金川康萨尔阵亡”。

② “正红旗”，《吉林通志》卷一百九作“正黄旗”。

③ “寨鹏堡”，《吉林通志》卷一百九作“色溯普”。

④ “阿金泰”，《吉林通志》卷一百九作“阿津泰”。

⑤ “阿勒楚喀”，《吉林通志》卷一百九作“拉林”。《盛京通志》卷五十二“拉林驻防，乾隆九年设，原设副都统一员，乾隆三十四年裁后，归阿勒楚喀喇副都统兼辖”。《吉林志书·行政裁改归并》同。又《吉林通志》卷五十转引《大清会典事例》卷四百二十九乾隆“三十九年，由阿勒楚喀移驻拉林防御一人”，可知拉林副都统虽撤，但原驻防防御等建制仍在，故阿金泰为阿尔楚喀副都统辖下拉林防御。而“阿勒楚喀”说法，稍嫌笼统，今不改。

⑥ “克兴额”，《吉林通志》卷一百九作“克星额”。

⑦ “阿勒楚喀”，《吉林通志》卷一百九作“满洲”。

进攻寨棚堡[①]，打仗受伤身故，加恩照阵亡例赏给云骑尉世职。

领催委署防御扎木拉，系阿勒楚喀正红旗满洲人。因平定准噶尔及回部在事有功，加恩赏给云骑尉世职。

领催委署骁骑校巴尔虎[②]，系拉林镶黄旗汉军人。因往金川出征，在松克尔宗等处，打仗受伤身故，加恩照阵亡例赏给云骑尉世职。

领催委署骁骑校明住[③]，系拉林正黄旗满洲人，因往金川出征，进攻寨棚堡[④]等处，打仗阵亡，加恩赏给云骑尉世职。

骁骑校委署防御法林保，系拉林正白旗满洲人。因往金川出征，在思底、博楮等处打仗阵亡，加恩赏给云骑尉世职。

闲散德禄，系拉林镶蓝旗满洲人。因二次过北京出征山东时，用云梯攻平阴县，首先登进，遂克其城，故赐名巴图鲁，授为骑都尉世职。

文　苑

查吉林地方所有进士、举人、贡生自乾隆三十年至嘉庆十六年以前，查明列后。

进士民籍，马维驭乾隆丁未科。

举人民籍，刘铨乾隆戊申科，马维骢乾隆乙卯科。

恩贡生民籍，宁廷璧乾隆三十九年，王光裕乾隆四十九年，宋桂芳乾

① “寨棚堡”，《吉林通志》卷一百九作“色溯普”。

② “巴尔虎”，《吉林通志》卷一百九载“巴尔呼拉林满洲领催委骁骑校，从征金川阵亡。”疑巴尔呼即“巴尔虎”。

③ “明住”，《吉林通志》卷一百九作“明柱”。

④ “寨棚堡”，《吉林通志》卷一百九作“色溯普”。

隆五十四年，武青选乾隆五十九年[①]，宣麟嘉庆四年，刘福生[②]嘉庆九年，赵经元嘉庆十四年。

拔贡生民籍，王杰乾隆四十一年[③]，宁天禄乾隆五十三年[④]，马维騳嘉庆五年[⑤]。

岁贡生民籍，杨清久[⑥]乾隆三十四年，刘伟乾隆三十九年，王怀温乾隆四十四年[⑦]，陈智兴[⑧]乾隆四十九年，张恭乾隆五十四年，齐尚懿乾隆五十九年，杨实嘉庆四年，顾怀良嘉庆九年，韩谦嘉庆十四年。

优贡生合字号，沈承瑞吉林水手营汉军人，嘉庆十五年。

此外并无另有文苑之处，理合声明。

① “乾隆五十九年”，《吉林外纪》卷六同，《吉林通志》卷四十八作“嘉庆四年”。“嘉庆四年”，《吉林外纪》卷六同，《吉林通志》卷四十八作“乾隆五十九年”。

② “刘福生”，《吉林外纪》卷六同，《吉林通志》卷四十八作“刘幅生”。

③ “乾隆四十一年”，《吉林外纪》卷六同，《吉林通志》卷四十八作“乾隆四十二年”。

④ “乾隆五十三年”，《吉林外纪》卷六同，《吉林通志》卷四十八作“乾隆五十四年”。

⑤ “马维騳”，《吉林通志》卷四十八同，《吉林外纪》卷六作“马维骢”，疑“马维骢”为“马维騳”之讹。“嘉庆五年”《吉林外纪》卷六同，《吉林通志》卷四十八作“嘉庆六年辛酉科优贡”，未知孰是。

⑥ “杨清久”，抄本及点校本作“杨青久”，《盛京通志》卷四十九作“杨清久”，《吉林外纪》卷六、《吉林通志》卷四十八同，故“青”为“清”之讹，今改。

⑦ “乾隆四十四年”，《吉林外纪》卷六同，《吉林通志》卷四十八作“乾隆四十九年”。

⑧ “陈智兴”，《盛京通志》卷四十九、《吉林外纪》卷六同，《吉林通志》卷四十八作“陈志星”。

儒　林

查吉林地方所有文武生员，自乾隆三十年至嘉庆十六年以前，查明列后。

满字号生员　倭兴额吉林正白旗满洲人，嘉庆五年；萨英额吉林正黄旗满洲人，嘉庆五年；果兴阿乌拉正黄旗包衣人，嘉庆五年；克什布宁古塔正白旗满洲人，嘉庆五年；富明德乌拉镶黄旗包衣人，嘉庆七年；果兴保乌拉正白旗包衣人，嘉庆七年；色克通保吉林正蓝旗满洲人，嘉庆七年；奇车布吉林正蓝旗满洲人，嘉庆八年；果尔敏乌拉正白旗包衣人，嘉庆八年；阿扬阿吉林镶白旗满洲人，嘉庆八年；福隆额吉林正黄旗满洲人，嘉庆十年；全德乌拉正白旗包衣人，嘉庆十年；乌尔滚保吉林正蓝旗满洲人，嘉庆十年；赫绷额吉林正蓝旗满洲人，嘉庆十一年；色普珍额乌拉镶黄旗包衣人，嘉庆十一年；书春吉林籍蓝旗满洲人，嘉庆十三年；常安吉林镶白旗满洲人，嘉庆十三年；墨尔赓额珲春镶黄旗满洲人，嘉庆十四年；忠禄吉林镶黄旗满洲人，嘉庆十六年。

合字号生员　沈志朴吉林水手营汉军人，嘉庆五年；王廷佐吉林水手营汉军人，嘉庆五年；安庆乌拉正白旗包衣人，嘉庆五年；李泽吉林鸟枪营镶黄旗汉军人，嘉庆七年；李九春吉林鸟枪营镶黄旗汉军人，嘉庆七年；沈承美吉林水手营汉军人，嘉庆八年；庆升吉林镶黄旗汉军人，嘉庆八年；孙秉义阿勒谈额墨勒站站丁，嘉庆十年；明泰乌拉正黄旗包衣人，嘉庆十年；奇祥乌拉镶黄旗包衣人，嘉庆十年；刘天成吉林鸟枪营正蓝旗汉军人，嘉庆十年；永福吉林正白旗汉军人，嘉庆十年；图经额乌拉正黄旗汉军人，嘉庆十一年；李元春吉林鸟枪营镶黄旗汉军人，嘉庆十一年；郭凤岗赫尔苏边门台丁，嘉庆十一年；

田烈功吉林鸟枪营正红旗汉军人，嘉庆十三年；赵净伊通边门台丁，嘉庆十三年；宋国彬吉林鸟枪营正蓝旗汉军人，嘉庆十三年；桂春乌拉镶黄旗汉军人，嘉庆十四年，王言吉林水手营汉军人，嘉庆十四年；李玉璋苏瓦延站站丁，嘉庆十六年，魏成吉林鸟枪营正白旗汉军人，嘉庆十六年。

民籍文生 张美乾隆三十一年，张兴乾隆三十一年，夏彬乾隆三十二年，李纯乾隆三十一年，侯志奇乾隆三十二年，王锡端乾隆三十四年，石成璋乾隆三十四年，杨永青乾隆三十四年，张钧乾隆三十四年，李缙乾隆三十五年，李成德乾隆三十五年，马永宁乾隆三十五年，张朝勋乾隆三十七年，齐尚惠乾隆三十七年，王振东乾隆三十七年，苏孝乾隆三十八年，宋玘旺乾隆三十八年，李彭禄乾隆四十年，于待聘乾隆四十年，于克广乾隆四十年，姜琯乾隆四十一年，施凤翥乾隆四十一年，初复乾隆四十三年，李天桢乾隆四十三年，刘熥乾隆四十四年，侯万邦乾隆四十四年，马兴贤乾隆四十四年，邱克钦乾隆四十四年，王世杰乾隆四十四年，宁国宾乾隆四十四年，王梅乾隆四十六年，张述尧乾隆四十六年，陈士奇乾隆四十六年，刘振钧乾隆四十六年，孙璜乾隆四十七年，黄居敬乾隆四十七年，孙玫乾隆四十七年，高鸿业乾隆四十七年，阎鸿渐乾隆四十九年，王际平乾隆四十九年，赵振东乾隆四十九年，刘君召乾隆四十九年，范躬绪乾隆四十九年，陈良佐乾隆四十九年，杨成乾隆五十年，王凤贤乾隆五十年，王琛乾隆五十年，石成琸乾隆五十二年，邵国贤乾隆五十二年，范学乾隆五十三年，刘尚德乾隆五十三年，陈兆瑞乾隆五十三年，刘鉴乾隆五十五年，刘梦鲤乾隆五十五年，赵汉升乾隆五十五年，赵三重乾隆五十六年，商慕文乾隆五十六年，张廷桂乾隆五十八年，李维良乾隆五十八年，杨永春乾隆五十八年，董班乾隆五十八年，曹克惠乾隆五十九年，刘士林乾隆五十九年，刘泽乾隆五十九年，李成庚乾隆五十九年，杨圻嘉庆元年，冯健嘉庆元年，刘萍嘉庆元年，赵琛嘉庆元年，王林嘉庆元年，刘尚忠嘉庆二年，袁福荣嘉庆二年，杨大儒嘉庆二年，贾清志嘉庆二年，王润嘉庆二年，宋起云嘉庆二年，邹明嘉庆四年，杨恺嘉庆四年，刘秉仁嘉庆四年，张尔煜嘉庆四年，郭林嘉庆五年，刘玉嘉庆五年，张文蔚嘉庆五年，胡宝珍嘉庆五年，刘贯通嘉庆五年，吴黄金嘉庆五年，常清选嘉庆七年，张瓒嘉庆七年，马朝宠嘉庆七年，顾彭嘉庆八年，杨茂嘉庆八年，赵作霖嘉庆八年，李文士嘉庆八年，陈志英嘉庆十年，常清元嘉庆十年，薛锦春嘉庆十年，胡宝善嘉庆十年，王成彦嘉庆十一年，马光地嘉庆十一年，赵忠常嘉庆十一年，王堜嘉庆十一年，陈志元嘉庆十一年，宋旺嘉庆十一年，杜宏昭嘉庆十三年，齐毓珍嘉庆十三年，杨大文嘉庆十三年，刘同礼嘉庆十三年，孙焕章嘉庆十四年，张璧嘉庆十四年，董允升嘉庆十四年，王思成嘉庆十四年，李朝璧嘉庆十六年，武全义嘉庆十六年，袁克敏嘉庆十六年，宋泮宫嘉庆十六年。

民籍武生 张铠乾隆三十一年，张景元乾隆三十一年，吴椿乾隆三十一年，徐化荣乾隆三十一年，王醇乾隆三十四年，纪爰琮乾隆三十四年，李国柱乾隆三十四年，刘蒸乾隆三十四年，马瑞乾隆三十七年，王政乾隆三十七年，于尚聘乾隆三十七年，徐润乾隆三十七年，王裕德乾隆四十年，王士斌乾隆四十年，尚贤乾隆四十年，王朝祯乾隆四十年，吴继伯乾隆四十三年，吴栒乾隆四十三年，刘君培乾隆四十三年，赵申乾隆四十三年，姜起明乾隆四十六年，刘君信乾隆四十六年，马骏乾隆四十六年，杨士荣乾隆四十六年，唐文明乾隆四十九年，王训乾隆四十九年，顾怀善乾隆四十九年，顾怀恭乾隆四十九年，郭朝俊乾隆五十二年，李珍乾隆五十二年，陈绍乾隆五十二年，刘永吉乾隆五十二年，王成章乾隆五十三年，徐彦乾隆五十五年，刘永福乾隆五十五年，齐德良乾隆五十五年，王俊乾隆五十八年，李清乾隆五十八年，邹殿邦乾隆五十八年，王杰乾隆五十八年，马文英嘉庆元年，于汾嘉庆元年，马维驹嘉庆元年，苏成德嘉庆元年，王殿魁嘉庆元年，刘宗智嘉庆四年，邹俊嘉庆四年，李如九嘉庆四年，于淳嘉庆七年，刘凤岐嘉庆七年，杨万清嘉庆七年，尹硕彦嘉庆七年，尹殿英嘉庆十年，林得祯嘉庆十年，薛德彰嘉庆十年，吴永清嘉庆十年，文懋赏嘉庆十三年，刘尚训嘉庆十三年，王怀嘉庆十三年，李三畏嘉庆十三年，王殿英嘉庆十六年，姜兆熊嘉庆十六年，马其珍嘉庆十六年，勾钧嘉庆十六年。

此外并无另有儒林之处，理合声明。

孝　友

查吉林所属各处并无曾经旌表孝友，惟查吉林所属逊扎保站站丁王瑂一户，六世同居，六十五口共食。王瑂之曾祖王弘信年至七十七岁，于嘉庆元年得受恩赏顶戴之处，理合声明。

列　女

查吉林所属各处节烈，系三十岁以内孀居守节，年至五十岁孝义兼全，穷厄堪悯，照例旌表。自乾隆三十年至嘉庆十六年，所有旌表节妇、烈妇、贞女、烈女姓氏，查明例后。

吉林所属节妇　乾隆三十年旌表　镶黄旗满洲音兰保佐领下披甲三德哩之妻和依氏，正黄旗满洲托伦保佐领下闲散八十之妻尼玛察氏，正白旗满洲布伦德佐领下领催绍色之妻博凌果特氏，镶白旗满洲雅尔泰佐领下披甲阿尔泰之妻瓜勒佳氏，镶红旗满洲辉色佐领下披甲达兰泰之妻傅察氏，仝佐领下披甲哈拉之妻瓜勒佳氏，仝旗满洲永德佐领下披甲阿尔那之妻瓜勒佳氏，正蓝旗满洲富勒和佐领下闲散保格之妻佟佳氏，镶蓝旗满洲富唐阿佐领下披甲依苏德之妻瓜勒佳氏，鸟枪营正红旗汉军姜国程佐领下披甲聂桃之妻赵氏，水手营闲散张舒之妻魏氏，搜登站壮丁王良俊之妻金氏，伊勒门站壮丁张宗表之妻李氏，叶赫站壮丁蔡慎之妻周氏，官庄壮丁徐世达之妻曹氏，官庄壮丁白应魁之妻杨氏，打牲乌拉镶白旗满洲扎兰泰佐领下闲散额普特之妻西特哩氏，镶红旗满洲富勒呼纳佐领下闲散迈格之妻钮瑚哩氏，伊通正黄旗满洲乌德佐领下披甲阿吉那之妻叶赫氏。

乾隆三十一年旌表　镶黄旗满洲阿思泰佐领下披甲多吉之妻[1]洛绰纶氏，镶白旗满洲伟色佐领下披甲乌云卜之妻西特哈哩氏，镶蓝旗满洲白三泰佐领下披甲班第之妻扎斯胡哩氏，镶黄旗满洲奇兰保佐领下披甲瓦尔图之妻伊尔根觉罗氏，正黄旗满洲八十佐领下披甲察依博之妻舒穆噜氏，镶蓝旗满洲米唐阿佐领下披甲衣奇那之妻莫尔哩德氏，仝佐领下披甲黑达色之妻舒穆噜氏，仝旗满洲阿斯泰佐领下披甲沙尔呼达之妻尼玛察氏，水手营水手黄从礼之妻梁氏，打牲乌拉镶红旗满洲付勒呼讷佐领下披甲苗生之妻常佳氏，赫尔苏边门台丁李义之妻郭氏，官庄壮丁徐德化之妻夏氏，官庄壮丁陈义之妻王氏，正蓝旗满洲富成佐领下领催穆克登额之妻傅氏，镶蓝旗满洲和绷额佐领下护军和楞额之妻和哲勒氏。

乾隆三十二年旌表　镶黄旗满洲倭和德佐领下披甲艾达之妻钮瑚哩氏，仝旗满洲奇兰保佐领下披甲巴尔虎之妻萨克达氏，仝旗满洲阿尔善佐领下云骑尉孙塔之妻傅察氏，仝旗满洲五十六佐领下披甲七十之妻伊尔根觉啰氏，正白旗满洲富升佐领下披甲伕尔精额之妻瓜勒佳氏，仝旗汉军玛尔赛佐领下闲散张格杰之妻卞氏，正红旗满洲阿里善佐领下闲散爱舒之妻李氏，仝旗满洲音布佐领下笔帖式博里之妻瓜勒佳氏，镶蓝旗满洲乌凌阿佐领下披甲丁纠之妻傅察氏，仝佐领下闲散鼐子之妻傅察氏，仝旗满洲博里善佐领下披甲常泰之妻佟佳氏，伊巴丹站壮丁刘书绅之妻王氏，仝站壮丁徐文焕之续妻苏氏，搜登站壮丁王国卿之妻靳氏，依勒门站壮丁徐士焕之妻王氏，仝站壮丁李士亮之妻何氏，苏瓦延站壮

① 妻，抄本讹作“卓”，据文意改。

丁黄国仓之妻李氏，打牲乌拉镶蓝旗满洲那三保佐领下披甲雅克隆之续妻傅察氏，正红旗满洲阿林保佐领下闲散丰升阿之妻傅察氏。

乾隆三十三年旌表　镶黄旗满洲阿尔善佐领下闲散金光之妻乌苏氏，仝旗满洲奇兰保佐领下披甲马尔泰之妻扎拉哩氏，镶白旗满洲喀金泰佐领下披甲瑚什巴之妻李佳氏，正红旗满洲阿里善佐领下幼丁乌尔布什之妻伊尔根觉啰氏，仝旗汉军姜国程佐领下披甲邢自福之妻王氏，打牲乌拉镶红旗满洲富勒呼纳佐领下披甲杨福之妻韩佳氏，镶蓝旗满洲那三保佐领下幼丁阿里之妻奚氏。

乾隆三十四年旌表　正白旗汉军马尔赛佐领下披甲阿斯泰之妻杨氏，正蓝旗满洲胡保佐领下披甲索达色之妻伊尔根觉啰氏，伊通边门台丁陈刚之妻马氏，台丁赵有魁之妻杨氏，伊通正黄旗满洲武德佐领下闲散何德之妻那拉氏，打牲乌拉镶黄旗满洲阿林保佐领下披甲那署之续妻韩氏，正白旗满洲法保佐领下披甲八达色之妻傅察氏，仝佐领下披甲郎图之妻奚氏，镶蓝旗满洲那三保佐领下闲散那署之妻关氏。

乾隆三十五年旌表　正黄旗满洲费雅三保佐领下闲散额楞忒之妻傅察氏，正白旗汉军玛尔赛佐领下闲散苏塔之妻扎库塔氏，额穆和索啰正白旗满洲赉里克佐领下披甲乌伦泰之妻阔奇哩氏，正白旗蒙古布伦德佐领下披甲卓多保之妻博凌果特氏，正白旗汉军费雅哈佐领下披甲林枝贵之妻范氏，镶红旗满洲隆海佐领下披甲达尔萨拉之妻瓜勒佳氏，仝佐领下闲散五格之妻绰勒霍啰氏，正蓝旗满洲雅尔达佐领下披甲察米之妻尼玛齐氏，同佐领下闲散阿林保之妻雷氏，镶蓝旗满洲色楞泰佐领下领催多尔吉那之续妻托阔啰氏，仝旗满洲乌凌阿佐领下云骑尉乌占泰之妻都于氏，仝旗满洲阿斯泰佐领下披甲三喜保之妻库雅拉氏，仝旗满洲米唐阿佐领下闲散巴彦泰之妻托阔罗氏，仝旗汉军李世彦佐领下披甲徐文秀之妻刘氏，官庄壮丁金义之妻杨氏。

乾隆三十六年旌表　正白旗满洲费雅三保佐领下闲散都森泰之妻和里德氏，仝旗汉军玛尔赛佐领下闲散卢自明之妻孙氏，镶蓝旗满洲阿三泰佐领下闲散五保之妻瓜勒佳氏，仝旗满洲乌灵阿佐领下闲散果住之妻□氏，水手营正丁张明富之妻王氏，赫尔苏站壮丁李朝宾之妻李氏，仝站壮丁李朝臣之妻李氏，鄂摩和站壮丁万世禄之妻徐氏，巴彦鄂佛啰边门壮丁邢来凤之妻马氏，仝边门壮丁塔文照之妻刘氏，布尔图库边门壮丁田琮之妻乐氏，仝边门壮丁李世禄之妻王氏。

乾隆三十七年旌表　镶黄旗满洲奇兰保佐领下闲散雅斯哈之妻格吉勒氏，仝旗汉军刘彦弼佐领下弓匠四十之妻张氏，镶白旗满洲萨木塔佐领下披甲加瑚什之妻西察氏，仝旗满洲章保佐领下闲散巴尔虎之妻瓜勒佳氏，正蓝旗满洲灵泰佐领下披甲嘎斯达之妻萨克达氏，正红旗满洲扎兰泰佐领下披甲乌略之妻乌扎拉氏，官庄壮丁周廷魁之妻林氏，舒兰站壮丁江继尧之妻杨氏，伊勒门站壮丁王明策之妻王氏，打牲乌拉镶黄旗满洲达三泰佐领下披甲八十一之妻伊尔根觉啰氏，正白旗满洲富格佐领下披甲双唐之妻傅察氏，镶蓝旗满洲那三保佐领下披甲兴保之妻王佳氏。

乾隆三十八年旌表　正黄旗满洲七十佐领下披甲呼什塔之妻莫勒吉哩氏，仝旗满洲八十佐领下骁骑校康色之妻延扎氏，镶白旗满洲汪什保佐领下披甲那斯泰之妻宋佳氏，正白旗满洲满德佐领下披甲瓮格哩之妻托阔啰氏，正红旗满洲努尔泰佐领下闲散乌保之妻瓜勒佳氏，仝旗满洲那尔泰佐领下闲散文寿之妻郭尔洛氏，镶白旗满洲托金泰佐领下披甲巴彦泰之妻格和勒氏，正蓝旗满洲那尔胡善佐领下骁骑校道善之妻车氏，仝佐领下披甲六吉之妻施玛察氏，仝旗满洲雅乐达佐领下闲散尼伦哲之妻李氏，仝旗满洲魏谈保佐领下闲散七十之妻伊尔根觉啰氏，镶蓝旗满洲法林佐领下闲散九达色之妻瓜勒佳氏，打牲乌拉镶白旗满洲汪什保佐领下闲散富兰泰之妻伊尔根觉啰氏，退通站壮丁孔印之妻黄氏，伊勒门站壮丁钮天云之妻高氏。

乾隆三十九年旌表　镶黄旗满洲阿尔善佐领下披甲付海之妻瓜勒佳氏，镶白旗汉军乌尔青额佐领下闲散杨岳之妻陈氏，正蓝旗满洲英赉佐领下披甲伊齐显之妻尼玛齐氏，镶蓝旗满洲法林佐领下闲散干柱之妻瓜勒佳氏，仝旗满洲博里善佐领下闲散卓尔托之妻布察氏，仝旗汉军霍奇惕佐领下闲散段绪之妻郑氏，水手营水手李惠之妻杨氏，原任巡检沈泽宽之妻李氏，水手营水手沈天祥之妻胡氏。

乾隆四十年旌表　镶黄旗满洲阿尔善佐领下披甲色森泰之妻乌色氏，正黄旗满洲七十佐领下领催双礼之妻赫西勒氏，仝佐领下闲散阿青阿之妻瓜勒佳氏，正红旗满洲阿里善佐领下披甲福森保之妻尼玛齐氏，镶红旗满洲乌勒瑚讷佐领下闲散坡廉之妻瓜勒佳氏，仝佐领下闲散楞保之妻于布噜氏，仝旗满洲隆海佐领下闲散塔克善之妻延扎氏，镶白旗蒙古五达色佐领下披甲额亲保之妻克特瑚特氏，打牲乌拉正黄旗满洲社林保佐领下披甲扎尔赛之妻尼玛齐氏，正红旗满洲阿林保佐领下披甲呼木保之妻尼玛齐氏，镶红旗满洲阿勒都哩佐领下披甲珠保之妻常佳氏，伊通镶黄旗满洲哲楞泰佐领下闲散黑钧之妻扎克塔氏，伊勒门站壮丁尤天玉之妻雷氏，同站壮丁沙福善之妻张氏，伊巴丹站壮丁雷起春之妻黄氏，阿勒谈额墨勒站壮丁张尚忠之妻邹氏，蒙古站壮丁李思敬之妻李氏，布尔图库边门壮丁田永增之妻杨氏。贞女姚氏系民人之女，许字正蓝旗满洲英赉佐领下闲散德德为室，未婚伊夫病故，姚氏年甫二十九岁，即奔丧守节，孝事孀姑，至乾隆四十年姚氏年逾五旬，茹[①]檗饮冰，坚持苦节。

乾隆四十一年旌表　镶黄旗满洲奇兰保佐领下闲散巴拉善之妻托阔啰氏，正黄旗满洲英保佐领下披甲乌里布之妻莫勒德哩氏，仝旗满洲费雅三保佐领下披甲达敏之妻孙氏，仝佐领下闲散西森泰之妻瓜勒佳氏，仝旗满洲七十佐领下闲散木克腾保之妻于呼噜氏，正白旗满洲永保佐领下披甲阿森保之妻瓜勒佳氏，镶蓝旗满洲乌灵阿佐领下防御玛尔尼之妻瓜勒佳氏，镶红旗满洲章保佐领下监生甘春之妻尼玛察氏，打牲乌拉正白旗满洲富格佐领下披甲木雅那之妻伊尔根觉啰氏，镶蓝旗满洲鄂岱佐领下幼丁来保之妻伊尔根觉啰氏，水手营水手柴云风之妻袁氏，官庄壮丁李登明之妻卞氏，官庄壮丁李登魁之妻张氏，打牲乌拉镶红旗满洲阿

① 茹，“茹檗饮冰”为成语，抄本讹作“菇”，点校本改。

勒都里佐领下领催八十之妻伊尔根觉啰氏。

乾隆四十二年旌表　镶黄旗满洲诺莫三佐领下前锋色克图之妻扎尔都氏，同旗汉军邹宽佐领下闲散噶尔都之妻李氏，仝佐领下闲散阿尔苏拉之妻噶吉塔氏，仝佐领下闲散进常保之妻曹氏，仝佐领下闲散五十之妻王氏，正白旗满洲德尔泰佐领下闲散西保柱之妻库雅拉氏，正红旗满洲扎兰泰佐领下披甲那尔赛之妻伊尔根觉啰氏，镶蓝旗满洲盛保佐领下披甲玛拉之妻傅察氏，鸟枪营镶红旗汉军刘加庆佐领下闲散刘宽元之妻张氏，鸟枪营正蓝旗汉军王顺殿佐领下披甲徐瓒之妻刘氏，正红旗满洲阿林保佐领下披甲保福之妻胡佳氏，镶白旗满洲汪世保佐领下披甲常在之妻瓜勒佳氏，巴彦鄂佛啰边门壮丁王瑚之妻王氏。

乾隆四十三年旌表　镶黄旗满洲常明保佐领下闲散巴彦保之妻萨克塔氏，正白旗满洲永保佐领下闲散木齐那之妻伊尔根觉啰氏，正红旗满洲珠尔萨佐领下披甲扎兰泰之妻瓜勒佳氏，仝佐领下披甲乌斯泰之妻尼玛齐氏，正蓝旗满洲灵泰佐领下闲散德保之妻傅察氏，仝旗满洲那尔胡善佐领下披甲德克时之妻岳尔库勒氏，镶蓝旗满洲富尔德依佐领下闲散彻楞之妻杭阿塔氏，仝旗满洲乌灵阿佐领下闲散温什泰之妻西木哩氏，同旗满洲苏保佐领下披甲班达尔善之妻杨氏，正黄旗蒙古常保佐领下额尔特依之妻格吉勒氏，鸟枪营镶红旗汉军刘加庆佐领下闲散孙芳之妻贾氏，额和木站壮丁张斌之妻郭氏，鸟枪营镶红旗汉军刘加庆佐领下闲散王国柱之妻范氏，水手营壮丁张士奇之妻侯氏。

乾隆四十四年旌表　镶黄旗满洲常明保佐领下佐领南泰之续妻莫勒哲勒氏，正黄旗满洲费雅三保佐领下披甲倭兴额之妻瓜勒佳氏，仝旗满洲八十佐领下前锋精保之妻托兰啰氏，正白旗满洲伊尔占佐领下闲散莫伦泰之妻乌苏氏，仝佐领下披甲乌精额之妻莫勒德哩氏，正红旗满洲莫尔庚额佐领下披甲德音布之妻瓜勒佳氏，仝旗满洲阿里善佐领下领催乌尔呼玛之妻木氏，镶白旗满洲奇克滕保佐领下二等侍卫巴斯哈之妻尼玛察氏，正蓝旗满洲英赉佐领下闲散爱新保之妻扎库塔氏，镶蓝旗满洲乌凌阿佐领下披甲乌林保之妻乌苏氏，仝旗满洲博里善佐领下披甲福禄之妻吉拉拉氏，仝旗满洲盛保佐领下披甲忠安保之妻莫勒德哩氏，打牲乌拉正黄旗满洲杜林保佐领下披甲古克泰之妻孙佳氏，正红旗满洲阿林保佐领下披甲杭玉之妻刘佳氏，正黄旗满洲钱保佐领下闲散萨森泰之妻傅察氏，水手营闲散丁五十三之妻李氏，官庄壮丁李儒志之妻关氏，赫尔苏边门台丁李才之妻陈氏，仝边门台丁李文金之妻杨氏，伊巴丹站壮丁张忠孔之妻曹氏。

乾隆四十五年旌表　正黄旗满洲费雅三保佐领下披甲江保之妻傅察氏，仝佐领下闲散五十之妻扎尔呼达氏，仝旗满洲七十佐领下三等侍卫额勒登额之妻伊尔根觉啰氏，正白旗满洲丰德佐领下披甲觊亲保之妻尼玛察氏，仝旗满洲伊尔站佐领闲散喀噜之妻绰勒郭氏，正红旗满洲阿里善佐领下披甲穆禄讷之妻傅察氏，镶白旗满洲迈喀那佐领下前锋色楞泰之妻伊尔根觉啰氏，仝旗满洲齐克腾保佐领下披甲永保之妻瓜勒佳氏，正蓝旗满洲盛谈保佐领下披甲达敏之妻贺奇勒氏，鸟枪营正红旗汉军张锐佐领下披甲陈通之妻田氏，仝佐领下闲散田永凯之妻赵氏，正红旗汉军六十五佐领下闲散王杰之妻徐氏，赫尔苏站壮丁赵喜会之妻马氏。

乾隆四十六年旌表　镶黄旗满洲玛尔吉佐领下闲散阿尔泰之妻库雅拉氏，仝旗汉军蔺廷魁佐领下披甲雅尔泰之妻徐氏，正黄旗满洲费雅三保佐领下披甲和斯泰之妻吉普察氏，仝旗满洲英保佐领下前锋德齐布之妻瓜勒佳氏，仝旗满洲章库佐领下闲散依常阿之妻瓜勒佳氏，正白旗汉军白达色佐领下披甲巴善之妻温氏，正红旗满洲莫尔庚额佐领下披甲拜哈塔之妻尼玛齐氏，镶白旗满洲奇克腾佐领下披甲乌灵阿之妻瓜勒佳氏，仝旗满洲迈喀那佐领下披甲楚色之妻尼玛齐氏，镶蓝旗满洲富德佐领下骁骑校德尔图之妻莫勒哲勒氏，仝佐领下披甲色克孙之妻都勒氏，同佐领下闲散巴三泰之妻瓜勒佳氏，鸟枪营镶蓝旗汉军刘英贤佐领下闲散萧永之妻刘氏，打牲乌拉正黄旗满洲八十九佐领下披甲那珠拉之妻穆衔氏，镶白旗满洲汪什保佐领下幼丁扎尔泰之妻鄂齐达氏，正蓝旗满洲绰普泰佐领下披甲塔克保之妻伊尔根觉啰氏，官庄壮丁吴宗秀之妻刘氏，赫尔苏边门台丁王国良之妻范氏。

乾隆四十七年旌表　正黄旗满洲英保佐领下领催那尔泰之妻瓜勒佳氏，正白旗满洲永保佐领下披甲乌林布之妻崇阿拉氏，仝佐领下披甲乌林泰之妻莫勒哲勒氏，仝旗满洲满德佐领下披甲万达之妻托阔啰氏，镶白旗满洲托金泰佐领下披甲乌达奇之妻伊尔根觉啰氏，仝旗满洲额勒锦佐领下骁骑校阿拉泰之妻札库塔氏，镶蓝旗满洲依精阿佐领下骁骑校阔尔泰之妻瓜勒佳氏，镶黄旗蒙古常保佐领下披甲金福之妻布尔格和特穷氏，正红旗蒙古德保佐领下披甲卓多博之妻俄木和努特氏，乌枪营正红旗汉军张金佐领下披甲田永才之妻范氏，打牲乌拉镶白旗满洲汪什保佐领下披甲德丰之妻梅和哩氏，镶蓝旗满洲海青佐领下披甲付斯库之妻伊尔根觉啰氏，伊通正黄旗满洲玛金泰佐领下闲散孙德布之妻李氏，阿勒谈额墨勒站壮丁吴凤之妻李氏，伕斯亨站壮丁王芳之妻王氏，伊通边门台丁邢绪之妻李氏。

乾隆四十八年旌表　镶黄旗满洲常明保佐领下披甲蒙果泰之妻伊尔根觉啰氏，正红旗满洲付常阿佐领下闲散噶斯哈之妻宁古台氏，正黄旗满洲七十佐领下披甲巴当阿之妻和叶氏，仝旗满洲章库佐领下披甲苏钦保之妻扎库塔氏，仝佐领下闲散何哈那之妻奇他拉氏，正白旗汉军白达色佐领下领催来柱之妻李氏，仝佐领下披甲哲林之妻王氏，仝佐领下闲散小色之妻康氏，镶白旗满洲依兰泰佐领下披甲齐隆之妻伊拉哩氏，仝旗满洲额勒锦佐领下披甲尼西塔之妻瓜勒佳氏，镶蓝旗满洲依精阿佐领下闲散尼木拉库之妻伊尔根觉啰氏，鸟枪营镶黄旗汉军赛桑阿佐领下披甲苏成美之妻王氏，仝佐领下披甲王有彬之妻谢氏，仝佐领下闲散温国栋之妻王氏，鸟枪营镶红旗汉军杨文汉佐领下披甲马聪儒之妻雷氏，水手营水手徐国章之妻董氏，打牲乌拉正红旗满洲德善佐领下披甲阿扬阿之妻舒佳氏，镶白旗满洲汪什保佐领下披甲乌林保之妻成佳氏，镶红旗满洲色普苏肯佐领下闲散苏霍那之妻沈氏，官庄壮丁祝吉秀之妻仲氏，赫尔苏边门台丁伊栋之妻金氏，伊通边门台丁张外之妻范氏，仝边门台丁孙自美之妻王氏，巴彦额布啰边门台丁蓝美春之妻臧氏，打牲乌拉正黄旗满洲八十九佐领下防御关成之续妻瓜勒佳氏，仝佐领下披甲关泰之妻伊尔根觉啰氏。

乾隆四十九年旌表　镶黄旗满洲奇兰保佐领下披甲富鼐之妻关氏，正白旗满洲依尔占佐领下闲散七十之妻和奢勒氏，正白旗汉军白达色佐领下闲散玛尔赛之妻瓜勒佳氏，正红旗满洲扎兰泰佐领下闲散珠音之妻王氏，仝旗满洲阿里善佐领下闲散阿兰泰之妻贝库哩氏，仝佐领下闲散瑚新保之妻楚尔古尔氏，正蓝旗满洲富勒和佐领下闲散巴尔虎之妻韩氏，镶蓝旗满洲木通阿佐领下闲散玛尔吉之妻伊尔根觉啰氏，打牲乌拉镶黄旗满洲苏屯保佐领下闲散玉伦泰之妻瓜勒佳氏，正白旗满洲富格佐领下闲散西格之妻瓜勒佳氏，搜登站壮丁刘琨之妻窦氏，金珠鄂佛啰站壮丁张文之妻张氏。

乾隆五十年旌表　镶黄旗满洲诺莫三佐领下前锋保柱之妻萨克塔氏，仝旗满洲奇兰保佐领下闲散喀勒福之妻傅察氏，正白旗满洲凤德佐领下披甲尼楚克之妻察哈拉氏，仝旗汉军白达色佐领下闲散霍尚之妻张氏，镶红旗满洲永德佐领下骁骑校额克图之妻杨佳氏，正蓝旗满洲那尔呼善佐领下披甲齐林保之妻尼玛齐氏，正红旗蒙古德保佐领下披甲哈林之妻奇尔伦氏，鸟枪营正红旗汉军张金佐领下闲散李金芳之妻李氏，仝佐领下披甲赵官之妻陈氏，水手营水手刘起凤之妻李氏，官庄壮丁金珩之妻张氏，伊通边门台丁范得公之妻郭氏，赫尔苏边门台丁王国宽之妻张氏，仝边门台丁李国清之妻李氏，仝边门台丁詹文英之妻李氏，布尔图库边门台丁田好之妻郑氏。

乾隆五十一年旌表　镶白旗满洲依兰泰佐领下闲散黄保之妻瓜勒佳氏，镶红旗满洲和善佐领下披甲德升阿之妻傅察氏，镶蓝旗满洲付明德佐领下披甲色森泰之妻瓜勒佳氏，仝旗满洲巴虎佐领下闲散色尔珲德之妻乌苏氏，仝旗富德佐领下披甲威根泰之续妻倭霍托特氏，打牲乌拉正白旗满洲托蒙阿佐领下披甲伍达之妻乌扎拉氏，额木赫索啰正白旗满洲扎拉芬佐领下披甲官喜之妻和奢里氏，官庄壮丁刘全福之妻刘氏，官庄壮丁张国起之妻王氏，伊巴丹站壮丁于茂之妻孙氏，仝站壮丁包起彦之妻徐氏，逊扎保站壮丁高永升之妻王氏，造色站壮丁吴洪烈之妻贾氏，布尔图库边门台丁强焕美之妻梁氏，正白旗满洲依尔占佐领下披甲奇格之妻钮呼鲁氏，鸟枪营正白旗汉军王天喜佐领下披甲焦聪之妻张氏。

乾隆五十二年旌表　镶黄旗满洲富德哩佐领下披甲阿布之妻梅和勒氏，正白旗满洲伊尔占佐领下披甲达色之妻陈氏，仝佐领下闲散六森泰之妻格吉勒氏，正红旗满洲珠尔萨佐领下披甲爱色之妻库雅拉氏，镶白旗满洲依兰泰佐领下闲散阿尼雅哈之妻扎库塔氏，仝旗满洲扎禄佐领下披甲那朗阿之妻傅察氏，正蓝旗满洲付勒贺佐领下闲散奇达之妻傅察氏，鸟枪营正白旗汉军王天喜佐领下闲散赵强之妻杨氏，仝营镶白旗汉军苏成琨佐领下闲散杨海山之妻姜氏，仝营镶红旗汉军富宁佐领下闲散四达色之妻尚氏，仝佐领下闲散高聘之妻朴氏，打牲乌拉正黄旗满洲八十九佐领下披甲付隆阿之妻齐塔拉氏，水手营水手董率之妻刘氏，蒐登站壮丁满喜梦之妻李氏，阿勒谈额墨勒站壮丁王喜信之妻马氏，布尔图库边门台丁田景顺之妻宋氏，正蓝旗满洲和成保佐领下闲散噶都善之妻西木噜氏，仝旗满洲付勒贺佐领下闲散阿泰之妻伊尔根觉啰氏，打牲乌拉镶黄旗满洲苏屯保佐领下披甲德富之妻瓜勒佳氏，伊通镶黄旗满洲阿里木佐领下披甲德色之妻瓜勒佳氏。

乾隆五十三年旌表　镶黄旗满洲武德佐领下闲散德音保之妻巴兰多氏，仝旗满洲常明保佐领下披甲三泰之妻乌扎拉氏，正黄旗满洲英保佐领下披甲依亲保之妻延吉氏，仝旗满洲七十佐领下披甲阿明阿之妻伊尔根觉啰氏，仝佐领下闲散托啰之妻王氏，仝旗满洲章库佐领下闲散沙兰泰之妻都噜氏，正白旗满洲依尔占佐领下闲散和森泰之妻萨图噜氏，正红旗满洲额勒登保佐领下闲散赉莫色之妻瓜勒佳氏，正蓝旗满洲和成保佐领下披甲乌尔哈鼐之妻唐氏，镶蓝旗满洲色普苏讷佐领下披甲依亲保之妻伊尔根觉啰氏，正白旗满洲伍朗凯佐领下披甲阿尔达之妻徐氏，鸟枪营镶黄旗汉军杨珩佐领下闲散石宣之妻聂氏，仝营镶红旗汉军富宁佐领下披甲于金礼之妻张氏，仝营镶蓝旗汉军雅钦泰佐领下披甲周作祥之妻黄氏，打牲乌拉镶黄旗满洲苏屯保佐领下闲散额勒登保之妻伊尔根觉啰氏，仝佐领下披甲依勒达木之妻刘氏，镶白旗满洲塔勒玛善佐领下披甲八十六之妻孙氏，额木和索啰正白旗满洲扎拉分佐领下披甲乌三泰之妻阿苏氏，水手营水手王世英之妻白氏，叶赫站壮丁王瑞之妻孙氏。伊通镶黄旗满洲伯勒和讷佐领下披甲西青阿之妻林氏，因被闲散绰霍泰强奸不从，拒伤身死，洵属节烈。

乾隆五十四年旌表　正白旗满洲布禄佐领下披甲常保之妻塔塔拉氏，正红旗满洲辉色佐领下闲散桑格之妻乌扎拉氏，仝佐领下披甲阿兰泰之妻莽都氏，镶红旗满洲舒通阿佐领下闲散满批善之妻扎库塔氏，镶蓝旗满洲盛保佐领下闲散乌林保之妻巴雅拉氏，打牲乌拉正黄旗满洲八十九佐领下闲散德寿之妻李佳氏，正红旗满洲德善佐领下闲散佛林泰之妻伊尔根觉啰氏，镶白旗满洲塔勒玛善佐领下披甲佟泰之妻瓜勒佳氏，伊通镶黄旗满洲伯勒和讷佐领下披甲花山保之妻巴雅拉氏，正黄旗满洲玛金泰佐领下披甲吉林保之妻吉普察氏，仝佐领下闲散赛毕图之妻伊尔根觉啰氏，正黄旗满洲付常阿佐领下披甲八十五之妻傅察氏，正白旗满洲莫尔庚额佐领下闲散德克登保之妻杨氏，镶白旗满洲扎禄佐领下领催双顶之妻伊尔根觉啰氏，镶红旗满洲杨金保佐领下披甲阿格里之妻乌色氏，伊通镶黄旗满洲伯勒和讷佐领下披甲阿金泰之妻巴雅拉氏，仝旗佐领下披甲德林保之妻格吉勒氏，正黄旗满洲玛金泰佐领下披甲西林保之妻傅察氏，同佐领下闲散歪库之妻塔塔拉氏。

乾隆五十五年旌表　镶黄旗满洲武德佐领下骁骑校西三泰之妻傅察氏，仝旗汉军阿吉那佐领下披甲佛保之妻陈氏，正黄旗满洲伍保佐领下披甲鄂亲保之妻瓜勒佳氏，仝旗满洲色普青额佐领下领催延东阿之妻萨克达氏，正白旗汉军瓦里善佐领下披甲保莫尔根之妻孙氏，仝佐领下闲散老格之妻瓜勒佳氏，仝佐领闲散三小儿之妻王氏，正红旗满洲德克精额佐领下闲散倭新保之妻萨克达氏，镶白旗满洲迈喀那佐领下披甲和布讷之妻延扎氏，仝旗满洲扎禄佐领下披甲色楞泰之妻尼玛齐氏，正蓝旗满洲六德佐领下闲散金保之妻沙哲哩氏，镶蓝旗满洲音登额佐领下闲散章色之妻瓜勒佳氏，鸟枪营正白旗汉军王天喜佐领下闲散魏大有之妻李氏，打牲乌拉镶白旗满洲塔勒玛善佐领下披甲富宁保之妻佟佳氏，仝佐领下闲散桃柱之妻瓜勒佳氏，正蓝旗满洲莫库哩佐领下披甲祥保之妻伊尔根觉啰氏，水手营水手王增之妻李氏，盟温站壮丁龚建训之妻李氏，伊通边门台丁裴赐明之妻陈氏，仝边门台丁邢自俊之妻范氏，镶白旗满洲额勒锦佐领下披甲明保之妻西克特哩氏，仝佐领下披甲富忠阿之妻瓜勒佳氏，伊通镶黄旗满洲伯勒和讷佐领下领催三格之妻尤布噜氏，仝佐领下闲散古三太之妻舒穆噜氏，水手营水手高怀志之妻于氏。

乾隆五十六年旌表　镶黄旗满洲诺莫三佐领下披甲台格之妻伊尔根觉啰氏，仝佐领下披甲阿尔松阿之妻瓜勒佳氏，仝佐领下披甲德智之妻瓜勒佳氏，正白旗满洲章保佐领下岳伦泰之妻乌扎霍氏，正红旗满洲武章阿佐领下领催拜西哈拉之妻傅察氏，仝旗满洲阿里善佐领下披甲德奇那之妻傅察氏，镶白旗满洲迈喀那佐领下披甲格绷额之妻傅察氏，镶红旗满洲喀尔吉善佐领下披甲和楞额之妻瓜勒佳氏，正蓝旗满洲和成保佐领下闲散怀凌阿之妻萨克达氏，镶白旗蒙古乌勒讷佐领下披甲绰普托之妻察普奇努特氏，打牲乌拉镶黄旗满洲苏屯保佐领下幼丁伍格之妻伊尔根觉啰氏，伊通镶黄旗满洲伯勒和讷佐领下披甲僧保之妻尼玛齐氏，水手营水手刘国荣之妻张氏，仝营水手张英起之妻王氏，仝营水手张三儿之妻李氏，逊扎保站壮丁吴旺之妻杨氏，镶黄旗满洲付官保佐领下披甲温奇和讷之妻札库塔氏，正蓝旗满洲色普苏讷佐领下披甲伍禄善之妻傅察氏，打牲乌拉正蓝旗满洲莫库哩佐领下幼丁青山之妻瓜勒佳氏。

乾隆五十七年旌表　镶黄旗满洲常明保佐领下披甲塔勒玛善之妻瓜勒佳氏，正黄旗满洲付勒呼讷佐领下披甲阿尔苏兰之妻伊尔根觉啰氏，正白旗汉军瓦里善佐领下闲散赛萨那之妻王氏，正红旗满洲德克精额佐领下披甲阿林之妻乌扎拉氏，镶白旗满洲乌云泰佐领披甲那尔呼善之妻延扎氏，仝佐领下领催拉敦保之妻瓜勒佳氏，镶红旗满洲苏林保佐领下闲散灵官保之妻乌苏氏，正蓝旗满洲六德佐领下披甲付全保之妻塔塔拉氏，镶蓝旗满洲色普苏讷佐领下领催六十之妻塔塔拉氏，仝佐领下闲散多尔吉之妻萨克达氏，仝旗满洲音登额佐领下披甲罕泰之妻瓜勒佳氏，仝佐领下领催和勒泰之妻蒙阔索氏，镶红旗蒙古南海佐领下领催八达色之妻乌扎拉氏，鸟枪营镶黄旗汉军杨珩佐领下披甲苏成章之妻孙氏，同营正白旗汉军李华佐领下闲散邢义林之妻黄氏，仝营镶白旗汉军苏成琨佐领下闲散鲁刚之妻雷氏，打牲乌拉镶红旗满洲阿扬阿佐领下披甲巴凌阿之妻瓜勒佳氏，正蓝旗满洲莫库哩佐领下幼丁保儿之妻郭佳氏，镶蓝旗满洲喀尔沁佐领下披甲乌彦保之妻张佳氏，伊通镶黄旗满洲伯勒和讷佐领下闲散索佳之妻傅察氏，伊通正黄旗满洲德礼佐领下披甲海保之妻尼玛齐氏，仝佐领下闲散和尔泰之妻舒木鲁氏，仝佐领下领催七星保之妻林氏，登伊勒哲库站壮丁刘刚之妻于氏。

乾隆五十八年旌表　镶黄旗满洲武成额佐领下披甲傅勒呼讷之妻巴尔塔氏，仝旗满洲傅官保佐领下领催伍屯保之妻托阔啰氏，正白旗汉军瓦里善佐领下披甲额隆额之妻程氏，正红旗满洲德克精厄佐领下披甲玛三保之妻瓜勒佳氏，镶白旗满洲他金保佐领下幼丁巴勒都之妻巴林氏，镶红旗满洲和德佐领下披甲德斯呼里之妻李氏，正蓝旗满洲凌泰佐领下闲散倭西布之妻瓜勒佳氏，镶蓝旗满洲色普苏讷佐领下闲散禄升之妻扎库塔氏，镶红旗蒙古南海佐领下披甲托克托霍之妻喀尔沁氏，鸟枪营镶黄旗汉军杨珩佐领下闲散李俊之妻刘氏，仝营镶蓝旗汉军雅钦泰佐领下闲散谢三义之妻王氏，仝佐领下披甲郑宗贤之妻张氏，官庄壮丁于宗元之妻陈氏，伊通镶黄旗满洲伯勒和讷佐领下披甲塔林保之妻乔氏，正黄旗满洲德来佐领下闲散萨拉那之妻张氏，厄木和索罗正白旗满洲伍绷厄佐领下披甲伯奇西之妻格吉勒氏，伊通边门台丁朱朝斌之妻王氏，仝边门台丁赵有柱之妻林氏，仝边门台丁谢林之妻塔氏，正黄旗满洲八十佐领下披甲付善之妻伊尔根觉啰氏，正红旗满洲景山佐领下披甲傅伦之妻尼玛察氏，镶红旗满洲巴善佐领下披甲诺尔布之妻傅塔氏，仝旗满洲苏林保佐领下闲散索海之妻尼玛察氏。

乾隆五十九年旌表　正黄旗满洲付勒呼讷佐领下闲散尼伦保之妻瓜勒佳氏，正白旗满洲平德佐领下闲散乌勒呼讷之妻瓜勒佳氏，镶白旗满洲塔金保佐领下幼丁苏鲁那之妻倭海氏，镶白旗满洲迈喀那佐领下闲散河林保之妻瓜勒佳氏，仝佐领下闲散付德之妻扎库塔氏，镶红旗满洲苏林保佐领下闲散武德之妻莫勒德哩氏，仝旗满洲和德佐领下披甲阿尔善之妻瓜勒佳氏，正蓝旗满洲六德佐领下披甲都保之妻傅察氏，仝佐领下闲散阿克占之妻瓜勒佳氏，镶蓝旗满洲音登额佐领下闲散那尔姜之妻宋氏，仝旗满洲盛保佐领下领催章保之妻瓜勒佳氏，仝佐领下披甲托音保之妻莽弩图氏，正红旗蒙古官德佐领下披甲阿图之妻额鲁伦氏，乌枪营镶红旗汉军付宁佐领下披甲王永肇之妻王氏，打牲乌拉正红旗满洲布兰泰佐领下披甲德青之妻刚佳氏，正蓝旗满洲莫库哩佐领下披甲莫色那之妻伊尔根觉啰氏，伊通正黄旗满洲付成佐领下披甲佟泰之妻赵氏，仝佐领下披甲额勒登保之妻尼玛察氏，苏瓦延站壮丁王英明之妻李氏。

乾隆六十年旌表　镶黄旗满洲付官保佐领下披甲来青之妻温都氏，仝佐领下委署[1]骁骑校黑勒之妻梅和勒氏，正黄旗满洲付常阿佐领下前锋丰保之妻伊尔根觉啰氏，正白旗满洲平德佐领下披甲杨保之妻扎库台氏，正红旗满洲金山佐领下披甲官德之妻瓜勒佳氏，仝佐领下披甲依林保之妻扎呼台氏，镶白旗满洲乌云泰佐领下披甲付常之妻延扎氏，仝旗满洲哈丰阿佐领下披甲付常保之妻乌扎拉氏，镶红旗满洲和德佐领下披甲阿勒呼善之妻尼玛察氏，仝旗满洲巴善佐领下披甲苏章阿之妻吴氏，正蓝旗满洲凌泰佐领下披甲卓尔多之妻乌扎拉氏，仝旗满洲聂森保佐领下领催喜常之妻王氏，镶蓝旗满洲音登额佐领下披甲爱新泰之妻盛氏，仝旗满洲明山佐领下披甲拉朗阿之妻格吉勒氏，仝旗满洲丰盛额佐领下披甲那苏拉之妻徐氏，正黄旗蒙古扎木苏佐领下披甲白勒果之妻蒙古索

① “署”，抄本原缺，点校本补。

氏，正蓝旗蒙古青山佐领下前锋玛森保之妻喀库兽氏，鸟枪营镶蓝旗汉军雅钦泰佐领下披甲关惠升之妻李氏，打牲乌拉正白旗满洲凌山佐领下幼丁德成之妻伊尔根觉啰氏，镶红旗满洲阿扬阿佐领下披甲全德之妻瓜勒佳氏，仝佐领下幼丁雅尔呼奇之妻常佳氏，镶蓝旗满洲喀尔沁佐领下披甲九十五之妻雍瓦佳氏，水手营水手沈琢之妻杨氏，水手营水手何永贤之妻黄氏，水手营水手王秉义之妻李氏，伊巴丹站壮丁李永泰之妻王氏，叶赫站壮丁李桐之妻刘氏。

嘉庆元年旌表　镶黄旗满洲常明保佐领下披甲金德保之妻扎库塔氏，正黄旗满洲八十佐领下披甲珠尔干那之妻瓜勒佳氏，仝旗满洲色普青额佐领下披甲苏当阿之妻扎拉拉氏，仝佐领下披甲阿法哈之妻背瑚鲁氏，正白旗满洲布禄佐领下披甲苏扎那之妻乌苏氏，正红旗满洲金山佐领下披甲色尔古德之妻库德氏，镶白旗满洲乌云泰佐领下披甲色克亲保之妻朱氏，仝佐领下闲散万寿之妻伊尔根觉罗氏，仝旗满洲塔金保佐领下披甲额林保之妻察哈拉氏，仝旗满洲扎禄佐领下披甲罗林泰之妻瓜勒佳氏，镶红旗满洲苏林保佐领下前锋灵官保之妻蒙古索氏，仝旗满洲喀尔奇善佐领下披甲阿林保之妻伊尔根觉啰氏，镶蓝旗满洲音登额佐领下披甲厄勒金保之妻关氏，镶蓝旗蒙古舒伦保佐领下披甲德尔图之妻俄木根努特氏，鸟枪营镶蓝旗汉军雅钦泰佐领下披甲刘起公之妻李氏，打牲乌拉镶红旗满洲阿扬阿佐领下幼丁瑚成之妻侯佳氏，官庄壮丁沈成弼之妻崔氏，伊通镶黄旗满洲伯勒和讷佐领下披甲鄂隆阿之妻瓜勒佳氏，厄木和索啰正白旗满洲多伦保佐领下披甲西金保之妻莫勒德哩氏，登伊勒哲库站壮丁于尚秀之妻王氏，舒兰站壮丁王连之妻龙氏，赫尔苏边门台丁程焕之妻李氏，仝边门台丁李忠显之妻王氏。

嘉庆二年旌表　镶黄旗满洲常明保佐领下披甲德克精厄之妻尼玛察氏，仝旗汉军英保佐领下披甲阿音泰之妻刘氏，正黄旗满洲付常阿佐领下闲散乌尔古善之妻尼玛齐氏，仝佐领下披甲巴格之妻乌苏氏，仝旗满洲永泰佐领下披甲叶酬之妻王氏，仝旗满洲德山佐领下披甲爱新保之妻塔塔拉氏，仝旗满洲付勒呼讷佐领下披甲莫尔色之妻瓜勒佳氏，仝旗满洲色普青额佐领下披甲付尔善之妻都噜氏，正白旗满洲平德佐领下披甲依林保之妻瓜勒佳氏，仝佐领下闲散珠兰泰之妻托库塔氏，仝旗汉军瓦里善佐领下披甲西楞泰之妻延扎氏，正红旗满洲德克精厄佐领下披甲巴彦图之妻图莫特氏，镶白旗满洲乌云泰佐领下闲散三奇喀之妻和图哩氏，仝旗满洲塔金保佐领下披甲南泰之妻舒噜木氏，仝旗满洲迈喀那佐领下披甲木和德之妻瓜勒佳氏，镶红旗满洲苏林保佐领下披甲瑚新保之妻瓜勒佳氏，仝佐领下闲散巴海之妻瓜勒佳氏，仝旗满洲巴善佐领下三等侍卫木克登保之妻乌苏氏，仝旗满洲和德佐领下披甲泰保之妻布雅木吉氏，正蓝旗满洲六德佐领下披甲伯都讷之妻亨奇勒氏，仝旗满洲福顺佐领下披甲杨寿之妻奇他拉氏，镶蓝旗满洲明山佐领下披甲阿森保之妻傅察氏，正白旗蒙古德林保佐领下前锋努木奇之妻和图哩氏，鸟枪营镶黄旗汉军杨珩佐领下披甲朱孝顺之妻王氏，仝佐领下披甲苏彬之妻张氏，仝营正黄旗汉军张德儒佐领下闲散屈德荣之妻刘氏，同营镶红旗汉军付宁佐领下闲散张秉之妻金氏，打牲乌拉镶黄旗满洲乌林保佐领下幼丁德噜之妻那拉氏，正黄旗满洲花山佐领下幼丁三德之妻傅察氏，正红旗满洲明德佐领下领催托啰之妻傅察氏，仝佐领下披甲佟保住之妻瓜勒佳氏，镶白旗满洲塔拉玛善佐领下披甲付德之妻谢佳氏，正蓝旗满洲莫库哩佐领下幼丁乌苏哩之妻曾佳氏，法特哈站壮丁薛秉礼之妻王氏，伊通边门台丁赵文奎之妻常氏，布尔图库边门台丁郭发德之妻温氏。

嘉庆三年旌表　镶黄旗满洲武成厄佐领下闲散张四之妻傅察氏，仝旗满洲常明保佐领下披甲额勒什保之妻傅察氏，仝旗汉军英保佐领下闲散田福之妻王氏，正黄旗满洲付常阿佐领下披甲灵宫保之妻依库禄氏，仝旗满洲永泰佐领下披甲老格之妻伊尔根觉啰氏，仝旗满洲德山佐领下披甲木新保之妻乌扎拉氏，正白旗满洲阿林保佐领下闲散芬珠勒之妻巴雅拉氏，仝旗满洲平德佐领下披甲那尔善之妻佟佳氏，仝旗汉军瓦里善佐领下闲散巴凌阿之妻张氏，正红旗满洲金山佐领下披甲英善之妻扎克丹氏，仝旗满洲阿里善佐领下披甲布勒他珲之妻瓜勒佳氏，镶红旗满洲巴善佐领下披甲图桑阿之妻扎拉拉氏，仝旗满洲喀尔吉善佐领下披甲伍尔奇楞之妻和奢勒氏，仝佐领下披甲依常阿之妻傅察氏，正蓝旗满洲六德佐领下闲散德亮之妻那拉氏，仝旗满洲聂森保佐领下闲散色尔布之妻瓜勒佳氏，镶蓝旗满洲音登厄佐领下披甲依三保之妻瓜勒佳氏，仝旗满洲明保佐领下云骑尉松山之妻莫勒德哩氏，镶白旗蒙古傅格佐领下领催常西保之妻克勒特氏，鸟枪营镶红旗汉军付宁佐领下闲散阿连栋之妻李氏，仝佐领下闲散龚永之妻王氏，打牲乌拉镶白旗满洲塔勒玛善佐领下幼丁全尚之妻陈佳氏，镶蓝旗满洲喀尔沁佐领下幼丁珠哩奇之妻韩佳氏，仝佐领下幼丁忠保之妻高佳氏，官庄壮丁谢金禄之妻姜氏，壮丁杨猛之妻胡氏，厄木和索啰正白旗满洲多伦保佐领下闲散和保之妻伊尔根觉啰氏，拉林多欢站壮丁陈位之妻鲁氏，水手营水手张德成之妻李氏。

嘉庆四年旌表　镶黄旗满洲付观保佐领下领催达尔善之妻刘氏，仝佐领下披甲永保之妻莫勒德哩氏，仝佐领下闲散忠德之妻伊尔根觉啰氏，仝旗汉军英保佐领下闲散刘索柱之妻杨氏，正黄旗满洲傅常阿佐领下闲散玛尔泰之妻伍扎瑚氏，仝旗满洲永泰佐领下披甲扎拉芬之妻博瑚勒泰氏，仝佐领下披甲巴山之妻傅察氏，正白旗满洲布禄佐领下披甲塔勒毕善之妻奇塔拉氏，仝佐领下披甲西林保之妻郭氏，仝旗满洲平德佐领下闲散双喜之妻伊尔根觉啰氏，镶白旗满洲乌云泰佐领下闲散常明之妻莫勒德哩氏，仝佐领下闲散武成之妻格吉勒氏，仝旗满洲塔金保佐领下披甲那金泰之妻金氏，正蓝旗满洲扎隆厄佐领下闲散巴图噜之妻崇阿拉氏，镶蓝旗满洲图莫德佐领下闲散那苏拉之妻乌苏氏，仝旗满洲音登额佐领下披甲塔金泰之妻傅察氏，打牲乌拉正黄旗满洲花山佐领下幼丁德色讷之妻傅察氏，仝佐领下幼丁德明善之妻穆察氏，正蓝旗满洲富森泰佐领下幼丁英富之妻傅察氏，额穆和索啰正白旗满洲多伦保佐领下披甲沙保之妻札库塔氏，布尔图库边门台丁强儒之妻宋氏，仝边门台丁强俊之妻翟氏，崇古尔库站壮丁王蒲之妻施氏。

嘉庆五年旌表　正黄旗满洲付常阿佐领下闲散僧保之妻傅察氏，仝佐领下闲散依三之妻和叶氏，仝旗满洲永泰佐领下披甲法里善之妻钮瑚噜氏，仝旗满洲色普青额佐领下闲散索金保之妻延扎氏，正白旗满洲平德佐领下图克善之妻瓜勒佳氏，仝旗汉军瓦里善佐领下闲散阿克敦之妻陈氏，正蓝旗满洲德克精额佐领下披甲阿林保之妻钮瑚哩氏，镶红旗满洲舒通阿佐领下披甲赛秉阿之妻伊尔根觉啰氏，镶蓝旗满洲明山佐领下披甲达音保之妻乌扎拉氏，鸟枪营正红旗汉军范廷政佐领下闲散吕宽之妻张氏，仝营正蓝旗汉军史自云佐领下闲散史旺之妻黄氏，水手营水手关德之妻耿氏，打牲乌拉正黄旗满洲花山佐领下幼丁七十五之妻瓜勒佳氏，镶白旗满洲塔勒玛善佐领下披甲德盛之妻陈佳氏，仝佐领下幼丁三达色之妻张佳氏，镶红旗满洲阿扬阿佐领下披甲七十一之妻那拉氏，伊通镶黄旗满洲伯勒和讷佐领下披甲珠森保之妻萨克达氏，伊通正黄旗满洲扎金泰佐领下闲散德尔善之妻伊尔根觉啰氏，仝佐领下闲散巴保之妻莫克吉勒氏，仝佐领下披甲白瑚之妻瓜勒佳氏，仝佐领下闲散鄂凌阿之妻白氏，仝佐领下披甲拜色之妻瓜勒佳氏，逊扎保站壮丁王儒标之妻赵氏，伊勒门站领催王国祚之妻李氏，赫尔苏站壮丁李肇祥之妻刘氏。

嘉庆六年旌表　镶黄旗满洲富观保佐领下披甲西佛讷之妻乌扎拉氏，正黄旗满洲富常阿佐领下闲散沙金泰之妻傅察氏，正红旗满洲金山佐领下领催阿林保之妻巴尔都氏，镶白旗满洲哈丰阿佐领下披甲依当阿之妻焦察氏，仝旗满洲迈喀那佐领下闲散富勒和之妻瓜勒佳氏，正蓝旗满洲六德佐领下披甲塔申泰之妻乌扎拉氏，仝佐领下披甲忠新保之妻那拉氏，鸟枪营镶红旗汉军富宁佐领下披甲宋国泰之妻鲁氏，仝营镶蓝旗汉军雅钦泰佐领下闲散赵连之妻牛氏。镶白旗汉军孙毓辅佐领下闲散龙氏世发之女许字仝佐领下闲散王士焕为室，未婚将伊夫送刑部发遣，时龙氏年甫二十二岁，即奔室守节，孝事孀姑，至嘉庆六年龙氏年逾五旬，茹[1]蘖饮冰，坚持苦节。打牲乌拉正红旗满洲依林保佐领下幼丁常福之

① “茹”，抄本讹作“菇”，点校本改。

妻张佳氏，仝佐领下披甲永福之妻伊尔根觉啰氏，正蓝旗满洲色奇讷佐领下幼丁兴山之妻瓜勒佳氏，伊通正黄旗满洲扎金泰佐领下披甲花山保之妻瓜勒佳氏，萨库哩站壮丁朱纠明之妻陈氏。

嘉庆七年旌表　镶黄旗满洲武成额佐领下闲散德克精额之妻任氏，正白旗满洲阿林保佐领下闲散德伸保之妻察哈拉氏，仝旗满洲岳保佐领下闲散佛保之妻乌扎拉氏，正红旗满洲和钦保佐领下披甲弼三泰之妻依拉哩氏，镶红旗满洲苏林保佐领下闲散阿里善之妻萨克达氏，仝旗满洲舒通阿佐领下闲散舒明阿之妻姚氏，正蓝旗满洲穆滕额佐领下披甲塔林保之妻瓜勒佳氏，仝旗满洲色和德依佐领下闲散富德之妻瓜勒佳氏，仝佐领下骑都尉穆滕额之妻傅察氏，镶蓝旗满洲音登额佐领下闲散万达之妻莫勒德哩氏，镶红旗蒙古南海佐领下披甲巴彦泰之妻郭氏，乌枪营镶黄旗汉军杨珩佐领下闲散张荣贤之妻孙氏，打牲乌拉正红旗满洲依林保佐领下披甲永德之妻[1]康佳氏，镶红旗满洲阿扬阿佐领下领催富金泰之妻乌色氏，水手营水手王连魁之妻郭氏，赫尔苏站壮丁韩连之妻郭氏。

嘉庆八年旌表　正白旗汉军瓦里善佐领下闲散阿扬阿之妻张佳氏，正蓝旗满洲库克精阿佐领下披甲四福之妻瓜勒佳氏，镶蓝旗满洲音登额佐领下闲散玛彦保之妻扎拉拉氏，仝旗满洲图莫德佐领下披甲四十八之妻那里氏，仝旗满洲明保佐领下披甲保住之妻奇他拉氏，乌枪营镶红旗汉军富宁佐领下闲散王绍禄之妻李氏，打牲乌拉镶白旗满洲明德佐领下披甲富建保之妻瓜勒佳氏，镶蓝旗满洲喀尔沁佐领下幼丁章老之妻刘佳氏，仝佐领下披甲和钦保之妻乌色氏，伊通正黄旗满洲扎金保佐领下闲散舒林保之妻瓜勒佳氏。

嘉庆九年旌表　镶黄旗满洲武成佐领下闲散奇勒达勒之妻范氏，仝旗满洲苏勒芳阿佐领下闲散萨林保之妻李氏，仝旗汉军英保佐领下闲散萨林保之妻李氏，正白旗汉军瓦里善佐领下闲散佟德之妻乌扎拉氏，正红旗满洲德克精额佐领下披甲西林保之妻瓜勒佳氏，镶白旗满洲钱保佐

① “妻”，抄本缺，点校本补。

领下闲散官德之妻扎库塔氏，仝旗满洲七十六佐领下闲散夏兰保之妻噶吉塔氏，正篮旗满洲倭和讷佐领下闲散俊格之妻登达拉氏，仝旗满洲凌泰佐领下闲散德楞厄之妻觉啰氏，镶蓝旗满洲音登额佐领下闲散莽泰之妻瓜勒佳氏，正蓝旗蒙古青山佐领下闲散绷海之妻俄哲德氏，鸟枪营镶黄旗汉军黄秀佐领下闲散吴发之妻张氏，仝营正黄旗汉军张德儒佐领下披甲张亮水之妻王氏，阿勒谈额英勒站壮丁张谦玉之妻张氏，打牲乌拉正黄旗满洲花山佐领下幼丁音德穆保之妻鲁佳氏，正白旗满洲凌山佐领下幼丁苏克精额之妻舒穆噜氏，伊通镶黄旗满洲舒尔哈善佐领下闲散卓珲保之妻傅察氏，仝佐领下闲散六金德之妻延扎氏，正黄旗满洲扎金泰佐领下闲散达林泰之妻奇塔拉氏。

嘉庆十年旌表　正黄旗满洲德山佐领下闲散西特库之妻布雅穆吉氏，正白旗满洲阿林保佐领下仓官苏林保之妻库特氏，仝佐领下闲散白青阿之妻傅察氏，镶白旗满洲塔金保佐领下闲散桃奇勒之妻乌扎拉氏，同旗满洲七十六佐领下披甲德保之妻库特氏，镶蓝旗满洲富精佐领下披甲阿克吉保之妻叶尔库勒氏，镶蓝旗满洲图莫德佐领下披甲乌里善之妻傅察氏，仝佐领下披甲台保之妻瓜勒佳氏，镶蓝旗蒙古舒伦保佐领下披甲哈尔秋之妻和尔乌特氏，鸟枪营正黄旗汉军张德儒佐领下披甲曹尚信之妻刘氏，仝佐领下闲散张文盛之妻张氏，伊勒门站壮丁徐才德之妻李氏，退通站壮丁王万魁之妻黄氏，蒙古卡伦站壮丁班文杰之妻赵氏，打牲乌拉正红旗满洲舒勒敦佐领下幼丁额兴额之妻刘佳氏，镶红旗满洲阿扬阿佐领下披甲扎穆之妻瓜勒佳氏，正蓝旗满洲色奇讷佐领下幼丁永都哩之妻夏佳氏，镶蓝旗满洲和常佐领下幼丁乌兆之妻舒穆噜氏，巴彦鄂佛啰边门台丁赵佩达之妻姜氏。

嘉庆十一年旌表　镶黄旗满洲富观保佐领下披甲色尔瑚德之妻舒穆噜氏，仝佐领下闲散玛钦保之妻延扎氏，正黄旗满洲萨音保佐领下佐领费雅森保之妻瓜勒佳氏，仝旗满洲富勒呼讷佐领下披甲德克精额之妻崇阿拉氏，正白旗满洲依三保佐领下闲散和森泰之妻瓜勒佳氏，镶白旗满洲钱保佐领下闲散伍祥之妻瓜勒佳氏，仝旗满洲倭升额佐领下披甲付保之妻乌雅氏，镶红旗满洲依克精阿佐领下闲散倭尔泰之妻韩氏，正蓝旗满洲色和德依佐领下披甲德克登之妻傅察氏，鸟枪营正白旗汉军穆通阿佐领下披甲张永达之妻于氏，仝营镶红旗汉军富宁佐领下闲散王朝祚之妻于氏，打牲乌拉镶黄旗满洲乌林保佐领下幼丁博勒滚之妻佟佳氏，仝佐领下披甲阿图里之妻康佳氏，正黄旗满洲瑚新保佐领下幼丁钱保之妻郭佳氏，镶红旗满洲阿扬阿佐领下披甲西成额之妻常佳氏，巴彦鄂佛啰边门台丁牛元才之妻陈氏。

嘉庆十二年旌表　正黄旗满洲萨音保佐领下闲散爱兴阿之妻乌扎拉氏，仝旗满洲德善佐领下闲散常安之妻瓜勒佳氏，仝旗满洲色普青额佐领下披甲付海之妻阔奇拉氏，正白旗汉军雅钦泰佐领下披甲社林泰之妻王氏，仝佐领下闲散兴海之妻李氏，镶白旗满洲七十六佐领下闲散佛保之妻尼玛察氏，正蓝旗满洲倭和讷佐领下闲散乌云珠之妻鄂钮托氏，仝旗满洲色和德依佐领下闲散依林保之妻业尔库勒氏，鸟枪营正白旗汉军穆通阿佐领下闲散刘发之妻郑氏，仝营正蓝旗汉军凌善保佐领下披甲张贤德之妻张氏，水手营水手张玉之妻吕氏，水手徐三儿之妻姚氏，叶赫站壮丁田景山之妻范氏，打牲乌拉镶红旗满洲阿扬阿佐领下幼丁巴德之妻刘佳氏，伊通正黄旗满洲永海佐领下披甲瑚新保之妻秀莫哩氏。

嘉庆十三年旌表　正白旗满洲图勒斌佐领下闲散额勒精额之妻李氏，仝旗满洲岳保佐领下闲散依保之妻桃布氏，仝旗满洲佛尔庆额佐领下闲散扎拉芬之妻佟佳氏，仝旗满洲额楞保佐领下闲散德胜保之妻瓜勒佳氏，镶白旗满洲钱保佐领下闲散英保之妻傅察氏，镶蓝旗满洲明保佐领下闲散达林保之妻张氏，仝旗佐①领下闲散托精阿之妻傅察氏，鸟枪营正黄旗汉军张德儒佐领下披甲乌尔公阿之妻杜氏，仝营正白旗汉军穆通阿佐领下闲散李良栋之妻张氏，仝佐领下闲散刘世通之妻杨氏，仝营正红旗汉军黄政武佐领下闲散巴海之妻赵氏，仝营镶白旗汉军德有佐领

① “佐”，抄本缺，点校本补。

下闲散张柱之妻洪氏，玛延官壮丁周文才之妻夏氏，伊勒门站壮丁宋辉汉之妻鲁氏，苏瓦[1]延站壮丁刘珍之妻穆氏，打牲乌拉正黄旗汉军瑚新保佐领下披甲勒穆故讷之妻延扎氏，正白旗满洲音德保佐领下幼丁精山之妻鄂尔霍楚克氏，伊通边门领催谢延魁之妻朱氏，巴彦鄂佛罗边门台丁杨琨之妻王氏，仝边门台丁杨成亮之妻刘氏。

嘉庆十四年旌表　镶黄旗满洲武成额佐领下披甲阿克栋阿之妻傅察氏，仝旗满洲富观保佐领下领催乌尔霍之妻尼玛察氏，正红旗满洲和钦保佐领下披甲奇克腾额之妻库雅拉氏，同旗满洲伯庆阿佐领下闲散索柱之妻尼玛齐氏，镶白旗满洲和福佐领下闲散雅尔泰之妻布尔精氏，镶红旗满洲舒通阿佐领下披甲古尔泰之妻瓜勒佳氏，正蓝旗满洲色和德依佐领下闲散孙柱之妻乌色氏，仝佐领下闲散付成之妻迟氏，仝旗满洲凌泰佐领下闲散富永之妻王氏，仝佐领下闲散雅哈那之妻莫勒德勒氏，镶蓝旗满洲明山佐领下闲散阿凌阿之妻瓜勒佳氏，仝旗满洲明保佐领下闲散额勒登保之妻傅察氏，鸟枪营镶黄旗汉军黄秀佐领下披甲冯寿礼之妻赵氏，仝佐领下闲散徐珮之妻沙氏，仝营正白旗汉军穆通阿佐领下披甲闫成之妻李氏，仝营镶蓝旗汉军依凌阿佐领下披甲刘兴太之妻周氏，盟温站壮丁袭训之妻白氏，打牲乌拉镶黄旗满洲乌林保佐领下幼丁哈金泰之妻乌色氏，镶蓝旗满洲和常佐领下幼丁西勒富阿之妻瓜勒佳氏，伊通边门台丁赵薰之妻马氏，仝边门台丁赵文盛之妻赵氏，巴彦鄂佛啰边门台丁张义之妻杨氏。

嘉庆十五年旌表　镶黄旗满洲武成额佐领下闲散穆崇阿之妻图哩氏，仝旗满洲苏勒芳阿佐领下披甲富英阿之妻伊尔根觉啰氏，仝旗汉军英保佐领下闲散常保之妻贾氏，正黄旗满洲德山佐领下披甲德林保之妻张氏，正白旗满洲和顺佐领下闲散登保之妻亨奇勒氏，正红旗满洲德盛佐领下闲散韩保之妻延扎氏，仝佐领下协领那孙保之妻瓜勒佳氏，镶白

① “瓦”，抄本缺。苏瓦延站为清代驿站系统中吉林至奉天站所经之站，即双杨站，点校本补。

旗满洲和福佐领下披甲富青阿之妻刘氏，镶红旗满洲色克精额佐领下领催察阿之妻博里果特氏，镶白旗蒙古穆隆阿佐领下披甲雅钦保之妻刘氏，鸟枪营正红旗汉军黄政武佐领下闲散赵连之妻方氏，仝佐领下闲散张天儒之妻党氏，仝佐领下闲散李俊之妻陈氏，仝营正蓝旗汉军凌善保佐领下披甲盛杰之妻王氏，水手营水手魏有根之妻韩氏，苏瓦延站壮丁赵起官之妻尚氏，赫尔苏站壮丁王云公之妻张氏，逊扎保站壮丁起之妻李氏，官庄壮丁王辉先之妻张氏，打牲乌拉镶红旗满洲福禄佐领下领催富尔庆阿之妻伊尔根觉啰氏，镶蓝旗满洲和常佐领下披甲五十四之妻瓜勒佳氏，巴彦鄂佛罗边门台幼丁黄高之妻苗氏。

嘉庆十六年旌表　镶黄旗满洲富明佐领下闲散雅钦泰之妻吕氏，正黄旗满洲色普青额佐领下佐领章库之妻瓜勒佳氏，正白旗满洲图勒斌佐领下披甲库克金保之妻索绰啰氏，仝旗汉军田景石佐领下披甲七十三之妻熊氏，仝佐领下闲散德宁之妻谢氏，镶白旗满洲乌云保佐领下披甲达林保之妻瓜勒佳氏，镶红旗满洲色克精额佐领下都京护军参领花连保之妻瓜勒佳氏，正蓝旗满洲六十一佐领下闲散达冲阿之妻什什勒氏，仝旗满洲穆隆阿佐领下披甲依勒当阿之妻乌苏氏，镶蓝旗满洲依屯佐领下闲散塔吉之妻白氏，正白旗蒙古德林保佐领下披甲什柱之妻博尔锦氏，正红旗蒙古苏勒芳阿佐领下披甲吉朗阿之妻博里果特氏，鸟枪营正红旗汉军黄政武佐领下闲散吕占元之妻杨氏，仝营正蓝旗汉军徐恒佐领下闲散张明喜之妻孙氏，水手营水手沈志祥之妻龚氏，蒐登站壮丁常永盛之妻徐氏，伊巴丹站壮丁包起鹏之妻张氏，仝站壮丁徐文樊之妻李氏，社哩站壮丁王永富之妻雷氏，官庄壮丁周文广之妻彭氏，打牲乌拉镶白旗满洲达春佐领下披甲双孝之妻姜佳氏，伊通镶黄旗满洲和绷额佐领下闲散来保之妻那拉氏，伊通正黄旗满洲永海佐领下闲散常明之妻傅察氏，布尔图库边门台丁郭发保之妻宋氏。

吉林理事厅　嘉庆六年旌表　贞女张氏，系厅民张洪业之长女，许字李本业为室，未婚夫亡，张氏年甫二十一岁，即奔丧守节，孝事霜姑，至嘉庆六年张氏年逾五旬，茹蘗饮冰，坚持苦节。

嘉庆十一年旌表　烈妇刘马氏，系厅民刘桂之妻，因被王兴文调奸不从，被杀身死，洵属节烈。

嘉庆十三年旌表　烈妇田刘氏，系厅民田起发之妻，被服制夫兄田起升强行奸污，羞忿自经。核其情节，实系猝遭强暴，力不能支，委属势之不敌，非其节之不固，被污之后，茹愤含冤，刻即捐躯明志。

长春厅　嘉庆九年旌表　烈妇纪李氏，系厅民纪永寿之妻，因被谈文亮调奸不从，被杀身死，洵属节烈。

以上吉林地方节妇八百五十七名，烈妇四名，贞女三名。

宁古塔地方　乾隆三十年旌表　镶白旗满洲西拉佐领下披甲依库哩之妻梁氏，镶红旗满洲苏亲保佐领下披甲满珠那之妻尼玛察氏。

乾隆三十一年旌表　镶白旗满洲西拉佐领下披甲当都之妻萨克达氏。

乾隆三十二年旌表　镶黄旗满洲德保佐领下披甲诺尔图之妻阿苏塔氏，镶白旗满洲西楞泰佐领下披甲德斯泰之妻傅察氏。

乾隆三十三年旌表　镶黄旗满洲扎尔泰佐领下披甲八十一之妻乌苏氏，镶蓝旗满洲穆金泰佐领下披甲音保之妻郭罗氏，镶蓝旗满洲巴扎尔佐领下披甲马尔泰之妻莫勒哲勒氏。

乾隆三十四年旌表　正白旗满洲瑚西塔佐领下披甲英保之妻傅察氏，仝佐领下披甲阿尔佐善之妻瓜勒佳氏。

乾隆三十五年旌表　镶黄旗满洲扎尔泰佐领下披甲富尔吉那之妻萨克达氏，仝旗满洲额尔图佐领下披甲六格之妻乌苏氏，正黄旗满洲丑格佐领下闲散呼尔布善之妻伊尔根觉啰氏。

乾隆三十六年旌表　镶黄旗满洲忠什保佐领下披甲伕保之妻宁古塔氏，镶白旗满洲扎勒毕善佐领下闲散登鼐之妻奇奇哩氏，正红旗满洲阿尔色兰佐领下披甲汪阿哩之妻托阔啰氏，镶红旗满洲金保佐领下披甲和奔泰之妻尼玛察氏。

乾隆三十七年旌表　镶白旗满洲伍三保佐领下披甲西噶泰之妻姜氏。

乾隆四十年旌表　镶黄旗满洲忠什保佐领下披甲拉斯泰之妻宁古塔氏，正白旗满洲元保佐领下披甲乌伦泰之妻乌扎拉氏，仝佐领下闲散富奎之妻傅察氏，镶红旗满洲金保佐领下披甲佛保之妻傅察氏，镶蓝旗满洲巴扎尔佐领下披甲雅克舒之妻格吉勒氏。

乾隆四十一年旌表　镶黄旗满洲忠什保佐领下披甲贝森保之妻布雅穆吉氏，镶白旗满洲扎勒毕善佐领下闲散吉保佳之妻乌扎拉氏，正蓝旗满洲依常阿佐领下披甲奈亲保之妻莫勒哲勒氏，正红旗满洲卓勒博佐领下披甲常凌之妻伊尔根觉啰氏。

乾隆四十二年旌表　镶黄旗满洲忠什保佐领下披甲伍秋之妻姚氏。

乾隆四十三年旌表　镶红旗满洲金保佐领下披甲六格之妻伊尔根觉罗氏。

乾隆四十四年旌表　镶黄旗满洲英赉佐领下领催乌察拉之妻傅察氏，正白旗满洲元保佐领下披甲常山之妻傅察氏。

乾隆四十五年旌表　镶黄旗满洲阿兰泰佐领下闲散白勒之妻李氏，正白旗满洲元保佐领下闲散拉哈那之妻乌苏氏，镶白旗满洲扎勒毕善佐领下闲散八十七之妻韩氏，仝佐领下披甲那兰泰之妻瓜勒佳氏，仝佐领下闲散坡连之妻朱氏，正黄旗满洲萨音保佐领下披甲索住之妻萨克达氏，仝佐领下披甲莫尔布之妻札库塔氏，镶蓝旗满洲巴扎尔佐领下披甲拉巴之妻莫勒哲勒氏。

乾隆四十六年旌表　镶白旗满洲玛金泰佐领下闲散巴彦保之妻伊拉拉氏，正黄旗满洲萨音保佐领下披甲爱苏拉之妻孟氏。

乾隆四十七年旌表　镶黄旗满洲安福佐领下闲散六十一之妻延吉氏。

乾隆四十九年旌表　镶蓝旗满洲巴扎尔佐领下披甲田保之妻托阔啰氏。

乾隆五十年旌表　镶黄旗满洲安福佐领下披甲玛里善之妻舒穆噜氏。

乾隆五十一年旌表　正黄旗满洲阿兰泰佐领下披甲色克图之妻莫勒哲勒氏，镶红旗满洲福禄佐领下闲散永山之妻莫勒哲勒氏。

乾隆五十二年旌表　正白旗满洲色勒佐领下闲散吉林保之妻托阔啰氏，正黄旗满洲明保佐领下披甲美西之妻郭洛啰氏，仝旗满洲阿兰泰佐领下披甲德舒之妻舒禄啰氏，正红旗满洲卓勒博佐领下闲散杨古达之妻赵氏，镶红旗满洲福禄佐领下闲散巴兰泰之赛伊尔根觉啰氏。

乾隆五十三年旌表　镶黄旗满洲安福佐领下闲散八十六之妻舒木噜氏，仝佐领下闲散额依泰之妻萨克达氏，正白旗满洲色勒佐领下闲散乌巴哈之妻舒木噜氏，正蓝旗满洲依常阿佐领下披甲绰阔诺之妻瓜勒佳氏，正黄旗满洲阿兰泰佐领下披甲丰保之妻托阔啰氏，正红旗满洲卓勒博佐领下披甲法林保之妻傅察氏。

乾隆五十四年旌表　镶黄旗满洲安福佐领下闲散付凌阿之妻乌苏氏，同佐领下披甲付住之妻宁古塔氏，正蓝旗满洲依常阿佐领下披甲德奇博之妻李氏，镶红旗满洲福禄佐领下披甲乌尔格什之妻尼玛察氏。

乾隆五十五年旌表　正白旗满洲色勒佐领下闲散达森保之妻傅察氏，镶白旗满洲扎勒毕善佐领下闲散伯都讷之妻林氏，仝佐领下披甲霍绅泰之妻乌扎拉氏，镶红旗满洲付禄佐领下闲散登吉泰之妻傅察氏，仝佐领下披甲付成德之妻瓜勒佳氏，镶蓝旗满洲巴扎尔佐领下披甲英额之妻托克罗氏。

乾隆五十六年旌表　镶白旗满洲那金保佐领下披甲巴尔苏之妻孟佳氏，仝佐领下披甲哈金泰之妻傅察氏，正红旗满洲乌云保佐领下披甲禄苏之妻伊尔根觉啰氏，镶蓝旗满洲巴扎尔佐领下披甲嘉呼善之妻莫勒德勒氏。

乾隆五十七年旌表　正黄旗满洲依常阿佐领下闲散法林保之妻赵氏，正红旗满洲付珠禄佐领下披甲特穆西勒之妻扎拉哩氏，仝佐领下闲散色呼岱之妻札库塔氏。

乾隆五十八年旌表　镶白旗满洲付勒洪阿佐领下闲散五十九之妻傅察氏，正黄旗满洲黄德佐领下闲散五十七之妻伊尔根觉啰氏，正红旗满洲乌云保佐领下披甲额勒德善之妻和叶氏，镶红旗满洲福禄佐领下披甲瑚德之妻傅察氏。

乾隆五十九年旌表　镶黄旗满洲图福佐领下披甲富贵之妻姚氏，镶白旗满洲拿金保住佐领下闲散常德之妻西克德勒氏，镶红旗满洲福禄佐领下领催富兴保之妻舒木噜氏，仝佐领下披甲依林保之妻瓜勒佳氏。

乾隆六十年旌表　镶黄旗满洲图福佐领下闲散海常之妻瓜勒佳氏，同旗满洲安福佐领下披甲巴扬阿之妻西克德勒氏，镶白旗满洲富勒洪阿佐领下披甲英升额之妻乌苏氏，正蓝旗满洲依常阿佐领下披甲依精阿之妻舒木噜氏，仝佐领下披甲官全之妻乌苏氏，正黄旗满洲木吉那佐领下披甲扬福保之妻尼玛察氏，镶红旗满洲福禄佐领下披甲曾福之妻傅察氏，仝[①]佐领下披甲达呼布之妻王佳氏，仝佐领下披甲苏隆额之妻瓜勒佳氏。

嘉庆元年旌表　正白旗满洲色依楞额佐领下闲散额勒登额之奏托阔啰氏，正黄旗满洲安福佐领下闲散付春慎之妻孙氏，正黄旗满洲黄德佐领下前锋倭兴额之妻瓜勒佳氏，仝佐领下披甲塔新保之妻扎克台氏，镶红旗满洲佛伏佐领下披甲七保之妻[②]宁古台氏。

嘉庆二年旌表　镶黄旗满洲安福佐领下闲散哈尔吉那之妻扎拉哩氏，镶白旗满洲南进保佐领下闲散那伦泰之妻莫勒哲勒氏，正蓝旗满洲依常阿佐领下披甲玛新保之妻和叶氏，正黄旗满洲木吉那佐领下前锋保泰之妻乌扎拉氏，仝佐领下闲散德克精额之妻和社勒氏，正红旗满洲付珠禄佐领下披甲富明德之妻萨克达氏，仝佐领下披甲徐德保之妻傅察氏，镶红旗满洲佛保佐领下披甲乌尔滚泰之妻伊尔根觉啰氏。

① “仝”，抄本缺，点校本补。

② “妻”，抄本作“宁”，点校本改。

嘉庆三年旌表　镶白旗满洲南进保佐领下闲散台尚阿之妻扎克达氏，仝佐领下闲散依奇那之妻瓜勒佳氏，仝佐领下闲散温德之妻布雅木吉氏，正黄旗满洲穆吉那佐领下闲散依林保之妻傅察氏，正红旗满洲付珠禄佐领下披甲乌拉登额之妻尼玛察氏，镶红旗满洲佛保佐领下骑都尉兼云骑尉色金保之妻塔塔拉氏。

嘉庆四年旌表　镶黄旗满洲依成额佐领下披甲富杨之妻伊尔根觉罗氏，正白旗满洲依达哩佐领下披甲阿里善之妻札库塔氏，镶白旗满洲托克托布佐领下披甲德青之妻伊尔根觉啰氏，仝佐领下闲散德通阿之妻托阔啰氏，正蓝旗满洲依常阿佐领下披甲爱新特之妻莫勒哲勒氏，仝佐领下披甲阿克郭之妻傅察氏，仝佐领下闲散扎尔苏兰之妻瓜勒佳氏，仝佐领下闲散孙吉布之妻都禄噜氏，正红旗满洲乌云保佐领下披甲额勒金保之妻托阔啰氏，仝佐领下披甲努章阿之妻和叶氏。

嘉庆五年旌表　镶白旗满洲托克托布佐领下披甲金梁之妻阎氏，正红旗满洲巴彦保佐领下闲散鲁珲泰之妻瓜勒佳氏，镶红旗满洲佛保佐领下闲散岳顺保之妻叶和勒氏。

嘉庆六年旌表　镶黄旗满洲四鼐佐领下披甲永泰之妻库雅拉氏，镶白旗满洲托克托布佐领下闲散绰哈奈之妻苏氏，仝旗满洲南进保佐领下闲散哲尔奈之妻关氏，正黄旗满洲黄德佐领下披甲德楞额之妻傅察氏，镶红旗满洲佛保佐领下闲散依成额之妻托阔啰氏，镶蓝旗满洲巴扎尔佐领下披甲依勒图之妻尼玛察氏。

嘉庆七年旌表　正红旗满洲乌云保佐领下防御英额之妻舒木噜氏。

嘉庆八年旌表　镶黄旗满洲依成额佐领下闲散富鼐之妻施氏，仝佐领下闲散付升阿之妻李格哩氏，正白旗满洲依达哩佐领下闲散珠伦泰之妻傅察氏，正黄旗满洲额尔滚泰佐领下闲散花赏阿之妻和叶氏。

嘉庆九年旌表　镶蓝旗满洲巴扎尔佐领下披甲满成之妻托阔啰氏，官庄故丁孙秉之女孙八儿，因被民人宋宏义强奸不从，宋宏义持刀戳伤身死，洵属节烈。

嘉庆十年旌表　正白旗满洲依达哩佐领下闲散托兴额之妻刘氏，镶白旗满洲富通阿佐领下闲散七十八之妻白氏，正黄旗满洲德尔奇善佐领下笔帖式七十一之妻舒木噜氏。

嘉庆十一年旌表　镶黄旗满洲伍林德佐领下闲散德盛之妻傅察氏，正黄旗满洲额尔滚泰佐领下闲散富明山之妻傅察氏，仝佐领下披甲丰德之妻莫勒哲勒氏，仝旗满洲德尔奇善佐领下披甲苏隆阿之妻瓜勒佳氏，同旗满洲乌云保佐领下披甲萨林保之妻瓜勒佳氏，镶红旗满洲富兴阿佐领下闲散额散德木之妻傅察氏。

嘉庆十二年旌表　镶白旗满洲托克托布佐领下闲散布休图之妻瓜勒佳氏，正黄旗满洲额尔滚泰佐领下闲散温德之妻张氏，仝旗满洲德尔奇善佐领下闲散老格之妻李氏，仝佐领下闲散德保之妻王氏。

嘉庆十三年旌表　正白旗满洲乌尔恭泰佐领下披甲六十五之妻瓜勒佳氏，正红旗满洲乌云保佐领下闲散栋阿哩之妻乌苏氏。

嘉庆十四年旌表　镶黄旗满洲德凌佐领下闲散达勒当阿之妻孟氏，正黄旗满洲额尔滚泰佐领下闲散富杨之妻伊尔根觉啰氏，镶蓝旗满洲托宁阿佐领下闲散三小儿之妻库雅拉氏。

嘉庆十五年旌表　正白旗满洲乌尔恭泰佐领下闲散永喜之妻伊尔根觉啰氏，正黄旗满洲额尔滚泰佐领下闲散明善之妻霍啰氏，仝旗满洲德尔奇喜佐领下闲散老格之妻李氏，正红旗满洲乌云保佐领下闲散福寿之妻舒木啰氏，镶蓝旗满洲托宁阿佐领下闲散达凌阿之妻徐氏。

嘉庆十六年旌表　镶黄旗满洲德凌佐领下披甲永宁阿之妻扎拉哩氏，镶白旗满洲德善佐领下披甲乌林太之妻莫勒哲勒氏。

以上宁古塔地方节妇一百六十名，烈女一名。

珲春地方　乾隆三十二年旌表　正黄旗满洲迈松阿佐领下披甲玛尔苏之妻钮瑚噜氏。

乾隆四十年旌表　镶黄旗满洲托莫洪武佐领下披甲哈斯呼哩之妻鄂哲吞氏。

乾隆四十五年旌表　镶黄旗满洲托莫洪武佐领下骁骑校安精阿之妻乌扎拉氏，正黄旗满洲绰普西佐领下披甲五十九之妻布雅木吉氏。

乾隆四十七年旌表　镶黄旗满洲托莫洪武佐领下披甲奈东阿之妻钮瑚噜氏。

乾隆四十九年旌表　正黄旗满洲敖山佐领下披甲厄西和讷之妻和社勒氏。

乾隆五十二年旌表　镶黄旗满洲托莫洪武佐领下闲散爱绷阿之妻钮瑚噜氏，正黄旗满洲敖山佐领下披甲赛能阿之妻钮瑚噜氏。

乾隆五十三年旌表　镶黄旗满洲托莫洪武佐领下披甲喜道之妻和社勒氏。

乾隆五十五年旌表　正白旗满洲特英额佐领下披甲太木之妻莫勒哲勒氏。

乾隆五十八年旌表　镶黄旗满洲托莫洪武佐领下披甲岱布沙之妻钮瑚噜氏。

乾隆五十九年旌表　镶黄旗满洲托莫洪武佐领下披甲付本保之妻钮瑚噜氏。

乾隆六十年旌表　镶黄旗满洲托莫洪武佐领下护军哲楞保之妻瓜勒佳氏，仝佐领下披甲玛扬阿之妻额哲图氏，正白旗满洲特英额佐领下披甲那兰保之妻傅察氏，仝佐领下披甲玛音保之妻钮瑚噜氏。

嘉庆元年旌表　正黄旗满洲敖山佐领下闲散讷青额之妻萨克达氏，正白旗满洲特英厄佐领下披甲达林保之妻舒木噜氏。

嘉庆二年旌表　正黄旗满洲敖山佐领下披甲沙金泰之妻台楚勒氏，仝佐领下闲散岱盛额之妻色勒哩氏。

嘉庆三年旌表　吉林乌拉正黄旗满洲原任协领僧保之女延扎氏，许字由珲春正黄旗敖山佐领下，升授都京三等侍卫内松额为续室。未婚，伊夫内松额出金川兵阵亡。延扎氏女年甫二十八岁即剪发奔丧守节，孝事孀姑，茹蘖饮冰，坚持苦节三十余年。又将前妻所生幼子[①]多伦保教养成人，现今升授三品协领之职，伊子遵奉其母，毫不违训。今延扎氏女六十三岁。

嘉庆四年旌表　正黄旗满洲敖山佐领下闲散倭尔霍诺之妻布察氏。

嘉庆五年旌表　镶黄旗满洲托莫洪武佐领下披甲和新特依之妻伊尔根觉啰氏。

嘉庆六年旌表　镶黄旗满洲托莫洪武佐领下披甲依根泰之妻扎拉哩氏，正黄旗满洲敖山佐领下披甲依勒当阿之妻隆克达氏，正白旗满州特英额佐领下披甲色金保之妻和叶氏。

嘉庆八年旌表　正黄旗满洲敖山佐领下披甲苏楞额之妻钮瑚噜氏。

嘉庆十年旌表　镶黄旗满洲托克通阿佐领下蓝翎侍卫哲楞保之妻扎拉哩氏，正白旗满洲特英额佐领下笔帖式岳顺之妻乌苏氏，仝佐领下闲散丹岱之妻和社哩氏。

嘉庆十一年旌表　正白旗满洲特英额佐领下披甲额勒登保之妻木尔察氏。

嘉庆十三年旌表　正黄旗满洲额尔德善佐领下闲散德楞保之妻钮瑚噜氏。

嘉庆十六年旌表　镶黄旗满洲托克通阿佐领下披甲勒新保之妻钮瑚噜氏。

以上珲春地方节妇三十二名，贞女一名。

伯都讷地方　乾隆三十年旌表　镶黄旗满洲舒舒讷佐领下披甲多古之妻鄂尔绰伦氏，镶白旗满洲富保佐领下披甲乌云保之妻西特贺哩氏，正黄旗满洲姜都佐领下披甲喀拉之妻宁古塔氏，镶蓝旗满洲倭和讷佐领下披甲班第之妻扎斯库哩氏。

乾隆三十一年旌表　正黄旗满洲姜都佐领下披甲雅古之妻戚氏，正白旗满洲拉喜佐领下披甲碧甘之妻郭洛特氏，正红旗满州乌金保佐领下

① “子”，抄本缺，点校本补。

闲散扎穆之妻西克特哩氏，正蓝旗满洲保住佐领下披甲阿哈尼雅那之妻西特贺哩氏。

乾隆三十二年旌表　正白旗满洲拉喜佐领下披甲图古那之妻傅察氏，镶白旗满州付保佐领下披甲科哩之妻郭尔洛特氏，正蓝旗满洲巴哈哩佐领下披甲玛里哈之妻乌扎拉氏，正白旗满洲舒瑚尔特依佐领下闲散拉木达之妻瑚西哈哩氏。

乾隆三十三年旌表　正红旗满洲乌金保佐领下披甲奇保之妻白格氏，镶白旗满洲佛保佐领下领催托奇尔图之妻扎斯瑚哩氏。

乾隆三十四年旌表　镶黄旗满洲舒舒讷佐领下披甲达图之妻扎斯瑚哩氏，正蓝旗满洲保住佐领下披甲额西和讷之妻西特贺哩氏，仝佐领下闲散乌达图之妻西特贺哩氏，仝旗满洲巴哈哩佐领下披甲达色之妻扎斯瑚哩氏。

乾隆三十五年旌表　镶黄旗满洲舒舒讷佐领下披甲沙达奇之妻扎斯瑚哩氏，镶红旗满洲乌雅勒达佐领下披甲莫伦之妻乌扎拉氏，正蓝旗满洲保住佐领下闲散阿里珲之妻乌扎拉氏，镶蓝旗满洲玛尔泰佐领下披甲扎木尔图之妻郭洛特氏。

乾隆三十六年旌表　镶黄旗满洲舒舒讷佐领下闲散鄂克索诺之妻乌扎拉氏，正白旗满洲舒瑚尔特依佐领下披甲扎玛尔奇之妻乌扎拉氏，正蓝旗满洲巴哈里佐领下披甲巴塔里之妻扎斯瑚哩氏，仝佐领下披甲扎哈色之妻奇塔拉氏。

乾隆三十七年旌表　镶红旗满洲乌雅勒达佐领下领催霍尔吉库之妻乌扎拉氏。

乾隆三十八年旌表　镶黄旗满洲舒舒讷佐领下披甲阿兰泰之妻瓜勒佳氏，仝佐领下披甲苏哲勒之妻扎斯瑚哩氏，镶蓝旗满洲倭和讷佐领下披甲鄂尔图之妻乌扎拉氏。

乾隆三十九年旌表　正白旗满洲舒瑚尔特依佐领下披甲迈礼之妻西特贺哩氏，正红旗满洲乌金保佐领下披甲那三泰之妻乌扎拉氏，镶白旗满洲付保佐领下披甲达三保之妻瑚西哈哩氏。

乾隆四十年旌表　正黄旗满洲姜都佐领下披甲兴额之妻乌扎拉氏，仝佐领下披甲色楞特依之妻乌扎拉氏，正蓝旗满州保住佐领下披甲索色之妻扎斯瑚哩氏。

乾隆四十一年旌表　镶黄旗满洲舒舒讷佐领下披甲佟保之妻扎斯瑚哩氏，正红旗满洲乌金保佐领下挪西布之妻乌扎拉氏。

乾隆四十二年旌表　正黄旗满洲姜都佐领下前锋钦保之妻傅察氏，正白旗满洲班达佐领下领催昂格图之妻布吉格哩氏。

乾隆四十三年旌表　镶蓝旗满洲玛尔泰佐领下披甲付保之妻瓜勒佳氏。

乾隆四十四年旌表　镶白旗满洲佛保佐领下披甲苏占泰之妻乌色氏，镶蓝旗满洲玛尔泰佐领下闲散黑达色之妻郝氏。

乾隆四十六年旌表　正白旗满洲拉善佐领下披甲奇成古之妻徐氏，正红旗满洲付保佐领下披甲扎克苏之妻苏察库氏，仝佐领下披甲七十里之妻玛西氏，仝佐领下披甲七十四之妻玛西氏，仝左领下披甲那三泰之妻佛岳莫氏，正蓝旗满洲巴哈哩佐领下领催塔斯塔之妻扎哈奇氏。

乾隆四十七年旌表　镶黄旗满洲舒舒讷佐领下闲散玛尔塔之妻西克特哩氏，正红旗满洲付保佐领下披甲苏三太之妻西特贺哩氏，镶白旗满洲倭恒特佐领下披甲关住之妻扎库塔氏，正蓝旗满洲色尔泰佐领下披甲雅斯哈之妻傅察氏。

乾隆四十八年旌表　镶黄旗满洲舒舒讷佐领下领催察斌泰之妻乌扎拉氏，镶白旗满洲玛金泰佐领下披甲扎勒布善之妻扎斯瑚哩氏，镶红旗满洲舒瑚尔特依佐领下披甲乌善保之妻乌扎拉氏，正蓝旗满洲保住佐领下披甲花森保之妻莫勒吉哩氏，镶蓝旗满洲倭和讷佐领下闲散玛夏色之妻扎斯瑚哩氏。

乾隆四十九年旌表　正黄旗满洲萨普西图佐领下披甲班第之妻西特瑚哩氏，仝佐领下披甲诺木达拉之妻瑚西喀哩氏，正白旗满洲拉喜佐领下披甲德讷克之妻瑚勒珠哩氏，仝旗满洲达喜佐领下披甲章库之妻傅察氏。

乾隆五十年旌表　正白旗满洲达喜佐领下披甲西林保之妻布尔珠特氏，正红旗满洲阿林保佐领下披甲都林保之妻瑚西喀哩氏，镶红旗满洲舒瑚尔特依佐领下披甲乌山泰之妻舒木噜氏，正蓝旗满洲爱新保佐领下闲散班达尔善之妻乌扎拉氏。

乾隆五十一年旌表　正白旗满洲达喜佐领下闲散鄂勒吉拜之妻布尔珠特氏，镶蓝旗满洲倭和讷佐领下闲散班第之妻宁古塔氏。

乾隆五十二年旌表　正白旗满洲台新保佐领下披甲沙兰泰之妻奚氏，仝佐领下闲散乌楞德之妻西特瑚哩氏，正蓝旗满洲色尔泰佐领下由骁骑校升受正白旗防御达西图之妻扎斯瑚哩氏。

乾隆五十三年旌表　镶蓝旗满洲倭和讷佐领下披甲苏喀布之妻西木哩氏。

乾隆五十四年旌表　镶黄旗满洲常保佐领下前锋依三保之妻西特瑚哩氏，仝佐领下披甲索伦泰之妻乌扎拉氏，正蓝旗满州色尔泰佐领下领催额楞保之妻扎斯瑚哩氏。

乾隆五十五年旌表　正白旗满洲木清额佐领下披甲雅克西那之妻佟佳氏，正红旗满洲常西保佐领下披甲乌林泰之妻都鲁氏，仝佐领下披甲德克精额之妻色贺勒氏，仝佐领下披甲佟德之妻瑚西哈哩氏，正蓝旗满洲爱新保佐领下披甲察巴那之妻瓜勒佳氏，仝佐领下披甲都森保之妻西克时哩氏，镶蓝旗满洲尤成佐领下披甲阿尔善之妻乌扎拉氏。

乾隆五十六年旌表　镶蓝旗满洲赛哈那佐领下披甲孟库之妻扎啰特氏。

乾隆五十七年旌表　正白旗满洲木清厄佐领下前锋班第之妻瓜勒佳氏，仝旗蒙古罗布章佐领下披甲额尔特喜之妻哈库哩氏。

乾隆五十八年旌表　正蓝旗满洲爱新保佐领下披甲加苏之妻色勒哩氏，正黄旗满州辉保佐领下披甲托霍之妻瑚西哈哩氏，镶蓝旗满洲尤成佐领下披甲瑚苏之妻西特瑚哩氏，仝佐领下披甲依三保之妻乌扎拉氏。

乾隆五十九年旌表　正白旗满洲穆凌额佐领下披甲额尔克之妻乌扎拉氏，仝佐领下披甲哈林太之妻宁古台氏，正红旗满洲清西保佐领下披甲鄂孙保之妻西克特哩氏，仝佐领下披甲富兰保之妻乌扎拉氏。

乾隆六十年旌表　镶红旗满洲吉郎阿佐领下前锋乌林保之妻恒克勒氏，仝旗赛哈那佐领下前锋霍松武之妻宁古台氏。

嘉庆元年旌表　正白旗穆凌额佐领下披甲德克都之妻瓜勒佳氏，正蓝旗满洲双保佐领下披甲尼噶鲁之妻乌扎拉氏。

嘉庆二年旌表　镶黄旗满洲阿尔绷阿佐领下前锋雅尔塔之妻乌扎拉氏，仝佐领下披甲噶达之妻谢氏，正白旗满州穆凌额佐领下披甲塔斌塔之妻舒穆噜氏，正蓝旗满洲爱新保佐领下披甲吉尔哈拉之妻扎斯瑚哩氏，正黄旗满洲保山佐领下闲散岱敏之妻扎斯瑚哩氏，镶红旗满洲扎郎阿佐领下披甲沙兰保之妻舒穆噜氏，仝佐领下披甲田保之妻瓜勒佳氏。

嘉庆三年旌表　正白旗满洲穆凌额佐领下[1]披甲满图之妻西特瑚尔氏，正白旗蒙古罗布章佐领下领催拉布吉之妻瓜勒佳氏，正红旗满洲清西保佐领下披甲珠森特之妻扎哈奇氏，镶蓝旗满洲珠敦佐领下领催台碧那之妻齐特贺哩氏。

嘉庆四年旌表　镶黄旗满洲阿尔绷阿佐领下披甲穆克登厄之妻西特贺尔氏，仝佐领下披甲科依克图之妻舒穆噜氏，正白旗蒙古明安图佐领下闲散根登之妻乌扎拉氏，镶白旗满洲音德保佐领下[2]前锋那森保之妻西克特哩氏，正蓝旗满洲塔勒弼善佐领下奇雅兰保之妻乌扎拉氏，正红旗满洲巴钦保佐领下披甲色克金保之妻扎斯瑚哩氏，镶蓝旗满洲珠敦佐领下披甲阿里善之妻西特瑚尔氏，仝佐领下闲散博森保之妻杨氏。

嘉庆五年旌表　正白旗蒙古罗布章佐领下披甲拉克奇之妻阔尔绰特氏，镶蓝旗满洲珠敦佐领下领催保山之妻乌扎拉氏，仝佐领下披甲德起

① “下”，抄本缺，点校本补。

② “下”，抄本缺，点校本补。

之妻西特瑚尔氏。

嘉庆六年旌表　正白旗蒙古罗布章佐领下闲散托尔奇图之妻莫绰特氏，正红旗满洲巴钦保佐领下闲散乌尔塔之妻傅察氏。

嘉庆七年旌表　正蓝旗满洲爱新保佐领下领催厄楞保之妻傅察氏，镶蓝旗满洲珠敦佐领下闲散七十九之妻瓜勒佳氏。

嘉庆八年旌表　镶黄旗满洲什加保佐领下披甲三喜保之妻傅察氏，正白旗蒙古齐齐克图佐领下披甲色楞厄之妻哈尔哈钦氏，镶白旗满洲音德保佐领下披甲索吉之妻张氏，镶蓝旗满洲珠敦佐领下披甲付寿之妻哈斯瑚哩氏。

嘉庆九年旌表　正白旗满洲木凌厄佐领下披甲塔林太之妻图尔奇勒氏，仝旗蒙古齐齐克图佐领下披甲音楚之妻察哈尔氏，镶白旗满洲音德保佐领下[1]散闲珠林太之妻瓜勒佳氏。

嘉庆十年旌表　正白旗蒙古齐齐克图佐领下披甲木尔古木勒之妻肖都氏，仝佐领下闲散巴达之妻肖都氏，镶白旗满洲音德保佐领下前锋诺霍济之妻红武奇氏，正蓝旗满洲爱新保佐领下披甲莫逊保之妻宁古台氏，镶蓝旗满洲珠敦佐领下披甲米拉之妻西特贺尔氏。

嘉庆十一年旌表　正蓝旗满洲爱新保佐领下闲散阿尔赛之妻乌扎拉氏，镶蓝旗满洲尤成佐领下闲散付森保之妻西特贺尔氏。

嘉庆十三年旌表　镶白旗满洲依勒章阿佐领下舒噜奇祭海之妻乌扎拉氏，镶黄旗满洲南海佐领下披甲西林太之妻乌扎拉氏。

嘉庆十四年旌表　正蓝旗满洲付森布佐领下闲散双保之妻鄂尔奇勒氏，仝旗满洲西凌阿佐领下闲散春柱之妻舒木噜氏，镶蓝旗满洲丁保佐领下闲散达尔扎之妻鄂奇尔氏。

嘉庆十五年旌表　正黄旗满洲南海佐领下披甲田福之妻乌扎拉氏，正红旗满洲依托那佐领下鄂洛逊之妻傅察氏，镶蓝旗满洲丁保佐领下披甲图瑚勒德之妻西特贺尔氏。

[1] “下”，抄本缺，点校本补。

嘉庆十六年旌表　镶黄旗满洲富常佐领下领催法林保之妻瑚西哈哩氏，正白旗满洲佛保佐领下披甲满图之妻西克特哩氏，仝佐领下披甲常凌保之妻鄂奇尔氏，仝旗蒙古拨顺保佐领下闲散卓多巴之妻宁古台氏，正蓝旗满洲塔清阿佐领下披甲奈礼勒图之妻邢氏，正黄旗满洲德成佐领下领催凌福之妻西特瑚尔氏，仝佐领下披甲全保之妻瓜勒佳氏，仝佐领下披甲巴彦桑之妻张氏。

以上伯都讷地方节妇一百五十三名。

三姓地方　乾隆三十二年旌表　镶蓝旗满洲楚板佐领下佐领博霍勒达之妻努叶勒氏。

乾隆四十三年旌表　镶黄旗满洲法图哩佐领下披甲莫斗之妻格依克勒氏，仝旗满洲乌尔散佐领下披甲崇古之妻刘氏，正黄旗哈达那佐领下领催进财保之妻瓜勒佳氏，正红旗满洲木克登保佐领下披甲德尔瑚之妻舒木噜氏，仝佐领下披甲图三太之妻[①]依克勒氏，镶白旗满洲博布善佐领下闲散弼里喀之妻刘氏，镶红旗满洲图勒那佐领下披甲霍尔瑚那之妻乌尔恭克勒氏，正蓝旗满洲玷道佐领下披甲玛禄那之妻严氏，官庄壮丁二小子之妻韩氏。

乾隆四十四年旌表　正白旗满洲科兴阿佐领下披甲厄木瑚之续妻瓜勒佳氏，仝佐领下前锋富贵之妻格依克勒氏，镶红旗满洲文肖佐领下闲散那斯太之妻钮瑚噜氏。

乾隆四十五年旌表　镶黄旗满洲乌尔散佐领下披甲鄂克吉哈之妻王氏，正黄旗满洲哈达那佐领下披甲雅斯哈之妻巴兰氏，正红旗满洲丰保佐领下领催付珠哩之妻格依克勒氏，镶白旗满洲库库佐领下披甲巴彦保之妻傅察氏，镶红旗满洲乌达起佐领下披甲法林保之妻伊尔根觉啰氏，正蓝旗满洲玷道佐领下披甲米叶科之妻万氏。

乾隆四十六年旌表　正黄旗满洲哈达那佐领下披甲雅库之妻木里雅连氏，镶蓝旗满洲三喜佐领下披甲三保之妻乌苏氏。

① “之妻”，抄本缺，点校本补。

乾隆四十七年旌表　镶黄旗满洲东萨那佐领下前锋乌三太之妻李氏，正白旗满洲钱保佐领下前锋色尔特依之妻努叶勒氏。

乾隆四十八年旌表　正黄旗满洲哈达那佐领下领催乌勒洪厄之妻格依克勒氏，正白旗满洲博布善佐领下披甲黑达色之妻格依克勒氏。

乾隆五十二年旌表　正白旗满洲科兴阿佐领下披甲乌尔恭保之妻格依克勒氏，正蓝旗满洲章太佐领下披甲敦保之妻格依克勒氏。

乾隆五十三年旌表　正黄旗满洲东萨那佐领下披甲田喜之妻陈氏，镶红旗满洲花连保佐领下披甲乌盛保之妻瓜勒佳氏。

乾隆五十六年旌表　镶白旗满洲瓦音保佐领下披甲扎尔太之妻木里雅连氏，镶红旗满洲花连保佐领下披甲依金太之妻格依克勒氏。

乾隆五十七年旌表　镶红旗满洲雅钦保佐领下披甲哈斯海之妻努叶勒氏。

乾隆五十八年旌表　正白旗满洲科兴阿佐领下披甲舒米楞之妻努叶勒氏，镶白旗满洲巴林保佐领下披甲阿森之妻乌苏氏，官庄壮丁王文耀之妻金氏。

乾隆五十九年旌表　正黄旗满洲乌达逊佐领下披甲雅尔杭阿之妻傅察氏，正红旗满洲托精阿佐领下披甲木克登厄之妻努叶勒氏。

乾隆六十年旌表　镶黄旗满洲图伦保佐领下披甲阿尔布善之妻伊尔根觉罗氏，正黄旗满洲西郎阿佐领下闲散付勒洪阿之妻努叶勒氏，正白旗满洲乌尔散佐领下披甲瓦林保之妻尼玛察氏，正红旗满洲温保佐领下披甲德盛之妻瓜勒察氏，镶红旗满洲郭保佐领下披甲苏雅噜之妻努叶勒氏，镶白旗满洲巴林保佐领下披甲依凌厄之妻康氏，正蓝旗满洲七十一佐领下披甲厄楞仔勒之妻布叶勒氏，镶蓝旗满洲绥哈那佐领下披甲查木布之妻奇雅喀勒氏，官庄幼丁斐文焕之妻赵氏。

嘉庆元年旌表　正蓝旗满洲七十一佐领下[①]披甲图勒候之妻瓜勒佳氏，正红旗满洲托精阿佐领下前锋常明之妻莫勒哲勒氏，同佐领下披甲

① “下”，抄本缺，点校本补。

楚勒汉保之妻口氏[1]，官庄壮丁王伦之妻李氏，官庄壮丁赵绅之妻池氏。

嘉庆二年旌表　镶黄旗满洲图伦保佐领下披甲隆保之妻乌苏氏，同佐领下披甲阔勒托库之妻西努拉库氏，镶红旗满洲恭保佐领下[2]披甲关保之妻舒木噜氏。

嘉庆三年旌表　正白旗满洲巴彦保佐领下扎克富阿之妻格依克勒氏，正黄旗满洲西郎阿佐领下领催委闲章京扎尔苏之妻格依克勒氏，正红旗满洲托精阿佐领下披甲钦道之妻格依克勒氏，镶红旗满洲乌尔恭保佐领下[3]披甲保色之妻瑚西哈哩氏，仝佐领下披甲和宁保之妻王氏。

嘉庆四年旌表　镶黄旗满洲图伦保佐领下披甲雅森保之妻努叶勒氏，仝旗满洲乌云保佐领下披甲奇库拉之妻努叶勒氏，正蓝旗满洲巴善佐领下领催无品级教习官付新保之续妻伊尔根觉罗氏，正红旗满洲托精阿佐领下披甲唐保之妻张氏。

嘉庆五年旌表　镶白旗满洲音保佐领下披甲阿色布之妻格依克勒氏，正黄旗满洲富德佐领下前锋常保之妻格依克勒氏，正黄旗满洲西郎阿佐领下披甲察珲之续妻王氏，仝佐领下披甲凌保之续妻那木都禄氏，正红旗满洲托精阿佐领下披甲索尔松阿之妻努叶勒氏。

嘉庆六年旌表　镶黄旗满洲乌云保佐领下前锋法尔福善之妻格依克勒氏，正黄旗满洲和升厄佐领下前锋花尚阿之妻王氏，镶红旗满洲郭新保佐领下披甲瑚图哩之妻李氏，正蓝旗满洲巴善佐领下披甲富音保之妻薛氏，仝佐领下披甲三达之妻谢氏，官庄壮丁刘清山之妻葛氏。

嘉庆七年旌表　镶黄旗满洲乌云保佐领下披甲德升厄之妻格依克勒氏，官庄壮丁周元花之妻李氏。

嘉庆八年旌表　正黄旗满洲嘎尔善佐领披甲付保之妻努音勒氏，正红旗满洲托精阿佐领下披甲阿那布之妻张氏，镶红旗满洲和绷厄佐领下前锋付明德之妻董氏，镶蓝旗满洲英盛厄佐领下披甲瑚保之妻格依克勒

① “口氏”，抄本缺此二字，点校本补。

② “下”，抄本缺，点校本补。

③ “下”，抄本缺，点校本补。

氏，仝佐领下披甲托莫尔珲之妻瓜勒佳氏。

嘉庆九年旌表　镶黄旗满洲图伦保佐领下领催珠尔逊之妻毕氏，官庄幼丁张保林之妻张氏。

嘉庆十年旌表　正黄旗满洲和升厄佐领下披甲常敦保之妻努叶勒氏，正红旗满洲托精阿佐领下披甲和特木保之妻陈氏。

嘉庆十一年旌表　正白旗满洲六保佐领下披甲萨尔布和德之妻乌苏哩氏，官庄幼丁张辉之妻焦氏。

嘉庆十二年旌表　正白旗满洲达春佐领下披甲贵兰保之妻马氏，正红旗满洲托克丹保佐领下骁骑校杨桑阿之续妻努叶勒氏，官庄幼丁吕士俊之妻王氏。

嘉庆十三年旌表　镶蓝旗满洲绥哈那佐领下披甲木滕厄之妻努叶勒氏。

嘉庆十四年旌表　镶黄旗满洲巴彦保佐领下披甲乌保之妻伊尔根觉罗氏，镶红旗满洲富珠隆阿佐领下披甲鄂勒霍巴之妻努叶氏，官庄幼丁刘永茂之妻李氏。

嘉庆十五年旌表　正白旗满洲达春佐领下闲散斐姚霍之妻格依克勒氏，正红旗满洲扎克丹保佐领下[①]披甲付勒根保之妻努叶勒氏。

嘉庆十六年旌表　镶黄旗满洲图伦保佐领下领催雅隆阿之妻格依克勒氏，仝旗满洲巴彦保佐领下披甲巴三之续妻瓜勒佳氏。

以上三姓地方节妇九十八名。

阿勒楚喀地方　乾隆三十年旌表　镶蓝旗满洲德保佐领下由都军挪移护军和楞厄之妻和哲勒氏。

乾隆三十一年旌表　镶黄旗满洲扎尔太佐领下披甲阿尔布达之妻瓜勒佳氏，正黄旗满洲乌凌阿佐领下披甲奇林保之妻瓜勒佳氏，镶蓝旗满洲德保佐领下由都京挪移披甲那音太之妻瓜勒佳氏[②]。

① “下”，抄本缺，点校本补。

② “氏”，抄本缺，点校本补。

乾隆三十三年旌表　镶黄旗满洲扎尔太佐领下披甲福禄之妻黄氏。

乾隆三十四年旌表　正蓝旗满洲依勒富阿佐领下披甲付奇保之妻乌色氏[1]。

乾隆三十五年旌表　正蓝旗满洲七十一佐领下披甲达兰太之妻傅察氏。

乾隆三十六年旌表　镶黄旗满洲披博佐领下披甲胡图哩之妻乌扎拉氏。

乾隆三十七年旌表　镶蓝旗满洲满常阿佐领下披甲恭古太之妻伊尔根觉罗氏。

乾隆三十八年旌表　正红旗满洲安巴图佐领下披甲那尔善之妻伊尔根觉啰氏，镶蓝旗满洲七十一佐领下佐领杜尔太之妻乌色氏。

乾隆四十年旌表　正红旗满洲卓保佐领下披甲萨尔太之妻瑚西哈哩氏，镶红旗满洲三太佐领下领催台兴阿之妻瓜勒佳氏。

乾隆四十一年旌表　镶黄旗满洲厄西特佐领下闲散凌保之妻伊尔根觉啰氏。

乾隆四十七年旌表　镶黄旗满洲和尔布佐领下披甲付官保之妻傅察氏。

乾隆四十八年旌表　镶黄旗满洲和尔布佐领下披甲付常之妻延扎氏。

乾隆四十九年旌表　正蓝旗满洲付永阿佐领下闲散满洲博林太之妻瓜勒佳氏。

乾隆五十年旌表　镶黄旗满洲阿林保佐领下闲散满洲七十七之妻孙氏，镶白旗满洲达松阿佐领下嘎善达保之妻姜氏。

乾隆五十一年旌表　镶黄旗满洲阿林保佐领下领催达音保之妻瓜勒佳氏，正红旗满洲达松阿佐领下领催博德依之妻瓜勒佳氏，镶红旗满洲

① “氏”，抄本作“爪”，为“爪”的异体字，据文意，“爪”为“氏”之讹，点校本改。又《盛京通志》卷九十六“乌色氏”作“乌苏氏”，皆为一词之异书。

色珠勒佐领下闲散满洲嘎尔玛之妻札库塔氏。

乾隆五十二年旌表　镶黄旗满洲阿林保佐领下披甲色奇讷之妻乌色氏。

乾隆五十三年旌表　正黄旗满洲达彦太佐领下领催鄂尔库之续妻伊尔根觉罗氏，镶白旗满洲凌太佐领下披甲乃钮之妻乌色氏。

乾隆五十四年旌表　正蓝旗满洲付永阿佐领下披甲阿尔苏珲之妻莫勒哲勒氏。

乾隆五十五年旌表　镶红旗满洲关成佐领下散闲兴保之妻瓜勒佳氏，正白旗满洲恭托佐领下披甲六十五之妻瑚西哈哩氏。

乾隆五十六年旌表　镶黄旗满洲关成佐领下领催全德之妻乌色氏。

乾隆五十七年旌表　镶蓝旗满洲进保佐领下披甲色楞太之妻西特瑚哩氏。

乾隆五十九年旌表　正白旗满洲恭托佐领下闲散菩萨保之妻傅察氏。

乾隆六十年旌表　镶黄旗满洲关成佐领下幼丁德色哩之妻钮瑚哩氏，仝佐领下披甲巴彦保之妻傅察氏，正白旗满洲恭托佐领下披甲凌保之妻伊尔根觉啰氏，正蓝旗满洲富永阿佐领下披甲兴保之妻西特瑚哩氏，镶蓝旗满洲富德佐领下披甲凌官保之妻齐塔拉氏。

嘉庆二年旌表　正白旗满洲恭托佐领下幼丁扎尔库泰之妻乌扎拉氏，镶白旗满洲凌泰佐领下闲散满洲关尚之妻伊尔根觉啰氏，镶红旗满洲厄尔恭太佐领下领催那金太之妻瓜勒佳氏。

嘉庆三年旌表　正蓝旗满洲付永阿佐领下披甲三太之妻瑚西哈哩氏。

嘉庆四年旌表　镶黄旗满洲关成佐领下闲散皂保之妻瓜勒佳氏，正黄旗满洲雅三太佐领下披甲和精厄之妻瓜勒佳氏。

嘉庆五年旌表　镶黄旗满洲关成佐领下闲散阿兰保之妻乌苏氏，镶红旗满洲厄尔恭太佐领下闲散付拉那之妻傅察氏，镶蓝旗满洲富德佐领下闲散富善之妻尹氏。

嘉庆七年旌表　镶黄旗满洲科兴厄佐领下披甲奖赏蓝翎厄勒登保之妻尼玛察氏，镶蓝旗满洲吉德佐领下闲散九儿之妻伊尔根觉罗氏。

嘉庆八年旌表　镶白旗满洲凌德保佐领下披甲巴英阿之妻瓜勒佳氏，仝佐领下披甲七十一之妻瓜勒佳氏，正黄旗满洲雅三太佐领下披甲常寿之妻钮瑚噜氏。

嘉庆九年旌表　镶黄旗满洲喜德佐领下闲散德林保之妻莫勒德哩氏，正红旗满洲关成佐领下闲散乌云保之妻扎库塔氏，镶红旗满洲科兴厄佐领下领催丹达哩之妻伊勒根觉罗氏，镶蓝旗满洲吉德佐领下闲散富成桂之妻伊尔根觉罗氏。

嘉庆十年旌表　镶黄旗满洲岱敏佐领下披甲七十之妻西特瑚哩氏，正白旗满洲关桂佐领下闲散九十之妻尚佳氏，镶白旗满洲凌德保佐领下闲散赛福之妻乌苏氏，正蓝旗满洲齐林保佐领下闲散齐钧勒之妻宁古塔氏，正黄旗满洲雅三泰佐领下披甲那音保之妻乌扎拉氏，镶红旗满洲科兴厄佐领下闲散巴格之妻王佳氏。

嘉庆十一年旌表　镶黄旗满洲岱敏佐领下披甲富滕厄之妻钮瑚哩氏，镶蓝旗满洲吉德佐领下闲散满洲岱明阿之妻佟佳氏。

嘉庆十二年旌表　正黄旗满洲哈西那佐领下闲散满洲富林德之妻付依木氏，正蓝旗满洲六十五佐领下闲散满洲白达色之妻绰莫特氏。

嘉庆十三年旌表　镶红旗满洲科兴付佐领下领催安楚拉之妻钮瑚噜氏。

嘉庆十四年旌表　正白旗满洲德凌佐领下披甲阿尔丹保之妻西特瑚哩氏。

嘉庆十五年旌表　正白旗满洲增禄佐领下闲散法凌阿之妻钮瑚哩氏。

嘉庆十六年旌表　镶白旗满洲塔清阿佐领下闲散四全保之妻傅察氏。

以上阿勒楚喀地方节妇六十八名。

拉林地方 乾隆三十年旌表 正蓝旗满洲占泰佐领下由都京挪移领催木克登厄之妻傅察氏。

乾隆三十二年旌表 镶黄旗满洲玛三佐领下披甲非雅那之妻乌扎拉氏，正黄旗满洲强都佐领下披甲富格之妻瓜勒佳氏。

乾隆三十五年旌表 镶红旗满洲嘎尔哈楚佐领下披甲南楚之妻萨克奇拉氏。

乾隆三十六年旌表 镶红旗满洲嘎尔哈楚佐领下闲散满洲保福之妻傅察氏，镶蓝旗满洲章海佐领下闲散满洲精古勒之妻熊氏。

乾隆三十七年旌表 正红旗满洲章海佐领下闲散满洲厄尔登保之妻西萨哩氏，仝旗佐领下闲散满洲七十三之妻陈氏。

乾隆三十八年旌表 正红旗满洲章海佐领下闲散满洲托云布之妻张氏。

乾隆四十年旌表 正黄旗满洲富保佐领下闲散满洲乌来之妻黄氏，镶白旗满洲阿喜达佐领下闲散满洲郭敏之妻伊尔根觉罗氏。

乾隆四十〔一〕年旌表 镶蓝旗满洲明福佐领下闲散满洲延柱之妻霍霍济氏。

乾隆四十二年旌表 正白旗满洲巴拉佐领下闲散满洲小儿之妻瓜勒佳氏。

乾隆四十三年旌表 镶蓝旗满洲明福佐领下闲散满洲敦柱之妻杨氏。

乾隆四十七年旌表 正蓝旗满洲木兰佐领下满洲吉格之妻姜氏，正白旗满洲八十七佐领下闲散满洲德楞太之妻乌扎拉氏，正红旗满洲巴彦图佐领下披甲满洲巴图之妻瓜勒佳氏。

乾隆四十九年旌表 镶黄旗满洲玛喀那佐领下闲散满洲西凌阿之妻木勒德哩氏，正黄旗满洲关德佐领下闲散满洲乌凌阿之妻瓜勒佳氏，正白旗满洲八十七佐领下闲散满洲富格之妻于库噜氏，镶白旗满洲西林保佐领下披甲安柱之妻宁古塔氏，正蓝旗满洲刚色佐领下闲散哈勒金保之妻乌色氏，镶蓝旗莫尔格讷佐领下披甲木特布之妻那拉氏，仝佐领下闲散满洲厄升厄之妻张氏。

乾隆五十年旌表　正黄旗满洲爱兴阿佐领下闲散德楞厄之妻乌扎拉氏，正白旗满洲八十七佐领下闲散关德之妻塔塔拉氏。

乾隆五十一年旌表　镶黄旗满洲玛喀那佐领下闲散满洲三格之妻塔塔拉氏，镶红旗满洲台平阿佐领下闲散厄勒格之妻瓜勒佳氏。

乾隆五十二年旌表　正蓝旗满洲刚色佐领下闲散明柱之妻伊尔根觉罗氏。

乾隆五十四年旌表　正黄旗满洲爱兴阿佐领下闲散满洲那音阿之妻哈巴氏。

乾隆五十五年旌表　正黄旗满洲爱兴阿佐领下披甲塔金保之妻海佳氏，正白旗满洲八十七佐领下披甲扎隆阿之妻瑚西哈哩氏，正黄旗满洲巴图鲁佐领下披甲珠三保之妻扎斯瑚哩氏，镶红旗满洲索勒霍佐领下闲散保林之妻伊尔根觉啰氏。

乾隆五十七年旌表　镶蓝旗满洲扎勒斐善佐领下闲散满洲海永之妻高吉哩氏。

乾隆五十九年旌表　镶蓝旗满洲内凌厄佐领下闲散满洲明善之妻蒙乌索氏。

嘉庆元年旌表　正红旗满洲哈勒洪阿佐领下闲散满洲德克兴厄之妻伊尔根觉罗氏，镶白旗满洲彻楞厄佐领下披甲兴保之妻舒木鲁氏。

嘉庆二年旌表　镶蓝旗满洲内凌额佐领下闲散满洲门福之妻王佳氏。

嘉庆四年旌表　镶黄旗满洲当嘎哩佐领下闲散满洲七十九之妻和哲哩氏，正红旗满洲哈勒洪阿佐领下披甲付森布之妻傅察氏。

嘉庆六年旌表　正蓝旗满洲六十九佐领下闲散齐德之妻那拉氏。

嘉庆七年旌表　正红旗满洲哈勒洪阿佐领下披甲齐兴保之续妻宁古

塔氏。

嘉庆八年旌表　镶黄旗满洲木滕厄佐领下闲散凯常阿之妻郭尔罗斯氏。

嘉庆九年旌表　镶黄旗满洲木滕厄佐领下披甲勒科之妻张氏。

嘉庆十一年旌表　正蓝旗满洲六十九佐领下闲散满洲阿林保之妻巴岳尔氏。

嘉庆十二年旌表　正黄旗满洲哈西那佐领下闲散富凌德之妻傅依木氏，正蓝旗满洲六十九佐领下闲散白达色之妻绰莫特氏。

嘉庆十五年旌表　正白旗满洲达春佐领下闲散乌常之妻瓜勒佳氏，镶蓝旗满洲全福佐领下闲散奈新保之妻傅察氏。

嘉庆十六年旌表　正红旗满洲什魁佐领下闲散海西那之妻瓜勒佳氏。

以上拉林地方节妇五十一名。

省府州县志

奉原单内开:“省志、府志、州志、县志，除业经移送到馆外，有未经移送者，无论新旧，概行送馆”等语。

查吉林省会所有物产、食货并一切事件，具与旧有《盛京通志》所载相符，吉林并无另有编修志书之处，理合声明。仅将现在应办事件，分晰开列于后。

计开：

吉林城　东至都凌武河[①]，与宁古塔接界，相距三百六十里[②]；东南至土门江南岸，与朝鲜国接界，相距七百余里；南至长白山，相距一千三百余里[③]；西南至和林岭，与盛京接界，相距五百余里；西至威远堡边门，与盛京接界，相距五百余里[④]，北至巴延鄂佛啰边门外封堆地方，与伯都讷接界，相距一百八十余里[⑤]；东北至色齐窝集与阿勒楚喀接界，相距三百余里。

三姓城　东至东海，相距四千余里[⑥]；南至阿穆噶呼勒山，与宁古塔接界，相距三百余里[⑦]；西至占哈达地方，与阿勒楚喀接界，相距三百余里[⑧]；北至布雅密河古木讷城地方，与黑龙江接界，相距一百余里[⑨]。再，三姓城东对混同江口，有海中大洲，系三姓所属之地，均系库页、费雅喀、鄂伦春人等居住。至兴安岭以东一带，亦系三姓所属地方。

宁古塔城　东至东海，相距三千余里；南至土门江南岸，与朝鲜国接界，相距六百余里；西至都凌武河[⑩]，与吉林接界，相距二百四十里[⑪]；北至阿穆噶呼勒山，与三姓接界，相距三百余里；西北至占哈达地方，与阿勒楚喀接界，相距三百余里。

伯都讷城　东至拉林河[⑫]沿，与阿勒楚喀接界，相距一百五十余

① “都凌武河”，《吉林外纪》卷二，卷二作“都岭河”。

② “三百六十里”，《吉林外纪》卷二作“四百里”。

③ “一千三百余里”，《吉林外纪》卷二同，《吉林通志》卷十八作“六百余里”，并说：“据《盛京通志》及《大清一统志》旧志谓一千三百余里，非是。”

④ “五百余里”，《吉林外纪》卷二作“五百七十里”，《吉林通志》卷十五作“五百六十里”。

⑤ “一百八十余里”，《吉林外纪》卷二作“一百九十五里”。

⑥ “四千余里”，《吉林外纪》卷二作“四千八百里”。

⑦ “三百余里”，《吉林外纪》卷二作“二百八十六里”。

⑧ “三百余里”，《吉林外纪》卷二作“二百八十里”。

⑨ “一百余里”，《吉林外纪》卷二作“四十里”。

⑩ “都凌武河”，《吉林外纪》卷三作“都岭河”，《吉林通志》卷十六作“都林河”，实皆一河。

⑪ “二百四十里”，《吉林外纪》卷二作“二百五十里”。

⑫ “拉林河”，《吉林外纪》卷二作“兰陵河”，即拉林河。

里[①]；南至巴延鄂佛啰边门外封堆，与吉林接界，相距三百余里；西至松花江西岸二里，与郭尔罗斯接界；北至松花江北岸七十里，与郭尔罗斯接界。

阿勒楚喀城　东至占哈达地方，与三姓接界，相距二百九十余里；南至色奇窝集与吉林接界，相距六百七十余里；西至拉林河沿与伯都讷接界，相距一百余里；北至松花江北岸，与郭尔罗斯接界，相距一百余里。

《盛京通志》所载吉林所属古城名目，抄录于后：

永吉州城池

在奉天府东北八百余里，即镇守宁古塔将军驻防之地。康熙十二年，副都统安珠瑚监造[②]。南依[③]松花江，东西北三面竖松木为墙，高八尺。北面二百八十九步，东西二面各二百五十步，每面一门。城外周围有池，外有土墙为边，边墙东西亦依河岸，周围七里一百八十步。今存土城，西仍一门，东与北各二门。尼什哈城城东十二里，在尼什哈山上，周围二里，南一门，北二门，城西一井，木生其中，旁有鲫鱼池三，石砌。一拉木城城东南七里余[④]，在一拉木[⑤]山上，周围一里余，东北各一门，其外东西南三面有郭城，周围二里，南一门。纳单佛勒城城南二百六十里，东西二面各四百步[⑥]，南北二面各三百步，城外有重濠，四面四围，内有一小城，四面各二百步，东西各一门。辉发城城南三百七十里，在吉林峰之上，周围二百步[⑦]，西一门。辉

① “一百五十余里”，《吉林外纪》卷二作“一百五十四里”。

② “造”，《吉林通志》卷二十三同，《盛京通志》卷三十一作“筑”。

③ “依”，《吉林外纪》卷二作“倚”，《吉林通志》卷二十三同。《盛京通志》卷三十一作“临”。

④ “七里余”，《吉林外纪》卷二作“八里”，《吉林通志》卷二十四作“七里”。

⑤ “木”，抄本原缺，《吉林外纪》卷二有“木”字，《吉林通志》卷二十四同，点校本补。

⑥ “四百步”，《盛京通志》卷三十一同，《吉林通志》卷二十四作“百步”。

⑦ “二百步”，《盛京通志》卷三十一、《吉林外纪》卷二同，《吉林通志》卷二十四作“三百步”。

发峰下[①]城辉发峰之西北，周围四里，南北各二门。辉发河城沿[②]河山坡上一城四面各二十步，东一门。古城城西南五十里。东西各八十步，南北各一百步，四门。东峨城城西南五百二十里，周围九里，东西三[③]里，南北二[④]里，四门，旧为乌东峨大长[⑤]鲁克素所居[⑥]。虎鲁城周围二百四十步，东西二门。席百城周围一百二十步，南北二门。福儿哈城周围八十步，南一门。榜色城周围八十步，南一门。虎脊城周围一百步，南一门。古城周围八十步，南一门。哈达石城在衣车峰之西南，周围二百四十步，南一门。哈达新城在衣车峰之上，旧[⑦]哈达贝勒自开原县界内旧城迁居于此，故名。小石城在昂阿河托峰下，周围八十步，南一门。以上九城并在城西南五百余里。叶赫城城西南四百九十五里[⑧]，旧为[⑨]叶赫贝勒所居，周围四里，东西[⑩]各一门。叶赫山城叶赫城西北三里，周围四里，南北各一门，内有小城，周围二里。南北各一门。叶赫商坚府城周围一百六十步，东一门。索尔贺城周围八十步，南一门。以上二城并在城西五百五十余里[⑪]。佛尔哈城城北三十三里。周围三里，旧佛索诺贝勒所居，东一门。乌拉城城北七十里，混同江之东，旧为[⑫]布占太贝勒所居，周围十五里，四面有门，内有小城，周围二里，东西各一门，有土台高八丈，周围一百步。撒儿八哈城城北七十里，周围一里，南门一。博儿集城城北八十里，周围百步，北一门。古

① “下”，《盛京通志》卷三十一无“下”字，《吉林通志》卷二十四引《盛京通志》卷三十一同，“下”字疑衍。

② “沿”，《盛京通志》卷三十一作“濒”。

③ “三”，《盛京通志》卷三十一作“六”。

④ “二”，《盛京通志》卷三十一作“三”。

⑤ “乌东峨大长”，《盛京通志》卷三十一作“栋鄂部长”。

⑥ “居”，《盛京通志》卷三十一作“筑”。

⑦ “旧”，《盛京通志》卷三十一作“初”。

⑧ “城西南四百九十五里”，《盛京通志》卷三十一作“城西四百九十五里”，《吉林通志》。

⑨ “为”，抄本缺，今据《盛京通志》卷三十一、《吉林通志》卷二十四补。

⑩ “东西”，《盛京通志》卷三十一同，《吉林通志》卷二十四作“东南”。

⑪ “城西五百五十余里”，按《吉林通志》卷二十四：“索勒和城（夹注：旧志作索儿贺城），城西南二百十余里。”

⑫ “为”，抄本缺，今据《盛京通志》卷三十一、《吉林通志》二十四补。

城城北八十四里，周围一里，东一门。西阑城城北八十七里，周围二里，西一门。刷烟城[①]城北一百十里，周围二里，南一门。刷烟岛城城北一百一十里。混同江中有岛，岛上有城，周围一里，南一门。二十家堡城北一百一十里[②]，周围一里，南一门。伊汉山城城东北三十里，周围一里，在伊汉山上。南一门。俄磨城城东北三十里，周围二里[③]，东一门。哈儿边城混同江中有哈儿边岛，岛上有城，周围二里，南一门。

长宁县城池

即伯都讷副都统驻防之地，旧名讷拉红[④]，又曰新城。城砌土坯，系康熙三十二年建。高一丈二尺，周围七里，池阔[⑤]七尺，深九尺，东西南北各一门。

宁古塔将军驻防吉临乌喇城池即永吉州。

宁古塔城池

在奉天府东北一千三百五十余里，永吉州[⑥]之东南五百四十余里，虎儿哈河之傍[⑦]。用[⑧]松木为墙，中实以土，高二丈余，周围二里半，东、西、南各一门。城外边墙周围十里，四面有门，西南依虎儿哈河。康熙五年

① “刷烟城”，《盛京通志》卷三十一同。《吉林通志》卷二十四：“旧志锡兰作刷烟，余并同，而另载此条。以河证之，里数较《通志》为确，而刷烟则属舛误也。”

② “城北一百一十里”，《盛京通志》卷三十一同，《吉林通志》卷二十四作“一百八十里”。

③ “周围二里”，《盛京通志》卷三十一同，《吉林通志》卷二十四俄磨城作“鄂谟城”，并夹注：“《通志》于尼什哈城云即鄂摩城。“摩”“谟”音相同，不应二十里间两城同名。考《开国方略》，癸丑年平乌拉国，有鄂谟城而无尼什哈城。至部内之金州、郭多、逊扎哈三城，两志俱缺，然与尼什哈、鄂谟又迥别，其为漏载无疑，而此城与尼什哈固不当混为一矣。”

④ “讷拉红”，《盛京通志》卷三十一作“纳尔珲”，声同字通，实为一地。

⑤ “阔”，《盛京通志》卷三十一作“广”。

⑥ “永吉州”，《盛京通志》卷三十一作“吉林”。永吉州，清雍正四年（1726年）十二月置，治今吉林省吉林市，属奉天府。乾隆十二年（1747年）二月废。

⑦ “之傍”，《盛京通志》卷三十一作“北岸”。

⑧ “用”，《盛京通志》卷三十一作“植”。

自旧城迁此，将军巴海监造[①]。十五年，将军移驻船厂[②]，设副都统镇守。雍正五年于境内设泰宁县，县治与副都统同城。七年，裁泰宁县副都统，仍前专镇其地。觉罗城城东三里，虎儿哈河之北岸。周围五十八步，南一门。英爱城城东南五百八十里，周围一里。东南各一门。飞腰城城东南五百八十五里。周围三里，西南各二门，东北各一门。古城在飞腰城北，周围五里，南四门，西三门，东北各二门，内有小[③]城，周围一里，南三门，东西各一门。浑春河东岸城城东南六百二十里，周围一里，四面四门。福儿单城城东南六百五十里，周围三里，四面四门。其东北有一小城，周围约二里许[④]，南，西。北三门，亦名福尔单城。福儿加城城东南六百七十余里，周围七十步，西一门。旧觉罗城在南门外边墙内，南北各二十步，东西各三十步。噶思哈城城南二十里[⑤]，周围一里半，南一门。旧东京城城西南六十里，虎儿哈河之南，周围三十里，四面七门，内城周围五里，东西南各一门，内有宫殿旧基，石佛[⑥]一座。按金上京会宁府，在长白山北按出虎之旁，今按出虎之名，古今互异，无可考。朝鲜北界又有会宁府，名异同亦无可考。然其宫殿旧基则金时遗址也，俗名古大城。西古城城西二十五里，周围一里余，东西各一门。木当阿城城西三十里，周围一里半，南北二门[⑦]。宁古城旧城城西北五十里，海兰河南有石城，高一丈余，周围一里，东西各一门，城外边墙周围五里余，四面四门，昂邦章京吴把哈[⑧]巴都鲁监造。布儿哈图城城西北五十里，海兰河南，周围二里，东西各

① “造”，《盛京通志》“卷三十一作“筑”。

② “船厂”，《盛京通志》卷三十一作“吉林”，船厂为吉林市的别称。

③ “小”，《盛京通志》卷三十一作“子”。

④ “二里许”，《吉林分巡道造送会典馆清册》同，《盛京通志》卷三十一作二里，《吉林通志》卷二十四作“一里”。

⑤ “二十里”，《盛京通志》卷三十一、《吉林分巡道造送会典馆清册》同，《吉林通志》卷二十四作“三十里”。

⑥ “佛”，点校本缺。抄本有此字，《吉林分巡道造送会典馆清册》同，今补。

⑦ “南北二门”，《盛京通志》卷三十一、《吉林通志》卷二十四同，《吉林分巡道造送会典馆清册》作“南一门”。

⑧ “吴把哈”，《盛京通志》卷三十一作“武巴海”，《清史稿》卷二百三十《刘传》十七作“吴巴海”，声转字通，实皆一人。

一门。布儿哈图西古城城西北五十二里，周围一里余，东西各一门。海兰城城西北六十里，海兰河北岸，周围三里，四面各一门。撒儿虎城城北四十五里，海兰河南岸，周围一百步，南一门。觉罗城城东北四里，虎儿哈河北岸，周围五十六步，南一门。刻印城城东北五十里，虎儿哈河在其南，海兰河在其北，周围三里，西一门。大河城即昂邦必拉城，城东北三百五十里，虎儿哈河北岸，周围六里，四面各一门。古城城东北六百里，虎儿哈河入混同江之南岸，周围三里，东西各一门。瓦利城城东北九百里，混同江之南，周围三里①，西南各一门。海边古城城东北三千余里。在混同江之东南入海处。城外有元时石碑，路远莫考其详。

伯都讷城池即长宁县。

三姓城池

康熙五十四年建，高七尺，周围五里，池深七尺，阔②八尺。东古城城南六十里，呼里哈河东岸。北古城城北二里。西古城城西一百五十③里，呼里哈河西岸。

阿尔楚喀城池

雍正七年建，高一丈三尺④，周围三里⑤，池阔一丈，深一丈⑥。古城城南四里，城内有小⑦城，尚余宫殿旧址。

打牲乌拉城池

---

① “南北二门”，《盛京通志》卷三十一、《吉林通志》卷二十四同，《吉林分巡道造送会典馆清册》作“南一门”。

② “阔”，《吉林分巡道造送会典馆清册》同，《盛京通志》卷三十一作“广”。

③ “五十”，《吉林分巡道造送会典馆清册》同，《盛京通志》卷三十一作“二十”。

④ “一丈三尺”，《盛京通志》卷三十一同，《吉林外纪》卷二作“丈余”，《吉林通志》卷二十四作“七尺”。

⑤ “三里”，《盛京通志》卷三十一同，《吉林通志》卷二十四作“七百四十五丈”。

⑥ “阔一丈，深八丈”，《盛京通志》作“深八尺，广一丈”，《吉林通志》卷二十四同。《吉林外纪》卷二作“深六尺”。

⑦ “小”，《盛京通志》卷三十一作“子”。

康熙四十二年旧城有水患，于哈恩呼贝勒城东移建新城，周围八里，共四门。

山　川

《盛京通志》所载吉林所属山川名目抄录于后：

永吉州即吉林乌拉，一名船厂。

尼什哈山城东十二里，高三百步[①]，周围十里，其上有城。纳木窝集城东八十[②]里，高三里余，城东南诸河多发源于此。拉发峰城东一百五十二里，高五里，周围二十里，峰前有洞，人不能到。色齐窝集城东二百十二里[③]，高五里，城东诸河及宁古塔诸河多[④]发源于此。一拉木山城东南七里余，在混同江东，上有一拉木城。依努山城东南一百七十里，高五里，周围三十里。额敦山城东南三百里，高六十里，周围八十里，福尔虎河、飞虎河俱发源于此。娘尔马峰城东南四百里，高一百五十步，周围五里余。长白山即歙尔民商坚阿邻，《山海经》作不咸山，《唐书》作太白山。亦曰徒太山，或作白山。《明一统志》云：在故会宁府[⑤]南六十里，横亘千里，高二百里。其岭有潭，周围

① “高三百步”，《盛京通志》卷二十七、《吉林分巡道造送会典馆清册》《吉林通志》卷十八同，《吉林外纪》卷二作“五百步”。

② “八十”，《盛京通志》卷二十七作“一百二十里”，《吉林通志》卷十八同。

③ “二百十二里”，《盛京通志》卷二十七、《吉林通志》卷十八同，《吉林外纪》卷二误以色齐窝集为张广才岭，并谓在城东“二百九十里”。

④ “多”，《盛京通志》卷二十七作“俱”，《吉林通志》卷十八同。

⑤ “会宁府”，《元一统志·开元路》误金渤海上京为金上京，《明一统志》《盛京通志》皆从之。

八十里，南流为鸭绿江，北流为混同江，东流为阿也苦江[①]。今考其地在奉天府永吉县东南一千三百余里。西南流入海者为鸭绿江，东南流入海者为土门江，北者建州城，东南出边受诺尼江东注，北受黑龙江，南受乌苏哩江与折入海者为混同江，并无阿也苦之名，古今称呼之异也。金大定十二年于山北建庙，册为兴国灵应王，有司致祭如岳[②]镇故事。明昌四年尊为开天宏圣帝，其后庙废。国朝延应[③]天命考正祀典，尊为长白山之神，春秋二祭。宁古塔将军、副都统主之，在城西九里温德恒山之上望祭。盛京礼部遣官随祭，国家大典，遣大臣祭告，如岳镇仪。康熙十七年[④]，奉旨遣大臣觉罗吴木讷[⑤]等，登山相视，见山麓一所。四周密林丛翳，其中草木不生，出林里许，香树行列，黄花纷郁，山半云垂雾罩，会诸大臣跪宣敕旨毕，云雾倏廓，山形瞭然，有径可登，山腰见石砌平台，登望山巅作圆形，积雪皑然。及陟其上，五峰环峙如俯，南一峰稍下如门，中潭窈杳，周可四十余里，山之四周百泉奔注。即三大江所由发源也。康熙二十三年，奉敕旨遣驻防协领勒出[⑥]等，复周围相度[⑦]山形势，广袤绵亘，略如有《明一统志》所云：其巅不生他树，草多白花。南麓蜿蜒磅礴分为两干，

① “高二百里。其岭有潭，周围八十里，南流为鸭绿江，北流为混同江，东流为阿也吉江”。《吉林通志》卷十八：“考天下之山，未有高至二百里者。《明志》所云，殆出传闻。其潭曰闼门，今实测所得，才周二十九里有半，与《通志》‘三四十里’不甚相悬。《明志》云：‘八十里’，亦约略之词也。爱呼原作阿也苦，今无其名。恭读高宗《盛京赋》云：‘粤我清初肇长白山，鸭绿、混同、爱滹三江出焉。’则爱呼当即图们，古今称名之异耳。”《满洲源流考》卷十五：“《明统志》爱呼江，源出长白山，东流入海。（案元明《统志》又俱讹阿也苦，今并改。考《盛京通志》吉林诸河多发源于长白山诸窝集中，而自入海者惟混同、鸭绿、图们三江。爱呼河自纳穆窝集会拉法河入混同江，今《明统志》云入海误。”）

② “岳”，抄本及点校本缺，据《盛京通志》卷二十七补。又下文有“如岳镇仪”，可参证。

③ “延应”，《盛京通志》卷二十七作“诞膺”。

④ “康熙十七年”，《盛京通志》卷二十七、《吉林通志》卷十八同，《吉林外纪》卷二作“康熙十六年”。

⑤ 吴木讷，《盛京通志》卷二十七作“武穆纳”，《吉林通志》卷十八同，《吉林外纪》卷二作“武木讷”，音同字通，实皆一人。

⑥ “出”，《盛京通志》卷二十七作“辄”，《吉林通志》卷十八同。

⑦ “度”，抄本及点校本缺，《吉林通志》卷十八同，据《盛京通志》卷二十七补。

其一西南指者，东界鸭绿江，西界通加江，麓尽处两江会焉。其一绕山之西而北，亘数百里，以其为众水所分，旧志总谓之为分水岭。今则西至兴京边，茂树深林，呼为纳绿窝集。从此西入兴京门，遂为开运山。自纳绿窝集西北一冈广袤四十余里者。土人呼为敧尔民朱敦。复西指入英额边门，遂为天柱、隆业二山。回旋盘曲，虎踞龙蟠，其间因地立名，为山为岭者不一。要皆此山之支裔也。山之灵异，自昔称名，而圣发祥，于今为盛，万祀鸿基，与山无极矣。珠鲁木克善峰峰有二。在长白山南，并上二山具长白山南麓。一干西南指者，山名各异，而峰峦相续，其东为鸭绿江，其西即通加江。山尽处两江合流入海。红石砬[①]子山歪头砬子东。歪头砬子山长白山南。分水岭亦名黑林岭，即长白山南麓一干，盘曲西北指者也。此岭有三泉，自谷中涌出，即为通加江之源。喀巴岭康删岭之东，按喀巴、康删、湖沦三岭具长白山南分水岭所分也，土人因地立名，所呼不一。康删岭湖沦岭之东。湖沦岭城西南兴京门之东。撒木禅山长白山西南，辽阳州太子河发源于此，按《明一统志》：太子河一名东梁河，源出干罗山。或古今称名之异也。俊团山在长白山西南，近凤凰城边外之旧[②]城，即和七坤木哈连山也。巴彦博多科山城南二十里，高二里，周围十里。阿脊革峰城南三十三里。高一百五十步，周围五里。佛尔门山城南四十五里，高四里，周围十里。圣音吉林峰城南三百七十里，高一百步，周围一里，上有辉发城。佛思恒山城南四百里。高十里，周围五十里。飞得力山城南五百里，高二十里，周围四百余里。南勒克山城南六百五十里，高五里。周围十五里。讷秦窝集城南七百三十里，城南诸河多发源于此。纳穆窝集[③]《圣祖仁皇帝御制文集》云：窝集东至海边，接连乌拉、黑龙江一带。西至俄罗斯，丛林密树，鳞次栉比，阳景罕曜，如松柏及各种大树皆以类相从，不杂他木。林中落叶常积数尺许。泉水雨水至此皆不能流，尽为泥泽[④]，人行

① “砬”，《盛京通志》卷二十七作“蹦”。

② “旧”，《盛京通志》抄本原作“宣”。

③ “纳穆窝集”，抄本原缺。据《盛京通志》卷二十七《圣祖仁皇帝御制文集》所云，系就纳穆窝集而言。今补。

④ “泽”，《盛京通志》卷二十七作“滓”。

甚难。其地有熊及野豕、貂鼠、黑白灰鼠等物，皆资松子、橡栗[①]以为食。又产人参及各种药料，人多有不能辨识者，与南方湖南[②]、四川相类。望祭山即温德恒山，城西南九里，高一百五十步，周围五里。每岁春秋于此山上望祭长白山之神，雍正十一年建望祭殿。元家博多科山城西南十五里，高一里余，周围四里。阿虎峰城西南五十里，高一百三十步，周围三里。库鲁讷窝集城西南一百四十里，其南即歆尔民朱敦，城西诸河多发源于此。何屯朔山城西南三百余里，高四十步，周围二里，北[③]有小堡。额黑峰城西南三百六十七里，高九十五步，周围七里。萨克萨哈山、博多科山、墩台山、色黑力山高一里余，周围四里。八岩喀喇山高九十步，周围十二里。科七客山在业阿城北，高一里，周围十五里，上有搜登堡。哈苏兰山、衣蓝木哈连山三峰并峙，高可八十步，周围二里，腊新河发源于此。夸兰山高五十步，周围二里，上有石砌墙[④]，周围五十步、西一门。乌绿梨山高三里，周围三十里，乌绿梨河发源于此。黑咀山即萨哈连浑科，高百里，周围百余里。吉林峰高一里，周围二十余里，或呼鸡冠山，山有五泉，北流合为一把单河，汇辽吉善河。壶兰峰在业和城东北，高八十步，周围十里。以上诸山并在城西南四百余里。寿山城西南四百余里，康熙二十年圣祖仁皇帝祭告山陵，礼成，大蒐驻跸于此，值万寿圣节，因赐名曰寿山。长岭子即歆尔民朱敦，南接纳绿窝集，北接库鲁讷窝集。自长白山南一岭环绕至此，绵亘不绝，为众[⑤]水分流之地，东北流为辽吉善河、辉发等河，入混同江。西北流为英额、占尼哈达、叶和、黑儿苏等诸河。纳绿窝集在歆尔民朱敦之南，即分水岭中密林丛翳处，林[⑥]周数十里。永吉州城西南。兴京界内诸河多发源于此。古城山高一百五十步。周围二里。半截塔山在叶和城。上有半截塔故名。白石山即商坚窝黑。近叶和。高四十步，

① “栗”，《盛京通志》卷二十七作“实”。

② “南”，《盛京通志》卷二十七作“广”。

③ “北”，《盛京通志》卷二十七同，《吉林通志》卷十八作“上”。

④ “墙”，《盛京通志》卷二十七作“小城”，《吉林通志》卷十八同。

⑤ “众”，点校本作“泉”，抄本作“众”，《盛京通志》卷二十七、《吉林通志》卷十八同，故作“众”是，今改。

⑥ “林”，《盛京通志》卷二十七缺，《吉林通志》卷十八同。

周围一里。以上五山并在城西南五百里[①]。衣车峰即衣车哈达。西南有哈达新城，下有一石城。昂阿西峰高五里，周围四十余里，峰之北有乌朱力堡，德尔肯山山前一泉流入哈达河，阿脊革河托峰高三里，周围四十余里，山之西有哈达旧城，在开原界，已毁。昂邦何托峰高五里，周围五十里，峰下有小石城，四周密林丛翳，峰顶不生草木，峰之北或呼为罗引[②]，占泥河、福尔哈等河发源于此。扎克丹峰高一里，周围十里，勒福山高二里，周围三十里[③]。钮黑岭、查库兰山山北有石人一，香岭呼鹿河、占尼河俱发源于此，八岭山高五十步，周围二里。木当阿烟台山高一里，周围三里，哈儿飞烟山高二百余步，周围二里。蒙古谷在叶和城西四十里，纳儿浑山[④]近叶和城，高百步，周围二里，白石山即商坚窝集，近边[⑤]，高五十步，周围一里，富儿哈山高五十步，周围一里，大央阿在歆尔民朱敦之北。大央阿山高三里，周围二十里，其南即木黑连布。哥奇山、五里山高二里，周围十里，罗衫山高百步，周围二里。台山高七十步，周围一里。博尔科山高八十步，周围一里。邓噶喇山高一里，周围二里。耕客山高百步，周围二里余。尼马呼山高二百步，周围三里。纳儿浑山近占尼河，高一里，周围四里。爱新山高一里，周围五十里。大奇木鲁山高二里，周围四十余里，南为占尼河，北为叶赫。年马州山高百步，周围一里。敦珠虎山高百步，周围一里。乌尔坚峰高一里，周围二里余，贵勒赫峰高一里，周围二里。牙克萨山高一百六十步，周围二里，山之西旧有青阳堡城，即明时开原旧边也。威远堡山、嘉色山近边，开

① “五百里”，此为约数。按《盛京通志》卷二十七、《吉林通志》卷十八，纳绿窝集在吉林城南五百四十九里；古城山在吉林城西南四百余里；白石山则在吉林城西南四百三十里。

② “罗引”，《吉林通志》卷十八作“罗察”。

③ “三十里”，《盛京通志》卷二十七作“二十里”，《吉林通志》卷十八同。

④ “纳儿浑山”，点校本作“幼儿浑山”，抄本作“纳儿浑山”，《盛京通志》卷二十七作“纳尔珲山”，《吉林通志》卷十八同，则作“纳”是，今改。

⑤ “近边”，按《盛京通志》卷二十七、《吉林通志》卷十八，白石山有二。近时赫城者，高四十步，周一里。

原县华[①]家沟河发源于此。兀朮山近英额边，自衣车峰以下至此山并在西南五百余里。屯齐岭城西二十里，高可百步。雅呼达山城西二十里，高可三里，周围四十余里。珠鲁木哈连峰城西一百六十里，东西两峰，高皆六十余步，周围各二里。刷烟冈即刷烟木敦，在城西一百六十九里，周围百余里。虎驻岭城西二百六十七里。阿儿滩额墨尔山城西三百四十余里，高一里余，周围三里，《明一统志》作阿儿千山，即此。珠鲁喀儿必库易屯河之东西各一丘，高可三十余步[②]，周围各三里，一在城西三百四十三里。一距城三百四十六里。虎坤堆即虎坤虏克滩，在城西三百八十余里，高十五步，周围二百步。黑儿苏山城西儿苏河，近黑儿苏河。噶哈岭城西四百三十余里，其下即英厄布占。蒲泊山即俄克即哈俄磨山，在城西五百八十余里，下有泊，中多产蒲。驴子峰即亨哈达，在城西北八十里，高二百步，周围二十五里。色黑勒峰城西北九十里，高一百三十余步，周围十里。法西兰峰城西北一百十七里，高一百四十步，周围十里。罗罗山城西北一百二十里，高六十余步，周围十五里。马鞍山即思额木山，城西北一百二十里，高六十步，周围四里[③]。按《明一统志》：开原[④]东北四百里，建州卫东，即此山也。壶兰山城西北一百四十里，高一里余，周围十里。萨尔都山城西北一百五十里，高一百三十余步，周围十里。额黑乌郎吉山城西北一百九十五里，高五十步，周围三十里。博多山城西北二百余里，高一百步，周围二十里[⑤]，北一小山无名，有金娄室[⑥]墓。腊

① “华”，抄本及点校本皆作“叶”。《盛京通志》卷二十七作“华”，《吉林通志》卷十八同，又《盛京通志》卷二十五：“华家沟河城东四十里，源出吉林外嘉石山。”《嘉庆重修一统志》卷五十九同，故作“华”是，今改。

② “步”，《盛京通志》卷二十七作“里”。

③ “高大十步，周围四里”，《盛京通志》卷二十七同，《吉林通志》卷十八作“高三里，周二十里”。

④ “开原”，《盛京通志》卷二十七作“三万卫”，《吉林通志》卷十八同。明洪武二十一年，为避帝讳，改开元为开原，并于开原设三万卫。

⑤ “二十里”，《盛京通志》卷二十七作“三十里”，《吉林通志》卷十八同。

⑥ “金娄室”，《盛京通志》卷二十七作“金罗索”。按《金史纪事本末·金史人名清元异译对照表》，娄室即清人译改之罗索。娄室，字斡里衍完颜部人，金初名将，《金史》有传。

壶塔山城西北三百七十二里，高三十步，周围二里余。勒克山城西北四百十余里，高二里余，周围百余里。布儿德库苏把儿汉山城西北五百余里，上有塔[①]，山西北有边门。西儿滩俄佛罗山城西[②]十里，高一里，周围三里。莪山城北七十七里[③]，高一百步，周围四里。珠俄佛罗山城北八十里，高六十步，周围七里。商坚峰城北一百二十[④]里，高二百步，周围二十五里。法忒哈俄佛罗山城北一百四十里，高三十五步，周围四里。伊汉山城东北一百四十[⑤]里，高三十五步，周围四里。法儿马峰城东北一百五里，高一百五十步，周围十里，上有城。色黑力山城东一百二十里，高二百五十步，周围十里。西兰窝集城东北一百九十五里。腊林山城东北二百四十五里，高一里余，周围二十里。墨棱山城东北二百五十里，高一里余，周围三十里。贺沦窝集城东北二百五十三里。加松阿山城东北三百里，高十四里，周围五十五里。

义石河城东北百四十五[⑥]里，源出色齐窝集，台[⑦]噶鲁河西入混同江，额虎河城东一百四十里，源出纳木窝集，南流合拉林河，西入混同江。噶鲁河城东一百七十二里[⑧]，源出色齐窝集，南流合拉发河。珠鲁多浑河城东二百九十里，源出色齐窝集，东南会勒福陈河。安达儿汉河城东三百余里，即山壁[⑨]河、珠鲁多浑河合流处。山壁河城东二百七里，源出色齐窝集，东南会珠鲁多浑河。混同江城之东南，即松阿里河也，一名鸭子河，一名松花江。按《明一统志》云：混同江在开原城北一千五百里，源出长白山，旧名粟末河，俗呼宋瓦江。北流经金故会宁府，下达五国头城，东入于海。又云：松

① “塔”，《盛京通志》卷二十七作“浮图”。按浮图为佛陀之异译，后世称佛塔为浮图。

② “西”，《盛京通志》卷二十七作“北”，《吉林通志》卷十八同。

③ “七十七里”，《盛京通志》卷二十七作“二十七里”，《吉林通志》卷十八同。

④ “二十”，《盛京通志》卷二十七作“三十”。

⑤ “四十”，《盛京通志》卷二十七作“三十”。

⑥ “四十五”，《盛京通志》卷二十七作“四十”。

⑦ “台”，《盛京通志》卷二十七作“合”。

⑧ “七十二里”，《盛京通志》卷二十七作“七十”。

⑨ “壁”，《盛京通志》卷二十七作“璧”。

花江在开原城东北一千里，源出长白山，北流经金故南京[①]城，合灰扒江、混同江东流入海云云。是以松花、混同为二江也[②]。今按长白山为诸水发源之地，小者为河，大者为江，江有三：西南流为鸭绿江，东南流为土门江，山北百泉奔凑，自永吉州东南，北流出边，受诺尼河折而东，北受黑龙江，南受乌苏里江，遂东注入海者，混同江也。按《辽史》：辽圣宗太平四年诏：改鸭子河为混同江。混同名，始见于此。而土人呼为松阿里江。《金志》有宋瓦江，则松阿里音之讹也。《明一统志》：松花江即宋瓦字之变也。《金史·帝纪》有云：混同江一名黑龙江。盖指其下流两江交会之处言之，而成[③]以此江名松花，而以萨哈连江为混同，误也。按金太祖伐辽，将攻黄龙府，次混同江，无舟，乘和[④]白马径涉，大军随之，水及马腹。复[⑤]后使舟[⑥]人测之，不得其底。世宗大定二十五年，册混同江之神为兴国应圣公，立庙致祭，其文曰：江源出于长白，则此江称混同无疑，前代册文可据，而宋瓦、松花皆随音取字，不可为准，远地简册传闻多误。今为祖宗发祥之邦，山川效灵，混同为左，故详辩之。额黑木河城东南六十里，源出纳木窝集，西流入混同江。拉发河城东南九十六里，源出纳木窝集，即额虎、百辰、义，实噶[⑦]鲁四河合流处，西南入混同江。按前志无百辰河，必有脱误。牙门河城东南九十八里，源出纳木窝集。佛多贺河城东南一百十里，源出纳木窝集。飞虎河城东南二百四十四里，源出额敦山。木钦河城东南三百十里，源出色齐窝集。色勒河城东南四百十六里，源出色齐窝集。以上五河俱西流入混同江。汉楚汉河城东南四百三十里，

① “南京”，《明一统志》卷八十九作“南京”。《盛京通志》卷二十七作“东京”。“南京”“东京”皆误。天眷元年，金以会宁府为上京。前文混同江“北流经金故会宁府”是。

② “是以松花、混同为二江也”。《吉林通志》卷二十二：“考《金史》以宋瓦、混同分为二水，《明志》复以松花、混同分为两江，同一谬误，而更以为松花江合混同江，则误弥甚。”

③ “成”，《盛京通志》卷二十七作“或”。

④ “和”，《盛京通志》卷二十七作“赭”。

⑤ “复”，《盛京通志》卷二十七缺，疑衍。

⑥ “使舟”，抄本及点校本皆缺，据《盛京通志》卷二十七补。

⑦ “实”后“噶”字抄本及点校本皆缺，据《盛京通志》卷二十七补。

源出色齐窝集，东南会勒福陈河。撒木西河城东南五百八十里，源出色齐窝集，西南入混同江。勒福陈河城东南五百八十里，源出勒福陈冈，东北流入镜泊。农额勒海兰河城东南五百八十七里，源出色齐窝集，西南流入混同江。打虎河城东南六百七十里，源出讷秦窝集，西北[①]流入混同江。五里河城东南七百七十里。吉林吉海兰河城东南七百九十里，与五里河并源出讷秦窝集，北流入混同江。庚寅河城东南八百二十七里，源出色齐窝集，南流入混同江。英阿什库河城东南九百三十七里。哈占河城东南九百六十余里。色渚沦河城东南九百九十五里，以上三河并源出讷秦窝集，北流入混同江。合克通吉河城东南一千四十五里，源出勒福陈冈，西北流会福尔虎河，入混同江。福尔虎河城东南一千一百二十五里，源出额敦山，南入克通吉河。昂邦土拉库河城东南一千一百八十里，源出长白山，激湍奔出，瀑布千寻，俗名土拉库，北流至[②]阿脊革土拉库阿、娘木娘库河即为混同江。娘木娘库河城东南一千一百八十里，源出长白山东，北流复折而西入昂邦土拉库河。阿脊革土拉库河城东南一千五百二十里，源出长白山，东流入昂邦土拉库河。温泉城东南一千九百八十里，在长白山东，北流入河。汤暖气上蒸如雾，西北流入昂邦土拉库河。佟家江城东南，在长白山之南，源出分水岭。其南有三泉自谷中出，汇为佟家江，西南流入哈尔民等诸河，鸭绿江自东来会，南入于海。哈尔民河源出分水岭，流入佟家江。额尔民河源出分水岭，会哈尔民河。加尔图库河厄尔民河之西。依密苏河加尔图库河[③]也。壶勒河衣密苏河之西。三木定阿河壶勒河之西。加浑河三木定阿河之西。王成河长白山城南，兴京门之东，自哈尔民河以下八河俱在长白山西南，源出分水岭，流入佟家江，道里远近之数未详，佛尔门河城南四十余里。海兰河城南七十里，二河并源出库鲁讷窝集，东入混同江。得佛河城南七十五里，源出库鲁讷窝集，东南入辉发河。马彦河城南一百七十里，源出库鲁讷窝集，东入混同江。辉

① “西”后“北”字抄本及点校本皆缺，据《盛京通志》卷二十七补。

② “至”，《盛京通志》卷二十七作“合”。

③ “加尔图库河”，《盛京通志》卷二十七作“伊木逊河”，在加尔图库河（《盛京通志》卷二十七作嘉勒图河）之西。依密苏河与加尔图库河为两条河。

发河城南三百二十里，《明一统志》作灰扒江即此，源出纳绿窝集，即辽吉善河、土门河，三屯河合流处，东北入混同江。吉儿撒河城南四百二十五里。他木品河城南四百七十里。二河并源出库鲁讷窝集，东南流入辉发河。布儿坎河城南四百七十里，源出库鲁讷窝集，合他木品河。法河城南四百七十里。索儿和河城南四百七十三里。觉哈河城南四百八十里。以上三河并源出佛思恒山，北流入辉发河。三屯河城南四百八十里，源出讷绿窝集，东北流会[①]辽吉善河、土门河即为辉发河。托金河城南四百八十五里，源出佛思恒山，北流入辉发河。土门河城南五百里，源出讷绿窝集，东北流会辽吉善河、三屯河即为辉发河。赛因讷因河城南五百三[②]十余里，源出长白山，西北流复折而东北入混同江。瓦怒虎河城南五百五十里，源出讷秦窝集，北流至赛因讷因。厄里讷因两河会流处，并入混同江。讷儿浑河城西五百六十里，源出佛思恒山，东南至两讷因会流处入混同江。卓嵩峨河城南六百余里。伽库河城南六百五十余里，以上二河并源出城南之勒克山，东流至两讷因会流入混同江。发河城西六百六十余里，源出讷秦窝集，北流至两讷因合流处，入混同江。理河城南六百七十里。按《明一统志》云：在开原城北一千二百里，源出斡朵怜诏山，北流入混同江即此。今按理河源出城南之勒克山，东流至两讷因会流处，并入混同江。渣哈河城南七百十五里。舍棱河城南七百七十四里，与渣哈河并源出城南勒克山，东流至两讷因会流处，并入[③]混同江。额黑讷因河城南八百七十[④]里，源出长白山西北，入赛因讷因河。磨和掩舍棱河城南八百二十里。佛多和河城南八百四十余里。以上二河并源出讷秦窝集，西流入额黑讷因河。泥坎河城南八百七十余里，源出讷秦窝集，西北入额黑讷因河。温德恒河城西南五里，源出库鲁讷窝集，东北入混同江。七笤浑河城西南五十里，源出库鲁讷窝集，东入温德恒河。蛇河即梅黑河，城西南五百二十里，源出分水岭，东流入辽吉善河，辽吉善河城西南五百三十里，源出讷绿

① “会”，《盛京通志》卷二十七作“合”。

② “三”，《盛京通志》卷二十七作“二”。

③ “入”，“并”下入字原缺，据《盛京通志》卷二十七补。

④ “七十”，《盛京通志》卷二十七作“十七”。

窝集，合土门、三屯即为辉发河。十八里河、阿绿河并源出昂邦阿托峰北，西南流入哈达河。虎脊河、觉罗河并源出木黑连布占，南流入哈达河。磨克托梅黑河、昂邦梅黑河并源出大央阿岭，东流入辽吉善河。福儿哈河源出昂邦河托峰，东流入辽吉善河。额因河源出度百城[①]东五十里无名山，东流会福儿哈河。乌绿梨河源出乌绿梨山西，南流入占尼河。呼鹿河源出香岭，东流入黑儿苏河。腊新河源出衣蓝木哈连山西，北流入夸兰河。夸兰河源出昂邦牙哈东山，北流入黑儿苏河。科敦河源出阿脊革牙哈东山，西流入黑儿苏河。巴彦河源出大央阿岭，东流入辽吉善河。你西哈河源出色黑力山东，北流入黑儿苏河。朱敦河源出歆尔民朱敦，流入辽吉善河。自十八里河以下十六河，并在城西南五百余里。占尼河城西南五百七十余里，源有二：一出香岭，一出昂邦何托峰，北流至耕客山合为一向[②]，西南流入威远堡边门为扣河，入清河。哈达河城西南六百里，源出大央阿岭，西流由英厄边门北，入开原县界内，即为清河。噶桑阿河城西南六百余里，源出纳绿窝集，入英额边会纳绿河，即为浑河。纳绿河城西南六百余里，源出纳绿窝集，入英额边即浑河之上流也。西尔门河城西南八百九十余里，源出纳绿窝集，东入赛因讷因河，温水河即哈浑木克河，城西南九百余里，源出纳绿窝集，东流入赛因讷因河。折中额河城西南九百九十余里，源出纳绿窝集，流入赛因讷因河。章京河出纳绿窝集，西入兴京门外[③]，遂为苏子河。马家河、尼马腊河、哈当极河、东式库河并源出纳绿窝集，西流入兴京，遂入苏子河。金木新河、加加河、加哈河并源出分水岭西，由兴京门南入苏子河。偏乡阿河、小夹河并源出分水岭，西流入太子河。叆河源出分水岭，西流绕凤凰城，西南入鸭绿江。自章京河以下至此，并在城西南，道里远近之数未详。鸭绿河即益州江或呼瑷江，按《唐书》马訾水出白山，色若鸭头，故名鸭绿，西与监难水合，又西南至安东入海。今协长白山南诸泉南注汇为大江，西汇为大江，西南流与佟家江会，行五百余里，绕凤凰城之东南，入于海。江之东南，为朝鲜界。遂哈河城西

① “度百城”，《盛京通志》卷二十七作“锡伯城”。
② “向”，《盛京通志》卷二十七作“河”。
③ “外”，《盛京通志》卷二十七作“北”。

四十里，源出库鲁讷窝集，与搜登河、一拉秦河合，北流为莪河。莪河城西六十余里，东北流入混同江。搜登河城西八十里余，源出库鲁讷窝集。一拉秦河城西九十里，源出库鲁讷窝集。撒沦河城西一百二十余里，源出库鲁讷窝集，北流会衣儿门河。衣儿门河城西一百四十余里，源出库鲁讷窝集，东北流入易屯河。都蒂河、勒福河并在城西一百六十余里，源出库鲁讷窝集，北流入衣儿门河。刷烟河城西二百四十里，源出珠鲁木哈达峰，东北流入衣儿门河。一把单河城西二百七十[①]里，源出吉林峰，东北流会易屯河。易屯河城西二百九十余里，源出额黑峰，北流出边，东入混同江，易屯门在河西。昂邦牙哈河城西三百二十余里，源出库鲁讷窝集，西北会黑儿苏河。阿脊革牙哈河城西三百四十余里，源出库鲁讷窝集，会昂邦牙哈河。黑儿苏河城西四百余里，源出库鲁讷窝集，北流出边，即辽[②]上流也。叶赫河城西四百余里，源出嘎哈岭，入占泥河。渣星阿河城北八十五里，源出色黑勒峰，东入混同江。奇他木河城北一百里，源出法西兰峰，东入混同江。诺泥江在法忒哈边门北，《明一统志》作脑温江即此。源出西北边外不可考，东南流与混同江合，东注入海。伊汉江城东北二十五里，源出纳木窝集，西流入混同江。渣儿虎赤河城东北七十五里，源出色黑力山，西北流会西兰河。西兰河城东北九十五里，源出西兰窝集，西北流入混同江。腊林河城东北二百二十五里，源出腊林山，北流入混同江。贺沦河城东北二百三十里，源出贺沦窝集，北会腊林河。墨棱河城东北二百四十里，源出墨棱山。阿尔楚哈河城东北九十里[③]，源出加松阿山，西北流入混同江。湖沦河、额者米河、额浑河、讷民河以上四河并源出边外，南流入混同江。

长宁县即伯都讷

兰陵山城东四百三十里。荒山[④]城东五百余里，兰陵河城东一百三十里。

① “七十”，《盛京通志》卷二十七作“六十七”。

② “辽”，《盛京通志》卷二十七作“辽河”。

③ “九十里”，《盛京通志》卷二十七作“九百里”。

④ “荒山”，《盛京通志》卷二十七作“康山”，《吉林通志》卷十八同。

松花江源发长白，自东南巴杨哦佛落边门流入长宁县境[1]，三百三十里至县台自[2]南而西而北，流入混同江，北会黑龙江入东海。三岔河城西北六十里。阿什河城东北四百里

宁古塔将军境内。吉林乌拉已见永吉州。

宁古塔

塔克通阿窝集塔克通河发源于此。凡窝集发源之河多随窝集立名，举此为例，其余各河发源之处即系于河，窝集之下，不复赘。缘河名为窝集例者，仍两系之。商坚必儿汉窝集、花兰窝集并在城东南五十里。虎思喀哩窝集城东南七十里。揑黑窝集城东南九十里。忒林窝集城东南一百一十里[3]。模棱窝集城东南一百里，模棱河、遂分河发源于此。笊篱山城东南五百八十里，高一里，周围四里，英爱河发源于此。壶兰窝集城东南六百里。乌儿浑山城东南六百二十里，高五里，周围三十里。夏渣山城东南六百三十里，高五里，周围三十里，浑绰浑河、渚沦河发源于此。密占窝集城东南六百六十里。通垦山城东南七百里，高一里，周围四里，浑春河发源于此。英爱山城东南七百里，高一里，周围三里。苏大路山城东南七百五十里。高半里，周围四里。辉贺洛峰城东南一千四百里，高五里，周围十余里。窝黑脊峰城东南一千五百里，高四里，周围十里。希喀塔山城东南一千五百七十里，高三十里，周围一里，乌苏里江、一津河、喜绿河俱发源于此，其南即大海也。壶兰峰城东南一千六百里，在希喀塔山南，高六里，周围十五里。泥满窝集城东南一千六百里。朔尔贺绰窝集城南百里。马儿虎力窝集城南一百五十里，噶哈哩河发源于此。布腊山城西南一百十里，在镜泊之北，高五里，周围一百里。德林石城西九十里，自俄莫贺湖东绕沙阑站之南，至虎儿哈河。有大石，广二十余里，袤百余里。石平如镜，孔洞大小不可数计，或圆或方，或六隅八隅，如井、如盆、如池，或口如盂，而中如洞，深或丈许或数尺。中有泉澄然凝碧，

① “长宁县境”，《盛京通志》卷二十七作白都讷。按长宁县，清雍正五年置，治所在白都讷（今吉林省松原市），一作伯都讷，乾隆元年废。

② “自”，“台”后“自”字原缺，据《盛京通志》卷二十七补。

③ “一十里”，《盛京通志》卷二十七作“二十里”，《吉林通志》卷十九同。

夏无蚊虻，马鹿群嬉，名曰德林石。其名义不可解，俗呼黑石甸子。石缝中鱼或跃出，人每得之。甸上草木皆异，黄蒿松即生其处。车马行其上，如闻空洞之声。石块或损，便有水从罅隙出，探之深不可测。迤西十余里有海眼，季春冰泮，水流石下，声如雷吼。海兰窝集城西北二百里，自此西接必儿汉窝集，连接米占窝集，绵亘数百里。必儿汉窝集城西北二百二十里，自此西接色齐窝集、贺沧窝集。查哈喇峰城北八十里，高三里，周围三十里。米占窝集、加木屯窝集并在城北一百二十里[①]。舍黑窝集城北一百三十里，在米占窝集之东。福大密窝集城东北一百三十里，在加木屯窝集之东。撒尔布窝集城东北一百六十里，在福大密窝集之东。舒兰窝集城东北二百九十里，在撒尔布窝集之东。虎勒山城东北三百里，虎儿哈河之南，高六里，周围三十里。阿木兰窝集城东北三百十二里，舒兰窝集之东，阿木兰河发源于此。昂邦必拉窝集城东北三百八十里，阿本兰窝集之东，昂邦河发源于此。阿思汉必拉窝集城东北四百二十里，昂邦必拉窝集之东。阿尔哈窝集城东北六百三十余里。巴阑窝集城东北六百五十里，在混同江之北。吞窝集城东北八百余里，在巴阑窝集之东。壁郎吉山城东北九百里，混同江之南岸，高五里，周围七十里。峨儿滚尔山城东北一千里，混同江南，高四里，周围六十里。温吞窝集城东北一千一百里，混同江北。都耳窝集城东北一千二百里，在温吞窝集之东。奇水宁窝集城东北一千四百五十里，黑龙江东。必兴窝集城东北一千七百里。贺洛窝集城东北一千七百余里。库鲁窝集城东北一千八百余里，奇木宁窝集东。库勒克山城东北二千八百余里，混同江南，近飞牙喀界。商坚河即商坚必儿汉城东四里，源出商坚必儿汉窝集，西北流入虎儿哈河。花兰河城东五里，源出花兰窝集，西[②]北流入虎儿哈河。模棱河城东四百里，源出模棱窝集，东流会乌苏哩江。挪落河城东五百里，源出城东四百里无名小山，东流入乌苏哩江。乌苏哩江城东一千余里，源出希喀答山，东北流会混同江入海。多忒敦河在乌苏哩江之东。壁腊儿河在多忒敦河之东。以上二河南流入混同江，其

① “城北一百二十里”，《盛京通志》卷二十七作“城东北一百三十里”，《吉林通志》卷十九同。

② “集”下“西”字原缺，据《盛京通志》卷二十七补。

源莫考。泥满河城东一千余里，源出泥满窝集，西北流入乌苏哩江。必兴河城东一千五百里，源出必兴窝集，西北流入乌苏哩江。贺洛河城东一千五百余里，源出贺洛窝集，西流入乌苏里江。塔克通阿河城东南四里，源出塔克通阿窝集，北流入虎儿哈河。俄尔滚遂分河城东南三百六十里，源出城东五百里无名小山，西南流入遂分河。遂分河城东南四百四十里，源出模棱窝集，南流入海。门河城东南五百里，源出城东南四百里无名小山①，东流入兴开湖。壶兰河城东南五百里，源出壶兰窝集，南流入土门江。兴开湖城东南五百里，周围千里②，源出门河，乌查虎河、都忒赫河等诸河合流入此，其西岸一山临水，名曰木克阿立哈山。乌渣虎河城东南五百余里，源出城东南③四百余里无名小山④，南流入兴开湖。密占河城东南五百四十里，源出密占窝集。英爱河城东南五百八十里⑤，源出笊篱山，南流入土门江。浑春河城东南六百里，源出通垦山，南流入土门江。都忒赫河城东南六百里，源出城东东南七百里无名小山，北流入兴开湖。汉达河城东南六百二十里，源出乌儿浑山，西流会浑春河。飞牙达池城东南六百四十里，周围二里，南入海。渚沦河城东南六百四十余里，源出夏渣山，南流入于海。英额河城东南六百五十里，源出城东南七百里无名小山⑥，南入海。福尔单河城东南六百五十里，源出城东南八百里无名小山，西南流入遂分河。浑绰浑河城东南六百六十里，源出夏渣山，南流入土门江。大巴库湖城东南七百里，在兴开湖北，周围三十里。白井河城东南七百五十里，源出城东南三百六十里荒甸中，东流入勒福河。勒福河城东南七百九十里，源出城东南一百里无名小山，东流入于兴开湖。松阿河城东南九百里，源出兴开湖，东北流入乌苏哩江。虎夜河城东南九百一十里，源出城东南一千里林中，东北流入乌苏哩江。席儿喜河城东南九百二十里，源出城东南一千里无名山，北流会虎夜河。乌尔虎马河城东南一千里，源出城东南一千里无名山，

① “无名小山”，《盛京通志》卷二十七作“苏扎哈窝集”。
② “千里”，《盛京通志》卷二十七作“十里”。
③ “南”，《盛京通志》卷二十七缺，疑衍。
④ “无名小山”，《盛京通志》卷二十七作“苏扎哈窝集”。
⑤ “八十里”，《盛京通志》卷二十七作“四十里”。
⑥ “城东南一百里无名小山”，《盛京通志》卷二十一作“扎哈哩冈”。

东北流会虎夜河。范图河城东南一千三百里，源出城东南一千四百里无名小山，东流入乌苏哩江。额壶河城东南一千四百里，源出东南一千五百里黑林中，西北流入乌苏哩江。额图密河城东南一千四百里，源出城东南六百里黑林中，西北流入乌苏哩江。一津河城东南一千五百里，源出西客塔山，东北流入乌苏哩江。喜绿河城东南一千六百里，源出西喀塔山，南流入海。朔尔贺绰河城南十里，源出朔尔贺绰窝集，南流入虎儿哈河。葛哈里河城南一百五十里，源出马儿虎力窝集，南流入土门江。虎林河城南三百里，源出城南无名山，东流入噶哈哩河。哈孙河城南二百四十里，源出城东南五百里无名山，西流入噶哈哩河。布儿哈图河城南四百里，源出城南六百里无名山，东流入噶哈哩河。海拦河城南四百一十里，源出西南五百九十里无名山，东流入布尔哈图河。土门江城南一[①]百里，源出长白山，东北流经朝鲜北界后，东南折入海。马儿虎力河城西南五十里，与下阿布河并源出马儿虎力窝集，北流会虎儿哈河入镜泊。阿布河城西南六十五里。莲花池城西南八十里，在金上京西二十里，相传为金时塞外之曲江。松景河城西南一百里，与阿布河并源出马儿虎力窝集，北流入镜泊。镜泊城西南一百里有一大湖，土人呼为必尔滕，源出长白山，群流凑集至此，连成巨浸，广五六里，袤七十里许。湖中有三山，曰城莫贺帛阿山、阿克善山、牛录山。阿克善、牛录两山之间，有岩曰白岩。湖之西南虎儿哈河东流入湖之处有一崖，曰呼客儿崖。湖水东注。飞瀑蹑[②]空，奔浪雷吼，声闻数十里，谓之响音。水三四月间，日初出时，水光日色红绿相映，霞彩缤纷，崖下奇花异草，不易名状，土人呼曰发库。自发库东流，绕宁古塔、宁古大城，绕觉罗城东南，东北与混同江合，又东北六百余里与黑龙江合，又六百余里乌苏里江自南来会，从此万泉奔凑汇为大江，折从入于东海。按《明一统志》称呼里改江出建州卫东南山下，东北汇为镜泊，又北入混同江。今考呼里改即虎儿哈河，则此呼应名镜泊也。渣准河城西南一百十里，源出马虎力窝集汇镜泊。虎儿哈河即古呼里改江，源出永吉州界内色齐窝集中，诸河

① “一”，《盛京通志》卷二十七作“六”。

② “蹑”，《盛京通志》卷二十七作“跳”。

汇为一大河，东流入镜泊，又从镜泊之发[①]库东注，绕城之南复东北折入混同江。按《金史》，呼里改路在会宁府东北五百余里，盖在其下流将入大江之处也。《明一统志》云："呼里改江出建州东南山下，东北汇为镜泊，又北入混同江，"盖合镜泊之上流言之也。"金初置万户府于此，后改府为路。"今考其地形即此，改字音之误也。福尔加哈河城西南三百里，源出西南三百里外无名小山，西北流会勒福陈河入镜泊[②]。木陈河城西七十里，源出西北九十里无名小山，南流会沙阑河。沙阑[③]河城西八十里，源出西北一百里无名小山，南流入虎儿哈河。布尼河城西九十里，源出西北一百二十里无名小山，南流会法儿撒河。法儿撒河城西九十里，源出德林石，东流会沙兰河。扼虎河城西一百三十里，源出必儿汉窝集，南汇必儿汉河。俄莫贺湖、必儿汉河并在城西一百四十里。朱克敦河城西一百六十里，三河并源出必儿汉窝集，南流入镜泊[④]。阿兰河城西一百七十里，源出必儿汉窝集，南流会朱克敦河。塔阑河城西一百八十里，源出必儿汉窝集，南流会阿阑河。都林谷河城西二百十里，源出色齐窝集，南流会勒福陈河，入镜泊。佛多贺河城西三百三十里，源出色齐窝集，南流会都林谷河。海兰河城西北三[⑤]十余里，源出海阑窝集，东流入虎儿哈河。按《明一统志》有哈兰河，元置合兰府，水达达等路于此，明时为卫即此。米占河城北五十里，源出米占窝集。舍黑河城北五十里，源出舍黑窝集。俄克托河城北五十里，源出城北九十里无名小山。加木屯河城北五十里，源出加木屯窝集。自米占河以下四河，俱南流会海兰河，入虎儿哈河。虎思喀哩河城东北二十五里，源出虎思喀哩窝集。捏黑河城东北六十里，源出捏黑窝集。忒林河城东北七十里，源出忒林窝集。七客滩河城东北九十里，

① "发"，《盛京通志》卷二十七作"法"。

② "镜泊"，《盛京通志》卷二十七作"毕尔腾湖"，按《明一统志》"镜泊湖，国语呼毕尔腾湖。"《吉林通志》卷二十二："毕尔腾湖，所谓镜泊湖也。"又今人张连伟《关于镜泊湖的两点考辨》（刊《东北史地》2014年第1期），和王岸英《牡丹江流域满语地名之翻译考证》（刊《民族翻译》2008年第1期）均主张清朝毕尔腾湖即今镜泊湖。

③ "阑"，《盛京通志》卷二十七作"兰"。

④ "镜泊"，《盛京通志》卷二十七作"毕尔腾湖"。

⑤ "三"，《盛京通志》卷二十七作"四"。

源出城东一百三十里无名小山。乌黑连河城东北一百十里，源出城东一百四十里无名小山。以上五河俱北流入虎儿哈河。福大密河城东北一百二十里，源出福大密窝集。撒尔布河城东北一百五十里，源出撒尔布窝集。舒阑[①]河城东北二百五十里，源出舒兰窝集。阿木兰河城东北三百里，源出阿木兰窝集。昂邦河城东北三百五十里，源出昂邦必拉窝集。阿思汉河城东[②]北四百里，源出阿思汉必拉窝集。以上六河，俱南流入虎儿哈河。乌思虎河城东北四百八十里，源出城东五百里无名小山，北流入虎儿哈河。翁钦河城东北六百余里，源出阿尔哈窝集，北流入混同江。巴阑河城东北六百余里，源出巴阑窝集。吞河城东北七百里，源出吞窝集。温吞河城东北九百余里，源出温吞窝集。以上三河，俱南流入混同江。都耳河城东北一千一百余里，源出都耳窝集，南流入混同江。黑龙江城东北一千二百余里，即萨哈连江[③]也。《明一统志》云：黑龙江源出北山，南入松花江。今按江源出西北塞外，东南流并混同江入海，又详后黑龙江界内。奇木宁河城东北一千三百五十里，源出奇木宁窝集，南流入混同江。库鲁河城东北一千五百余里，源出库鲁窝集，南流入混同江。革林河在库鲁河之东。必津河在革林河之东。夏哩河在必津河之东。亨滚河在夏哩河之东。以上四河俱南流入混同江，其源莫考。海城之正南，土门江入海之处，约一千余里。城之东南，希喀塔山之南即海岸，约一千六百余里。城之东北混同江入海之处，约三千余里。海眼在石头甸子西十余里万山中，方圆八十余里，每日三潮与海相应，故名。仲夏日初出时，风平浪静，有巨鱼涌出波心，高约三丈，长十余丈，飞鸟不敢过其上，至巳午时始没。其出时众鱼随之，皆浮水面，渔者因其出而网焉，必大获。拨水泉在城西，山泉下注至冬不冰，石上镌拨水泉三字，傍有观音阁。

伯都讷已见长宁县。

三姓

松花江、呼尔哈河，乌苏哩江见前永吉州及宁古塔。

① “阑”，《盛京通志》卷二十七作“兰”。

② “东”，《盛京通志》卷二十七缺，疑衍。

③ “江”，《盛京通志》卷二十七作“乌拉”。按“乌拉”，满语“江”也。

阿尔楚哈、哈尔哈山城东二百里。索多和山城南三百里。西里门山城西二百余里。和尔托科山城北二百余里。扎巴兰河、飞可图河并在城东三百余里，其源莫考，北流入混同江。岳记河城东南二十余里，其源莫考，北流入混同江。呼兰河城北一百三十余里，其源莫考[①]，北流入混同江。阿尔楚哈河城东北里许，源出加松阿山，北流入混同江。海勾河城东北十余里，源出城东无名小山，北流入混同江。马彦河城东北二百余里，源出米占窝集，北流入混同江。松花江北与蒙古分界。

浑春

阿尔楚呼山城东五里，喀尔代山城东八十余里。浑[②]春河城东十余里，源出通口峰东，流入鸭绿江[③]。觉尔和河城北二百余里，其源莫考，北流入混同江。鸭绿江见前永吉州，东与高丽分界。

打牲乌喇

锦住峰在城东，高七十五丈。团山城东二十三里小西浪河之北，高五十四丈。牛山在城东南，高三十丈，起源于伐门峰，高一百七十二丈。伐士兰峰城东南，高二百十二丈。撒尔达山高七十七丈。弗河库山城西北，高二百三十二丈。小西浪河、噶哈河、敖河、扎星阿河、启塔木河、通启河、松阿里河自南而西而北，环绕如带，即松花江也。小西浪河、喀哈河自东南流入，敖河、扎星阿河、启塔木河自西南流入，通启河自西流入黑龙江。

以上所有山川名目，概行抄录咨送外，再查乾隆四十六年咨送三通馆，山川名目，除于志载相同者删减不录，所有不在志书内之山川、城堡及程途里数、方向，一并造册开送。

吉林正东

那木窝集岭，距城一百二十里。拉法，距城一百七十里。额尔贺

---

① “其源莫考”，《盛京通志》卷二十七作“源出札松阿山”，即《吉林志书》“加松阿山”。

② “浑”，《盛京通志》卷二十七作“珲”。

③ “鸭绿江”，《盛京通志》卷二十七作“图们江”。按珲春河为图们江支流，在今珲春市南河口屯西北注入图们江。

河，距城一百七十里。杜西霞河，距城一百七十五里。库布尔亨河，距城二百里。推吞河，距城二百三十里。色齐窝集木鲁，距城二百六十五里。诸路多浑，距城三百三十里。小白山，距城三百五十里。额穆赫索啰，距城三百六十里。和西河，距城三百九十里。都灵武堡，距城四百里。诸克得河，距城四百六十里。托汉河，距城五百一十里。扎珠河，距城五百三十里。海兰河，距城五百五十里。松吉河，距城五百五十里。古鲁拉门堡，距城五百八十里。佛诺和城，距城六百一十里。玛尔琥里岭，距城六百一十里。汉图城，距城六百三十里。布尔哈图，距城六百三十里。宁古塔城，距城六百四十里。觉罗堡，距城六百五十里。夸兰溪，距城六百五十里。约龙吉河，距城六百五十里。窝楞河，距城六百五十里。山岩溪，距城六百五十里。勒富窝集，距城一千五百四十里。宜禄河，距城一千五百四十里。斐雅河，距城一千五百五十里。小萨拉玛河，距城一千五百五十里。勒富特勒库山，距城一千六百里。琥叶果洛，距城一千七百里。嫩图山，距城一千七百九十里。嫩图河，距城一千七百九十里。法尔图河，距城一千七百九十里。富奇河，距城一千八百四十里。乌苏里源，距城二千二百里。乌苏里源窝集，距城二千二百里。瑚尔新河，距城二千五百四十里。里富拉河，距城二千五百四十里。额木里河，距城二千五百四十里。

吉林东南

雅门山，距城一百里。太禄里河，距城一百三十里。勘达山，距城一百三十里。阿兰堡，距城一百三十里。玛延多珲，距城一百五十里。瓜尔查堡，距城二百里。宜兰波堡，距城二百里。瓜尔查河，距城二百二十里。佛思亨山，距城二百四十里。辉法口，距城三百里。萨哈，距城四百里。鄂多哩城，距城四百一十里。富尔嘉哈河，距城四百四十里。色勒窝集，距城四百五十里。刷烟木克河，距城四百六十里。般巧河，距城四百七十里。多永武山，距城一千一百二十里。哈喜山，距城一千一百五十里。库里哈河，距城一千二百二十里。富尔丹城，距城一千二百九十里。尼玛查果洛，距城一千四百里。木克阿力甘，距城一千四百里。扪河源，距城一千四百里。查奇力木敦，距城一千四百二十里。拉拉山，距城一千四百五十里。尼牙临河，距城一千四百五十里。三奇鄂佛罗，距城一千四百九十里。牙哈莫河，距城一千四百九十里。三奇河，距城一千四百九十里。额尔格河，距城一千五百里。博北木敦，距城一千五百二十里。勒富源，距城一千五百四十里。嘎思哈河，距城六百六十里。硕尔霍洛河，距城六百六十五里。忒林岭，距城七百三十里。萨奇库果洛，距城七百五十里。珲托和窝集，距城七百六十里。穆呼恩源，距城八百四十里。绥芬源，距城九百九十里。色珠勒河，距城九百九十里。鄂尔珲绥芬，距城一千里。琥普图河，距城一千里。苏扎哈窝集，距城一千里。绥芬果洛，距城一千一百里。绥芬河，距城一千一百里。珲达山，距城一千一百一十里。珲达河，距城一千一百一十里。舒范河，距城一千一百二十里。和图河，距城六百七十里。和珲山，距城六百七十里。庚吉因河源，距城六百八十里。布尔哈图源，距城六百九十里。平顶山，距城七百里。富勒哈和洛，距城七百一十里。达尔琉忒和洛，距城七百二十里。艾丹城，距城七百三十里。艾米达河，距城七百七十里。琥吉堡，距城八百里。喀勒奇哈博勒多，距城八百里。舒尔哈河，距城八百里。富勒哈溪，距城八百里。嘎顺河，距城八百一十里。特通额河，距城八百二十里。大海兰河，距城八百五十里。噶哈里源，距城八百九十里。小海兰河，距城九百里。海兰果洛，距城九百里。巴颜河，距城九百一十里。穆克德亨岭，距城九百二十里。戳满，距城九百五十里。尼雅木尼雅库河，距城一千里。雅尔占河，距城一千里。舒敏博勒多，距城一千里。黑山，距城一千里。库兰河，距城一千里。扎库塔城，距城一千里。珲春，距城一千一百里。勒塔河，距城一千一百里。哈达河，距城一千一百二十里。西廷山，距城一千一百三十里。博和里河，距城一千一百三十里。密优宏科，距城一千一百三十里。带都城，距城一千一百七十里。兴吉拉库河，距城一千一百七十里。福达喜珲河，距城一千一百八十里。喀勒达山，距城一千一百八十里。呼鲁河，距城一千一百八十里。女汪坚泉，距城一千一百八十里。玺帛河，距城一千一百八十里。集新河，距城一千一百九十里。颜楚河，距城一千一百九十里。喀发山，距城一千一百九十里。题扬郭萨哈，距城一千二百里。南海，距城一千二百里。古城，距城一千二百里。黄顶子，距城一千二百里。阿密岭，距城一千二百二十里。阿布达里河，距城一千二百二十里。裴雅河，距城一千二百五十里。小多碧岛，距城一千二百五十里。袋图萨哈，距城一千二百五十里。西斯赫岛，距城一千二百六十里。萨尔巴绰萨哈，距城一千二百六十里。哈吉密河，距城一千二百六十里。麻玛萨哈，距城一千二百六十里。阿萨尔吉岛，距城一千二百七十里。大多碧岛，距城一千二百七十里。伊吉密河，距城一千二百八十里。珠克扎河，距城一千二百九十里。妞妞裴颜岛，距城一千三百里。扎克荡吉岛，距城一千三百里。大河，距城一千三百里。法萨尔吉岛，距城一千三百里。岳杭噶岛，距城一千三百一十里。大雅哈河，距城一千三百一十里。鄂尔博绰岛，距城一千三百二十里。穆克察河，距城一千三百二十里。特依楚岛，距城一千三百二十里。库题富河，距城一千三百三十里。翁郭勒绰岛，距城一千三百三十里。法哈库河，距城一千三百三十里。和尔多岛，距城一千三百三十里。密拉河，距城一千三百三十里。阿敏河，距城一千四百里。穆辖河，距城一千四百里。纳尔珲河，距城一千四百里。和图蒙古河，距城一千四百里。蒙古河，距城一千四百五十里。小图门乌拉源，距城一千五百里。图门乌拉源，距城一千七百里。西喇河，距城一千七百里。布达窝集，距城一千七百里。布达山，距城一千七百里。佛林河，距城一千八百五十里。搜楞吉岛，距城二千里。西林河，距城二千里。杜尔呼河，距城二千零五十里。牙兰河，距城二千一百里。勒福岛，距城二千一百里。库兰峰，距城二千三百里。瑚叶克河，距城二千四百里。塔尔芬河，距城二千五百里。

吉林正南

巴廷博托课，距城二十五里。古拉库峰，距城一百五十里。嘛颜岭，距城一百六十里。孔拉芬山，距城二百里。滚河，距城三百五十里。托哈那尔珲河，距城三百七十里。尼西哈河，距城四百里。雅哈河，距城五百五十里。苏湾，距城六百里。乌苏城，距城七百里。哈勒珲穆克河，距城八百里。讷因果洛，距城八百里。佛多和河，距城八百里。烟处堡，距城一千一百九十里。

吉林西南

库呼恩窝集，距城一百二十里。库勒讷河，距城一百七十里。库勒讷岭，距城一百七十里。刷烟木敦，距城二百里。佛多和河，距城三百五十里。觉哈河，距城四百里。

吉林正西

绥哈城,距城五十里。萨伦岭,距城一百二十里。伊通,距城二百八十里。雅哈城，距城三百一十里。赫尔苏城，距城三百七十里。英额布展，距城四百三十里。布尔图库苏巴勒干边门,距城五百里。巴颜哈喇,距城五百里。正北堡，距城五百一十五里。鄂克集哈泡，距城五百五十里。

吉林西北

穆舒河，距城一百二十里。伊汉福赫杜库峰，距城一百五十里。杜林口，距城二百一十里。伊通边门，距城二百八十里。赫尔苏边门，距城四百里。松花江，距城四百一十里。克尔齐勒堡，距城四百七十里。滚堡，距城四百八十里。旧伯都讷城，距城五百二十五里。伯都讷城，距城五百二十五里。嫩乌拉，距城五百九十里。

吉林正北

打牲乌拉城，距城七十里。舒兰河，距城一百二十里。噶海城，距城一百四十里。巴延鄂佛啰边门，距城一百七十里。塔勒奇河，距城二百四十里。松花江，距城四百二十里。课谢太堡，距城四百二十里。

吉林东北

那木塘阿河，距城一百二十里。鄂多诺山，距城二百里。哈萨里河，距城二百里。舒兰河，距城二百一十里。索达库山，距城三百三十里。拉林，距城三百八十里。伊勒们河，距城四百里。玛延窝集，距城四百五十里。阿勒楚库河，距城四百五十里。阿尔楚库河，距城四百五十里。绥哈河，距城四百六十里。舒尔可布占，距城五百七十里。奇克腾河，距城七百四十里。大河，距城七百五十里。阿木兰山，距城七百五十里。小苏和辰河，距城七百五十里。伊麻呼河，距城七百五十里。梅赫河，距城七百六十里。小乌赫璘河，距城八百里。费雅河，距城八百里。福抡河，距城八百里。小窝集，距城八百三十里。乌赫璘岭，距城八百三十里。巴兰堡，距城八百七十里。小呼特亨堡，距城九百里。穆呼肯岭，距城九百里。拉喀力堡，距城九百二十里。哈尔哈山，距城九百三十里。霍屯堡，距城九百三十里。三姓城，距城九百三十六里。布拉特堡，距城九百五十里。大呼特亨堡，距城九百五十里。倭肯河，距城九百五十里。僧古勒堡，距城九百六十里。呼尔哈果洛，距城九百七十里。舒勒赫堡，距城九百九十里。小瓦丹堡，距城九百九十里。大瓦丹城，距城一千里。乌斯浑堡，距城一千里。大珠尔拉堡，距城一千里。和吉各，距城一千里。小珠尔拉堡，距城一千零三十里。穆舒图库堡，距城一千零六十里。山岩倭和堡，距城一千零六十里。法勒图珲河，距城一千零九十里。霍隆郭山，距城一千一百里。敖恰堡，距城一千一百里。绰阔费优山，距城一千一百里。敖恰河，距城一千一百三十里。穆呼肯河，距城一千一百三十里。敖恰山，距城一千一百三十里。库呼恩河，距城一千一百三十里。他图库堡，距城一千一百三十五里。叶尔珲河，距城一千一百四十里。固哈山，距城一千一百四十里。佛霍抡堡，距城一千一百六十里。玛那哈堡，距城一千一百七十里。加木斯堡，距城一千一百八十里。音达木堡，距城一千一百九十里。音达木河，距城一千二百里。尼玛奇堡，距城一千二百里。伊车苏苏堡，距城一千二百一十里。德依亨堡，距城一千二百三十里。额音莽噶堡，距城一千二百三十里。巴霍里河，距城一千二百三十里。稳车亨堡，距城一千二百五十里。那丹哈达拉山，距城一千二百八十里。达尔呼河，距城一千二百八十里。察库兰岭，距城一千三百里。西题尔河，距城一千三百里。万达山，距城一千三百里。富题西堡，距城一千三百三十里。摩霍洛堡，距城一千三百三十里。倭肯河源，距城一千三百三十里。喀勒喀莫堡，距城一千三百三十里。库布查拉堡，距城一千三百四十里。大河，距城一千三百八十里。福楞吉山，距城一千三百八十里。佛多洛滚堡，距城一千四百里。达布库，距城一千四百里。巴哩颜山，距城一千四百里。哲克图库堡，距城一千四百三十里。乌都奇堡，距城一千四百三十里。鄂尔霍拉山，距城一千四百三十里。诺罗源，距城一千四百四十里。喀克塔山，距城一千四百八十里。扎斐堡，距城一千五百里。佛呼恩窝集，距城一千五百里。萨里堡，距城一千五百一十里。聂尔博堡，距城一千五百一十里。该金堡，距城一千五百三十里。该奇山，距城一千五百三十里。阿题奇堡，距城一千五百四十里。阿克塔拉山，距城一千五百五十里。阿木基山，距城一千六百里。库木山，距城一千六百里。萨克达，距城一千六百里。威哈珠河，距城一千六百里。阿木基堡，距城一千六百二十里。鄂勒珲堡，距城一千六百三十里。琥叶口，距城一千六百五十里。阿西克塔堡，距城一千六百五十里。吉讷璘堡，距城一千六百五十里。喀木图河，距城一千六百五十里。波亲河，距城一千六百五十里。额图堡，距城一千六百八十里。伊路山，距城一千六百九十里。希布克里河，距城一千七百里。希伯山，距城一千七百里。古城，距城一千七百里。弥占山，距城一千七百里。弥占窝集，距城一千七百里。兴安果洛，距城一千七百里。奇尔勒河，距城一千七百里。都满河，距城一千七百三十里。古城，距城一千七百四十里。努喀密河，距城一千七百四十里。奇木尼窝集，距城一千七百五十里。搜力河，距城一千七百五十里。那丹哈达拉山，距城一千七百五十里。穆楞河，距城一千八百里。松噶蝉河，距城一千八百里。希鲁林山，距城一千八百里。德克登吉堡，距城一千八百里。希鲁林堡，距城一千八百二十里。霍尔洛郭堡，距城一千八百五十里。格依克里国，距城一千九百里。雅哈岛，距城一千九百里。呼尔穆山，距城一千九百里。呼尔穆河，距城一千九百里。诺洛河，距城一千九百里。海楚堡，距城一千九百里。伊尔坤堡，距城一千九百里。克勒木堡，距城一千九百里。墨勒特堡，距城一千九百五十里。哈达堡，距城一千九百五十里。希尔古辰堡，距城一千九百五十里。图弼山，距城二千里。噶尔玛河，距城二千里。讷洛堡，距城二千里。霍洛堡，距城二千里。呼尔堪堡，距城二千里。佛裴堡，距城二千里。穆克图力山，距城二千一百里。福勒图库河，距城二千一百里。阿奇堡，距城二千一百里。武扎拉城，距城二千一百里。索题音堡，距城二千一百里。摩璘乌珠堡，距城二千一百里。吉林窝集，距城二千一百里。吉林山，距城二千一百里。绰奇力鄂佛啰，距城二千一百三十里。布尼鄂佛洛，距城二千一百三十里。库布尔亨河，距城二千一百五十里。穆克德河堡，距城二千一百五十里。噶尔玛山，距城二千二百里。尼满堡，距城二千二百里。奇法库河，距城二千二百里。布库拉堡，距城二千二百里。扎克达喀堡，距城二千二百里。阿布达力堡，距城二千二百里。乌苏里口，距城二千二百里。抓金堡，距城二千二百里。鄂洛木堡，距城二千二百里。哲奇璘堡，距城二千二百里。西占堡，距城二千二百三十里。库噜河，距城二千二百三十里。哈达鄂佛洛，距城二千二百五十里。苏木噜山，距城二千二百五十里。碧新堡，距城二千三百里。穆勒库堡，距城二千三百五十里。万达山，距城二千三百五十里。优特力堡，距城二千三百六十里。和克特力堡，距城二千三百七十里。霍伦堡，距城二千三百七十里。卓尔弼堡，距城二千三百八十里。呼勒堡，距城二千四百里。钦河，距城二千四百里。勒河，距城二千四百里。伊都河堡，距城二千四百里。瓜题音堡，距城二千四百三十里。冲诺库堡，距城二千四百五十里。吉林，距城二千四百五十里。阿工河，距城二千四百五十里。阿工堡，距城二千四百五十里。浩坦堡，距城二千四百五十里。阿库力河，距城二千四百五十里。多索密河，距城二千五百里。鄂克索密堡，距城二千五百里。尼满河，距城二千五百里。使狗果洛，距城二千五百里。阿库里尼满果洛，距城二千五百里。阿木努河，距城二千五百五十里。端端河，距城二千五百五十里。伊尔库噜堡，距城二千六百里。穆舒堡，距城二千六百三十里。奇克金堡，距城二千六百八十里。噶三堡，距城二千七百里。额勒岳色，距城二千八百里。端端堡，距城二千八百里。哈达乌勒河，距城二千八百里。格金堡，距城二千九百里。噶勒题奇堡，距城二千九百里。扬山，距城二千九百里。绰拉题堡，距城二千九百三十里。萨尔布堡，距城二千九百五十里。威塔堡，距城二千九百五十里。额勒源，距城三千里。窦色山，距城三千里。依弥勒河，距城三千里。噶木河，距城三千二百里。和勉塔拉噶，距城三千三百里。福达力堡，距城三千三百二十里。瓦伦堡，距城三千三百五十里。巴哈力堡，距城三千三百七十里。必勒固河，距城三千四百里。瑚里堡，距城三千四百里。端端窝集，距城三千四百里。佛洛玛堡，距城三千四百六十里。阿吉堡，距城三千五百里。优倭克特堡，距城三千五百里。倭勒齐堡，距城三千五百二十里。费叶尔苏堡，距城三千五百五十里。优倭克特河，距城三千五百八十里。哈尔吉河，距城三千五百八十里。斐森堡，距城三千六百里。齐克都哈堡，距城三千六百里。希拉孙河，距城三千六百里。年塔哈河，距城三千六百三十里。瑚伊里河，距城三千六百五十里。扎里堡，距城三千六百五十里。西勒绰堡，距城三千六百六十里。奇集湖，距城三千六百六十里。道湾河，距城三千六百八十里。西勒巴希河，距城三千六百九十里。讷木登特河，距城三千七百里。鄂题山，距城三千七百里。鄂题河，距城三千七百里。岳敏河，距城三千七百里。奎玛河塔勒噶，距城三千七百里。奇集堡，距城三千七百里。玛哈勒齐河，距城三千七百二十里。端塔勒噶，距城三千七百五十里。赫勒尔河，距城三千七百五十里。森奇勒河，距城三千七百五十里。奇因河，距城三千七百七十里。阿克齐河，距城三千八百里。岳色河，距城三千八百里。克莫勒河，距城三千八百里。古城，距城三千八百里。额勒河，距城三千八百里。蒙古里堡，距城三千八百里。奎玛堡，距城三千八百一十里。墨勒尔苏克鄂佛洛，距城三千八百五十里。穆呼勒堡，距城三千八百五十里。占堡，距城三千八百八十里。巴尔喀河，距城三千八百八十里。塔克题音堡，距城三千八百九十里。敖达里河，距城三千八百九十里。克齐河，距城三千九百里。底密河，距城三千九百里。使鹿部落，距城三千九百里。阿勒哈堡，距城三千九百一十里。妙堡，距城三千九百二十里。额奇底河，距城三千九百三十里。瓦集堡，距城三千九百三十里。都图布河，距城三千九百三十里。额福金山，距城三千九百四十里。尼叶尼叶里河，距城三千九百四十里。察喀玛河，距城三千九百四十里。琢霍林鄂佛洛，距城三千九百五十里。达柏鄂佛洛，距城三千九百六十里。克呼木特河，距城三千九百六十里。提扬艾河，距城三千九百六十里。尼满堡，距城三千九百七十里。鄂托库鄂佛洛，距城三千九百七十里。喀尔玛图鄂佛洛，距城三千九百八十里。青噶哩鄂佛洛，距城三千九百九十里。瓦西普努鄂佛洛，距城四千里。索木尼音堡，距城四千里。提扬噶鄂佛洛，距城四千里。特肯堡，距城四千一百里。特肯河，距城四千一百五十里。益对堡，距城四千一百五十里。益对河，距城四千一百五十里。楚拉河，距城四千一百五十里。楚克锦河，距城四千二百里。拉喀堡，距城四千二百里。温特呼河，距城四千二百里。底巴努河，距城四千二百五十里。汪艾河，距城四千三百里。博和弼河，距城四千三百里。英吉深山，距城四千三百五十里。阿当吉山，距城四千三百五十里。东海岛，距城四千四百里。塔木玛山，距城四千四百五十里。塔木玛河，距城四千四百五十里。奇都西山，距城四千四百五十里。图克苏呼山，距城四千四百五十里。普隆艾堡，距城四千五百里。萨依河，距城四千五百里。国多和河，距城四千五百里。努力叶河，距城四千五百里。萨依堡，距城四千五百五十里。昆勒图河，距城四千五百五十里。昆勒图堡，距城四千五百五十里。大喜河，距城四千五百五十里。额尔野河，距城四千六百五十里。额尔野堡，距城四千七百里。

路　站

吉林所属地方原设三十八站及兼管二小站，额设壮丁八百五十名，马八百五十匹，牛八百五十条。内于乾隆二十四年十二月二十七日，经前任将军萨拉善奏请，酌量各站差役轻重、程途远近，挪役壮丁八十名，马八十匹，牛八十条，拨往萨库哩站至三姓新设之八站当差。此新设萨库哩站等八站，每站添放笔帖式各一员，拨什库各一名。又于乾隆三十四年六月初五日，经前任将军伯富亮奏请，酌量各站差役轻重、程途远近，将金珠至伯德讷等十站，额设马牛内拨往吉林至宁古塔所设大小九站，马二十四匹，牛二十四条，仍由各本站内挑补壮丁当差。又于乾隆四十四年三月十五日，经前任将军候[①]和隆武奏请，酌量各站差役轻重、程途远近，将吉林至宁古塔大小九站额设马牛内拨往蒙古卡伦至鄂勒国木索等九站，马三十八匹，牛三十八条，仍由各本站内挑补壮丁当差。

现在吉林所属共三十八站及二小站，壮丁八百五十名，马八百五十匹，牛八百五十条。每马一年应领草豆银各十八两，每牛一年应领草豆

① “候知隆武”，《盛京通志》卷四十：“和隆武，满洲正黄旗人，乾隆四十三年任”吉林将军。此处“候和隆武”误，“候”字疑衍。

银各十二两，合计一年应领马牛草豆银共二万五千五百两。每年应报倒毙马共二百五十五匹，倒毙牛共三百二十八条，买补倒毙缺额马牛，每马价银各九两，每牛价银各七两，合计共应用银肆千五百九十一两。此内每匹倒马皮脏变价银五钱，每条倒牛皮行变价银三钱，除变价银二百二十五两九钱外，每年实在应领银共四千三百六十五两壹钱。每年共应备驰驿等差廪给银五百两。

吉林通盛京西路各站

吉林城乌拉站至蒐登站七十里。蒐登站至伊勒们站七十里。伊勒们站至苏瓦延站五十五里。苏瓦延站至伊巴丹站六十里。伊巴丹站至阿勒谈额墨勒站六十里。阿勒谈额墨勒站至赫尔苏站六十里。赫尔苏站至叶赫站八十里。叶赫站至蒙古和罗站五十五里[①]。蒙古和罗站至盛京所属开原站五十五里。

吉林城通宁古塔东路各站

吉林城乌拉站至额赫穆站九十里。额赫穆站至拉法站八十里。拉法站至退通站六十五里[②]。退抟站[③]至意气松[④]小站八十里。意气松小站此站系必尔罕站笔帖式兼管至鄂摩和站四十里。鄂摩和站至他拉小站八十里。他拉小站此站系必尔罕站笔帖式兼管至必尔罕站六十里。必尔罕站至沙兰站六十里。沙兰站至宁古台站八十里。宁古台站至宁古塔城。

吉林城通伯都讷、黑龙江等处北路各站

---

① “五十五里”，《吉林分巡道造送会典馆清册》同，《盛京通志》卷三十三作“四十里”，《吉林外纪》卷二同。

② “六十五里”，《盛京通志》卷三十三、《吉林分巡道造送会典馆清册》同，《吉林外纪》卷二作“六十里”。

③ “退通站”，《吉林外纪》卷二、《吉林分巡道造送会典馆清册》皆作“退抟站”抄本同。

④ “意气松”，《吉林外纪》卷二、《吉林分巡道造送会典馆清册》同，抄本作“意粇松”。

吉林城乌拉站至金珠鄂佛罗站六十里[①]。金珠鄂佛罗站至舒兰河站六十里。舒兰河站至法特哈站五十里[②]。法特哈站至登伊勒哲库站五十里[③]。登伊勒哲库站至盟温站五十里[④]。盟温站至陶赖昭站五十里[⑤]。陶赖昭站至逊扎保站五十里[⑥]。逊扎保站至浩色站三十五里[⑦]。浩色站至社哩站六十里[⑧]。社哩站至伯德讷站八十里[⑨]。伯德讷站至黑龙江所属茂兴站八十里。

又由登伊勒哲库站通拉林、阿勒楚喀、三姓等处东路各站

登伊勒哲库站至蒙古喀抡站八十里[⑩]。蒙古喀抡站至拉林多欢站七十里[⑪]。拉林多欢站至萨库哩站七十里[⑫]。萨库哩站至蜚克图站六十五里[⑬]。蜚克图站至色勒佛特库站八十二里[⑭]。色勒佛特库站至佛斯亨站六十一里[⑮]。佛斯亨站至富勒珲站七十三里[⑯]。富拉库站至崇古尔库站

① “六十里”，《盛京通志》卷三十三、《吉林通志》卷五十七引《清会典事例》五百五十九、《吉林分巡道造送会典馆清册》同，《吉林外纪》卷二作“六十五里”。

② “五十里”，《吉林分巡道造送会典馆清册》《吉林通志》卷五十七同，《盛京通志》卷三十三作“四十五里”，《吉林外纪》卷二同。

③ “五十里”，《吉林外纪》卷二、《吉林分巡道造送会典馆清册》《吉林通志》卷五十七同，《盛京通志》卷二十三作“四十五里”。

④ “五十里”，《盛京通志》卷三十三、《吉林外纪》卷二作“四十五里”。

⑤ “五十里”，《盛京通志》卷三十三作“四十五里”。

⑥ “五十里”，《盛京通志》卷三十三作“四十五里”，《吉林外纪》卷二同。

⑦ “三十五里”，《吉林分巡道造送会典馆清册》作“四十里”。

⑧ “六十里”，《吉林外纪》卷二作“六十五里”，《吉林分巡道造送会典馆清册》作“五十里”。

⑨ “八十里”，《盛京通志》卷三十三作“七十里”，《吉林外纪》卷二同。

⑩ “八十里”，《盛京通志》卷三十三作“三十里”。

⑪ “七十里”，《盛京通志》卷三十三作“三十里”，《吉林分巡道造送会典馆清册》作“八十里”。

⑫ “七十里”，《盛京通志》卷三十三作“八十里”。

⑬ “六十五里”，《盛京通志》卷三十三作“三十里”。

⑭ “八十二里”，《盛京通志》卷三十三作“一百里”。

⑮ “六十一里”，《盛京通志》卷三十三作“四十里”，《吉林分巡道造送会典馆清册》作“七十三里”。

⑯ “七十三里”，《盛京通志》卷三十三作“五十里”。

七十里[①]。崇古尔库站至鄂尔国木索站七十二里[②]。鄂尔国木索站至妙嘎山站六十八里。妙嘎山站至三姓城五里。

吉林城乌拉站至西路蒙古和罗等九站，额赫穆站至东路宁古台等九站，此两路共十八站，额设驿站总管监督一员，随驿站关防笔帖式一员。郭什哈领催一名，管驲站笔帖式十六员，领催十八员。金珠鄂佛啰站至北路伯德讷等十站，蒙古喀抡站至东北路妙嘎山等十站，此两路共二十站，额设驲站总管监督一员，随驲站关防笔帖式一员，果什哈领催一名，管驲站笔帖式二十员，领催二十名。

以上共领催四十名，每名按月食饷银二两，领催缺出由壮丁内挑补。壮丁八百五十名，俱由本站幼丁内挑补，并无饷银。

粮　船

吉林地方于康熙二十三年修造粮船三十只，以备吉林、黑龙江二省遇有饥馑年岁，来往运送米石。康熙三十一年修造桨船二十只，以备采捕桦皮、东珠差使。乾隆十九年修造龙船二只，沙船一只，蒲拉子船一只，红船一只。嘉庆十五年裁汰沙船、红船、蒲拉子船三只，此外每年修造船只需用木料，俱系水手、壮丁砍伐木植修造，所用桐油、钉铁等项，均系由部请领之处，理合声明。

① “七十里”，《盛京通志》卷三十三作“五十五里”，《吉林外纪》卷二作“七十五里”。

② “七十二里”，《盛京通志》卷三十三作“八十里”，《吉林通志》卷五十七作“七十里”。

职　官

吉林属自乾隆二十五年以后至嘉庆十六年历任将军、副都统、旗佐姓名，到任年分开列于后。

将军宗室辅国公恒禄，都京镶蓝旗满洲人，乾隆二十五年到任。

将军敦惠一等伯富亮，都京镶黄旗满洲人，乾隆三十四年到任，

将军宗室辅国公富椿，都京镶黄旗满洲人，乾隆三十五年到任。

将军三等嘉勇男福康安，都京镶黄旗[1]满洲人，乾隆四十二年到任。

将军果勇候和隆武，都京正黄旗满洲人，乾隆四十三年到任。

将军庆桂，都京镶黄旗满洲人，乾隆四十七年到任。

将军宗室都尔加，都京正白旗满洲人，乾隆四十九年到任。

兵部尚书庆桂，都京镶黄旗满洲人，乾隆五十三年署理吉林将军事务。

将军宗室恒秀，都京正白旗满洲人，乾隆五十四年到任。

将军宗室琳宁，都京镶蓝旗满洲人，乾隆五十四年到任。

将军宗室恒秀，都京正白旗满洲人，乾隆五十六年到任。

将军保琳，都京正黄旗满洲人，乾隆五十九年到任。

将军秀林，都京镶白旗满洲人，乾隆五十九年到任。

将军富俊，都京正黄旗蒙古人，嘉庆八年到任。

将军秀林，都京镶白旗满洲人，嘉庆八年到任。

将军赛冲阿，都京正黄旗满洲人，嘉庆十五年到任，现任。

① 镶黄旗，《吉林外纪》卷四作“镶红旗”。

副都统永安，都京镶红旗蒙古人，乾隆三十年到任。副都统多啰额驸明亮，都京镶黄旗满洲人，乾隆三十一年到任。副都统编柱，都京镶白旗满洲人，乾隆三十三年到任。副都统僧保，都京正黄旗满洲人，乾隆三十七年到任。副都统编柱，都京镶白旗满洲人，乾隆三十七年到任。副都统僧保，都京正黄旗满洲人，乾隆三十七年到任。副都统编柱，都京镶白旗满洲人，乾隆三十七年到任。副都统僧保，吉林正白旗满洲人，乾隆三十七年到任。副都统富僧额，都京正黄旗满洲人，乾隆三十八年到任。副都统明英，都京正红旗满洲人，乾隆三十八年到任。副都统克兴额，都京镶蓝旗满洲人，乾隆四十四年到任。副都统武凌阿，阿勒楚喀正红旗满洲人，乾隆四十七年[①]到任。副都统索柱，打牲乌拉正黄旗包衣人，乾隆五十一年到任。副都统巴林木达，齐齐哈尔正黄旗满洲人，乾隆五十三年到任。副都统索善，都京镶白旗满洲人，乾隆五十三年到任。副都统秀林，都京镶白旗满洲人，乾隆五十八年到任。副都统赛冲阿，都京正黄旗满洲人，乾隆五十九年到任。副都统吉禄，打牲乌拉正黄旗包衣人，嘉庆二年到任。副都统达禄，都京镶红旗满洲人，嘉庆七年到任。副都统宗室伊铿额，都京镶蓝旗满洲人，嘉庆十三年到任。副都统额勒珲，都京正黄旗满洲人，嘉庆十五年到任。副都统宗室玉衡，都京镶蓝旗满洲人，嘉庆十五年到任。副都统德宁阿，黑龙江镶蓝旗满洲人，嘉庆十五年到任。副都统宁宁，都京正蓝旗蒙古人，嘉庆十五年到任，现任。

宁古塔

副都统宗室曾海，都京正蓝旗满洲人，乾隆二十八年到任。副都统明亮，都京镶黄旗满洲人，乾隆三十三年到任。副都统编柱，都京镶白旗满洲人，乾隆三十七年到任。副都统富珠礼，都京镶黄旗满洲人，乾隆三十七年到任。副都统达色，都京正黄旗蒙古人，乾隆四十二年到任。副都统安林，都京正白旗蒙古人，乾隆四十八年到任。副都统那奇泰，

① “四十七年”，抄本及点校本皆作“四七年”，误。据文意当作“四十七年”，今改。

都京正蓝旗满洲人，乾隆五十四年到任。副都统庆林，都京镶黄旗满洲人，乾隆六十年到任。副都统富尼善，都京镶红旗满洲人，嘉庆三年到任。副都统郭勒明阿，盛京镶蓝旗新满洲人，嘉庆六年到任。副都统富登阿，黑龙江镶黄旗打[①]牲人，嘉庆九年到任。副都统德宁阿，黑龙江镶蓝旗满洲人，嘉庆十五年到任，现任。

伯都讷

副都统扎隆阿，都京正黄旗满洲人，乾隆二十八年到任。副都统觉罗佟福柱，都京正蓝旗满洲人，乾隆[②]三十二年到任。副都统克兴额，都京镶蓝旗满洲人，乾隆三十八年到任。副都统宗室普正，都京正红旗满洲人，乾隆四十四年到任。副都统乌雅勒达，乌拉正白旗满洲人，乾隆四十四年到任。副都统僧保，吉林正黄旗满洲人，乾隆五十三年到任。副都统索喜，都京镶白旗满洲人，乾隆五十八年到任。副都统宗室斌静，都京镶红旗满洲人，嘉庆七年到任。副都统宗室伊鉴额，都京镶蓝旗满洲人，嘉庆七年到任。副都统达斯胡勒岱，齐齐哈尔正黄旗满洲人，嘉庆九年到任。副都统宗室任鉴额，都京镶蓝旗满洲人，嘉庆十三年到任。副都统恒福，盛京镶黄旗满洲人，嘉庆十三年到任。副都统色尔观，黑龙江正黄旗打牲人，嘉庆十五年到任。副都统宗室玉衡，都京镶蓝旗满洲人，嘉庆十五年到任，现任。

三姓

副都统舒通阿，都京正白旗满洲人，乾隆二十九年到任。副都统富珠礼，都京镶黄旗满洲人，乾隆三十一年到任。副都统滚布，齐齐哈尔正白旗满洲人，乾隆三十五年到任。副都统舒通阿，都京正白旗满洲人，乾隆三十七年到任。副都统宗室雅朗阿，乾隆三十九年到任，旗色无凭

---

① “打”字原缺，点校本补。《国朝耆献类征》卷三百十一：“富登阿，索勒鄂拉氏，黑龙江满洲镶黄旗人。”索勒，即索伦。康熙三十年，置布特哈总管统辖嫩江两岸的索伦、达斡尔、鄂伦春诸部落。故富登阿为布特哈索伦人。又西清《黑龙江外纪》卷一：“布特哈，译言虞猎，故有打牲处之说。”故富登阿为黑龙江打牲人，据补。

② “乾隆”二字原缺，点校本补，《盛京通志》卷四十有此二字。

可查[①]。副都统穆尔泰，都京正黄旗满洲人，乾隆四十年到任。副都统宗室普正，都京正红旗满洲人，乾隆四十四年到任。副都统明英，都京正红旗满洲人，乾隆四十四年到任。副都统那奇泰，都京正蓝旗满洲人，乾隆五十年到任。副都统额勒傅克，都京正白旗蒙古人，乾隆五十四年到任。副都统赛冲阿，都京正黄旗满洲人，嘉庆十二年到任。副都统乌雅勒达，乌拉正白旗满洲人，嘉庆五年署任。副都统宗室额尔恒额，都京正白旗满洲人，嘉庆六年到任。副都统宗室斌静，都京镶红旗满洲人，嘉庆七年到任。副都统额勒珲，都京正黄旗满洲人，嘉庆九年到任。副都统达嵩阿，乌拉正白旗满洲人，嘉庆十二年到任。

拉林

副都统特克新，都京正蓝旗满洲人，乾隆二十九年到任。于乾隆三十四年将拉林副都统裁汰，归并阿勒楚喀管辖。

阿勒楚喀

副都统岳成，都京正蓝旗满洲人，乾隆二十八年到任。副都统托筠，都京镶黄旗满洲人，乾隆四十年到任。副都统富珠礼，都京镶黄旗满洲人，乾隆四十九年到任。副都统额勒傅克，都京正白旗蒙古人，乾隆五十年到任。副都统宗室德青阿，都京正蓝旗满洲人，乾隆五十四年到任。副都统乌雅勒达，乌拉正白旗满洲人，嘉庆六年到任。副都统色尔观，黑龙江正黄旗打牲人，嘉庆九年到任。副都统布兰泰，吉林正红旗满洲人，嘉庆十一年到任。副都统色尔观，黑龙江正黄旗打牲人，嘉庆十五年到任，现任。

吉林属自乾隆三十年至嘉庆十六年，历任理事同知、通判、学正、巡检，旗佐原籍、各姓名、到任年分开列于后。

理事同知

图善，都京正白旗满洲人，乾隆二十七年到任。肇伸保[②]，都京正

① “旗色无凭可查”，《盛京通志》卷四十作“满洲镶红旗人”，《吉林外纪》卷四同。

② “肇伸保”，《盛京通志》卷四十作“灶神保”。

红旗满洲人，乾隆三十四年到任。达哈布，都京镶红旗满洲人，乾隆三十五年到任。那昌阿，都京镶黄旗满洲人，乾隆四十年到任。玉柱，都京正白旗满洲人，乾隆四十四到任。常龄，都京正蓝旗满洲人，乾隆五十三年到任。瑚唐阿，都京镶白旗满洲人，乾隆五十三年到任。富纶，都京镶黄旗满洲人，乾隆五十八年到任。硕隆武，都京正白旗满洲人，嘉庆三年到任。舒成，都京镶红旗满洲人，嘉庆七年到任。白瑛，都京镶黄旗满洲人，嘉庆九年到任。富元，都京正黄旗蒙古人，嘉庆十一年到任，现任。

学正

张瑜，直隶广平府磁州人[①]，训导，乾隆二十六年到任。安学元，直隶正定府赞皇县人[②]，举人，乾隆三十八年到任。宋开元，顺天府宛平县人，举人，乾隆四十一年到任。胡惺，直隶天津府[③]庆云县人，举人，乾隆四十三年到任。柴梅，直隶河间府故城县人，举人，乾隆五十年到任。孟人文，直隶宣化府延庆州人，举人，乾隆五十一年到任。董启祥，直隶天津府天津县人，举人，乾隆五十八年到任。王丕振，直隶正定府行唐县人，举人，乾隆六十年到任。董启祥，直隶天津府天津县人，举人，嘉庆六年到任。孙钺直隶天津府天津县人，举人，嘉庆十三年到任。

巡检

潘宏德，四川成都府成都县人，乾隆十四年[④]到任。金以权，浙江

① “广平府磁州人”，《盛京通志》卷四十作“直隶灵寿人”。

② “正定府赞皇县人”，《盛京通志》卷四十作“直隶新安人”。

③ “天津府”，抄本作“天府”，点校本作“顺天府”，误。按《嘉庆重修一统志》卷二十四《天津府》：“庆云县”，“本朝初属河间府，雍正七年属沧州，九年改属天津府”。而天津府为直隶省下辖府之一。故胡惺为直隶天津府庆云县人，抄本“天”后脱“津”字，今补。

④ 十四年，《吉林通志》卷六十七同，《盛京通志》卷四十二作“二十八年任”。

绍兴府会稽县人[①]，乾隆三十二年到任。陈宋儒[②]，浙江绍兴府诸暨县人，乾隆四十年到任。赵万清，顺天府大兴人[③]，乾隆四十七年到任。丁凤梧，顺天府大兴人，乾隆五十年到任。陶家宾，顺天府大兴县人，乾隆五十九年到任。柴斗佑，顺天府大兴县人，乾隆六十年到任。丁荣祖，顺天府大兴县人，嘉庆八年到任。张继武，湖北武昌府江夏县人，嘉庆十六年到任，现任。

长春厅通判

六雅图，都京镶黄旗蒙古人，嘉庆五年到任。阿城，都京正蓝旗满洲人，嘉庆十二年到任。六雅图，都京镶黄旗蒙古人，嘉庆十六年到任，现任。

巡检

潘玉振，顺天府宛平县人，嘉庆五年到任，吴介玺[④]，顺天府宛平县人，嘉庆十四年到任，现任。

伯都讷理事同知

庆臣，都京镶黄旗满洲人，嘉庆十六年到任，现任。

巡检

茅镇，顺天府大兴县人，嘉庆十六年到任，现任。

孤榆树屯巡检

谭仁薄[⑤]，广东惠州府长宁县人，嘉庆十六年到任，现任。

吉林将军，副都统及宁古塔、伯都讷、三姓、阿勒楚喀副都统等，每岁庆贺年表。

① 绍兴府会稽县人，《吉林外纪》卷四、《吉林通志》卷六十同、《盛京通志》卷四十作“浙江桐乡人”。

② “陈宋儒”，《盛京通志》卷四十二同。《吉林外纪》卷四作“陈宗儒”，《吉林通志》卷六十七同。

③ “顺天府大兴人”，《吉林外纪》卷四同，《吉林通志》卷六十七同，《盛京通志》卷四十二作“浙江山阴人”。

④ “吴介玺”，《吉林外纪》卷四作“吴介禧”，《吉林通志》卷六十七作“吴介喜”。

⑤ “谭仁薄”，《吉林外纪》卷四作“谭仁溥”，《吉林通志》卷六十七同。

臣等诚欢诚忭，稽首顿首上贺。伏以德纯乾元，首正六龙之位；建用皇极，肇门五福之先。恭惟皇帝陛下，率育苍生，诞膺景命。萝图席瑞，共球集而万国来同；黼扆凝禧[①]，覸溢恬而八方和会。太平有象，庆祚无疆。臣等恭遇熙朝，欣逢圣诞，伏愿玉烛[②]常调，溥时雍于九牧；金瓯永固，绵泰运于万年。臣无任瞻天，仰圣欢忭之至。谨奉表称贺以闻。

岁　贡

吉林属每岁进贡物产开列于后。

四月内赍送，进上油煸白肚、鳟鱼肉丁十坛。

七月内赍送，进上窝雏、鹰[③]鹞各九只。

十月内赍送，进上二年野猪二口[④]、一年野猪一口、鹿尾四十盘、鹿尾骨肉五十块、鹿肋[⑤]条肉五十块、鹿胸岔肉五十块、晒干鹿脊条肉一百束、野鸡七十只、稗子米一斛、铃铛米一斛。

十月内由围场先赍送，进上鲜味二年野猪一口、一年野猪一口、鹿尾七十盘、野鸡七十只、树鸡十五只、稗子米一斛、铃铛米一斛。

十一月内赍送，进上七里香九十把、公野猪二口、母野猪二口、二

① “凝禧”，点校本误作“疑厘”，抄本同。《竹叶亭杂记》卷一作“凝禧”，禧通厘。

② “烛”，点校误作“独”，抄本同。《竹叶亭杂记》卷一作“烛”，今据改。

③ “鹰”，点校本误作“膺”，抄本同。《竹叶亭杂记》卷一作“鹰”，今改。

④ “二口”，点校本作“一口”，抄本同，《竹叶亭杂记》卷一作“二口”，今据改。

⑤ “肋”，点校本作“觔”，抄本同，《竹叶亭杂记》卷一作“肋”，今据改。

年野猪二口、一年野猪二口、鹿尾三百盘、野鸡五百只[①]、树鸡三十只、鲟鳇鱼三尾、翅头白鱼一百尾、鲫鱼一百尾、稗子米四斛、铃铛米一斛、山查十坛、梨八坛、林檎八坛、松塔三百个、山韭菜二坛、野蒜苗二坛、柳木枪鞘八根、狡马木枪鞘八根、狡马木线枪鞘八根、柳木线枪鞘八根、枢梨木虎枪杆三十根、桦木箭杆二百根、白桦木箭杆二百根、杨木箭杆二百根、椴木箭杆二百根。

十一月内赍送，进上海青、芦花海青[②]、芦花鹰、白色鹰，并无额数，窝集狗五条。

十一月内赍送，进上贺哲、匪雅喀、奇勒哩官貂鼠皮二千五百八十二张。

隔一年赍送，进上御览。紫桦皮二百张、上用紫桦皮一千四百张、白桦皮改为紫桦皮一千四百张、官紫桦皮二千张。又应交下五旗官紫桦皮一万二千张、白桦皮三千张、暖木皮四百五十斤、莝草四百五十斤、又交下五旗每旗暖木皮各五十斤、莝草各五十斤。

以上具宜赍送武备院查收。

接驾及恭贺万寿进贡物产开列于后：貂鼠、白毛梢[③]黑狐狸、倭刀、黄狐、貉、梅花鹿、角鹿、鹿羔、狍、狍羔、獐、虎、熊、玄狐皮、倭刀皮、黄狐皮、猞狸狲皮、水獭皮、海豹皮、虎皮、豹皮、灰鼠皮、鹿羔皮、雕鹳翎、白肚鳟鱼肉丁、油炸鲟鳇鱼肉丁、烤干白肚鳟鱼肚囊肉、烤干细鳞鱼肚囊肉、海参、草根鱼、鳑头鱼、鲤鱼、花鲟鱼、鱼油、晒干鹿尾、晒干鹿舌、鹿后腿肉、小黄米、炕稗子米、高粮米粉面、玉秫米粉面、小黄米粉面、荞麦糁、小米粉面、稗子米粉面、和的水饀[④]饽饽、

① “五百只”，点校本作“三百只”，抄本同，《竹叶亭杂记》卷一作“五百只”，今据改。

② “芦花海青”，《竹叶亭杂记》缺，《吉林通志》卷三十五亦缺，疑衍。

③ “梢”，点校本作稍，抄本同。《竹叶亭杂记》卷一作“梢”，《吉林通志》卷三十五同，今改。

④ “饀”点校本作“团”，抄本作“饀”，通“团”。今据抄本改。

豆面剪子股饽饽、搓条饽饽、打糕肉[①]夹搓条饽饽、炸饺子饽饽、打糕饽饽、撒糕饽饽、豆面饽饽、豆䴢糕饽饽、蜂糕饽饽、叶子饽饽、水餶[②]子饽饽、鱼儿饽饽、野鸡蛋、葡萄、杜李、羊桃、山核桃仁、松仁、榛仁、核桃仁、杏仁、松子、白蜂蜜[③]、蜜脾、蜜尖、生蜂蜜、山韭菜、贯众[④]菜、黎蒿菜、铊头菜、河白菜、黄花菜、红花菜、蕨菜、芩菜、丛生蘑、鹅掌菜。

兵　备

吉林地方康熙十年由宁古塔移驻满洲兵七百名。康熙十年，由本处添设满洲兵六百名。康熙十六年添设满洲兵一千二百二十一名。康熙二十年移往四边门兵八十名。康熙二十九年移往黑龙江满洲兵八百名。康熙二十九年添设满洲兵七百三十名，汉军兵七十名。康熙三十一年添设锡伯满洲兵一千名。康熙三十一年添设巴尔虎兵四百名。康熙三十八年将锡伯满洲兵一千名移往都京。康熙五十二年添设满洲兵五百七十九名。康熙五十四年移往三姓满洲兵八十名，其缺仍挑补满洲兵八十名。雍正三年移往阿勒楚喀满洲兵一百名。雍正四年将巴尔虎兵裁汰五十名，其缺挑补汉军兵五十名。雍正六年移往伊通满洲兵一百名。雍正十年将打牲乌拉包衣下闲散丁内挑选满洲兵一千名，于乾隆五年移往打牲乌拉。雍正十一年

① “肉”，点校本作“内”，抄本同。《竹叶亭杂记》卷一作“肉”《吉林通志》卷三十五同，今改。

② “餶”点校本作“团”，抄本作“餶”，通“团”。今据抄本改

③ “众”，点校本作“泉”，抄本作“众”，《竹叶亭杂记》卷一亦作“众”，《吉林通志》卷三十五同，今改。

④ “白蜂蜜”，《竹叶亭杂记》卷一、《吉林通志》卷三十五同。抄本误作“白蜂密”，点校本改。

由官庄、台站、水手内挑设新汉军鸟枪营兵一千名。乾隆三年移往额穆和索啰满洲兵一百二十名。乾隆二十五年将新汉军鸟枪营兵裁汰三百名，其缺由宁古塔、珲春二处挑补。乾隆三十年因给与四边门台领催、摆渡、水手、领催等饷银，将新汉军鸟枪兵裁汰二十六名。

以上除裁汰挪役兵丁外，现在实有额设满洲兵三千六百三十名，巴尔虎兵三百五十名，陈汉军兵一百二十名，新汉军鸟枪兵六百七十四名，共兵三千七百七十四名。

打牲乌拉地方　于乾隆五年由吉林移驻打牲满洲兵一千名，于乾隆二十五年裁汰兵三百名，其缺由宁古塔、珲春二处挑补。乾隆四十年由原额七百兵内挑放，食原饷无品级笔帖式二员，教习一员。

以上除裁汰兵丁外，现在实有额设满洲兵七百名。

伊通地方　雍正六年由吉林移驻满洲兵一百名，由开原移驻满洲兵一百名，共兵二百名。

额穆和索啰地方　于乾隆三年由吉林移驻满洲兵一百二十名。

巴彦鄂佛啰、伊通、赫尔苏、布尔图库等四边门　康熙二十年初设四边门时，由吉林八旗额兵内移驻满洲兵各二十名。

吉林水手营，于康熙十三年设立，共有修造粮船水手、领催八名，壮丁二百五十名，木艌匠役四十五名。

共水手丁三百三名。

宁古塔地方　顺治十年原有满洲兵四百三十名。顺治十八年添设满洲兵五百名。康熙三年添设满洲兵六十六名。康熙十年将满洲兵七百名移往吉林。康熙十七年添设满洲兵二百九十名。康熙二十九年移往黑龙江满洲兵二百名。康熙二十九年添设满洲兵一百五十六名。康熙五十二年添设满洲兵四百五十八名。康熙五十三年移往珲春满洲兵四十名，其缺仍挑补满洲兵四十名。乾隆二十五年由吉林裁汰新汉军兵三百名，打牲乌拉裁汰满洲兵三百名，其缺由宁古塔挑补满洲兵四百名，珲春挑补满洲兵二百名。

以上除裁汰挪移兵丁外，现在实有额设满洲兵一千四百名。

珲春地方　康熙五十三年由宁古塔移驻满洲兵四十名，挑新满洲兵一百五十名。乾隆十七年由三姓移驻满洲兵六十名。乾隆二十五年由吉林裁汰新汉军兵三百名，打牲乌拉裁汰满洲兵三百名，其缺由珲春挑补满洲兵二百名，宁古塔挑补满洲兵四百名。

以上额设满洲兵四百五十名。

伯都讷地方　康熙三十一年初设满洲兵二千名。康熙三十八年移往盛京满洲兵一千四百名。康熙四十年添设蒙古兵一百名。康熙五十二年由吉林闲散内挑补兵四百名移驻伯都讷。雍正三年移往阿勒楚喀[①]满洲兵一百名。

以上除挪移兵丁外，现在实有额设满洲兵九百名，蒙古兵一百名，共兵一千名。

三姓地方　康熙五十三年初设新满洲兵二百名，康熙五十四年由吉林移驻满洲兵八十名。雍正十年将三姓打牲丁[②]内挑补满洲兵八百名。雍正十年将八姓打牲丁内挑补兵一千名。乾隆十七年移往珲春满洲兵六十名。乾隆二十一年移往阿勒楚喀满洲兵三百名,裁汰满洲兵二百名。

以上除裁汰挪移兵丁外，现在实有额设满洲兵一千五百二十名。

阿勒楚喀，拉林地方　雍正三年由吉林移驻满洲兵一百名，由伯都讷移驻满洲兵一百名，又将吉林闲散内挑补满洲兵一百名，伯都讷闲散内挑补满洲兵百名,共设兵四百名。雍正十年添设满洲兵一百一十二名。乾隆二十一年由三姓移驻满洲兵三百名。于乾隆二十七年分驻阿勒楚喀满洲兵四百六名，拉林满洲兵四百六名。

以上二处共移驻添设满洲兵八百一十二名。

以上吉林通省现有额设满洲兵八千八百十二名，蒙古兵一百名，巴尔虎兵三百五十名，陈汉军兵一百二十名，新汉军鸟枪兵六百七十四名。

以上通省额设兵共一万零五十六名，此内领催七百二十九名，前锋

① “阿勒楚喀”，《清文献通考》卷一百八十二作“瓜勒察”。

② “丁”，抄本缺。核下文：“雍正十年将八姓打牲丁内挑补兵一千名”，点校本补。

兵二百十六名，每名按月食饷银三两。披甲九千一百一十一名，每名按月食饷银二两。领催缺出由本佐领下前锋、披甲内挑补，前锋缺出由本旗披甲内挑补，披甲缺出由本佐领下闲散内挑补。水手营领催八名，每名按月食饷限一两五钱，壮丁二百五十名，木舱匠役四十五名，每名按月食饷限一两。领催缺出由壮丁内挑补，壮丁缺出由幼丁内挑补，木舱匠缺出由幼丁内挑补之处，理合声明。

吉林八旗、蒙古旗、鸟枪营、打牲乌拉、伊通、额穆和索啰、四边门等处共额设：

协领十员，参领一员，每员盔甲一副、弓二张、撒袋一副、腰刀一口、箭二百五十支。佐领六十七员，每员盔甲一副、弓二张、撒袋一副、腰刀一口、箭二百支。防御三十五员，每员盔甲一副、弓二张、撒袋一副、腰刀一口、箭一百五十支。骁骑校六十九员，每员盔甲一副、弓二张、撒袋一副、腰刀一口、箭一百支。此外佐领、骁骑校各有纛一杆。

宁古塔额设

协领二员，每员盔甲一副、弓二张、撒袋一副、腰刀一口、箭二百五十支。佐领十二员，每员盔甲一副、弓二张、撒袋一副、腰刀一口、箭二百支。防御十二员，每员盔甲一副、弓二张、撒袋一副、腰刀一口、箭一百五十支。骁骑校十二员，每员盔甲一副、弓二张、撒袋一副、腰刀一口、箭一百支。此外佐领、骁骑校各有纛一杆。

珲春额设

协领一员，盔甲一副、弓二张、撒袋一副、腰刀一口、箭二百五十支。佐领三员，每员盔甲一副、弓二张、撒袋一副、腰刀一口、箭二百支。防御二员，每员盔甲一副、弓二张、撒袋一副、腰刀一口、箭一百五十支。骁骑校三员，每员盔甲一副、弓二张、撒袋一副、腰刀一口、箭一百支。此外佐领、骁骑校各有纛一杆。

伯都讷额设

协领二员，每员盔甲一副、弓二张、撒袋一副、腰刀一口、箭二百五十支。佐领十二员，每员盔甲一副、弓二张、撒袋一副、腰刀一口、箭二百支。防御八员，每员盔甲一副、弓二张、撒袋一副、腰刀一口、箭一百五十支。骁骑校十二员，每员盔甲一副、弓二张、撒袋一副、腰刀一口、箭一百支。此外佐领、骁骑校各有纛一杆。

三姓额设

协领二员，每员盔甲一副、弓二张、撒袋一副、腰刀一口、箭二百五十支。佐领十五员，每员盔甲一副、弓二张、撒袋一副、腰刀一口、箭二百支。防御八员，每员盔甲一副、弓二张、撒袋一副、腰刀一口、箭一百五十支。骁骑校十五员，每员盔甲一副、弓二张、撒袋一副、腰刀一口、箭一百支。此外佐领、骁骑校各有纛一杆。

阿勒楚喀、拉林地方每处额设

协领一员，每员盔甲一副、弓二张、撒袋一副、腰刀一口、箭二百五十支。二处佐领十三员，每员盔甲一副、弓二张、撒袋一副、腰刀一口、箭二百支。二处防御十员，每员盔甲一副、弓二张、撒袋一副、腰刀一口，箭一百五十支。二处骁骑校十三员，每员盔甲一副、弓二张、撒袋一副、腰刀一口、箭一百支。此外佐领、骁骑校各有纛一杆。

以上官员军器、盔甲，遇有残破俱系自力修补，放贮各本家。每岁年底，将实有官员军器、盔甲数目派员查阅，取具甘结备查。仍将查阅之处题奏外，另行造册咨报兵部，理合声明。

吉林地方　八旗、蒙古旗、鸟枪营、打牲乌拉、伊通、额穆赫索罗、四边门等处共额兵四千八百七十四名，每名弓一张，撒袋一副、腰刀一口。领催、前锋每名箭七十支。披甲每名箭五十支。兵二名枪一杆，兵四名帐房一架、铜锅一口。领催每名号旗一杆。外有大阅时作为军装盔甲一千八百五十副。每岁春秋操演，鸟枪一千二百七十四杆。吉林、打牲乌拉共设棉甲一千四百六十件。

宁古塔地方　共额兵一千四百名，每名弓一张、撒袋一副。兵二名枪一杆、腰刀一口。领催、前锋每名箭七十支。披甲每名箭五十支。兵四名帐房一架、铜锅一口。领催每名号旗一杆。外有大阅时作为军装盔甲五十七副。每岁春秋操演，鸟枪二百杆。

珲春地方　共额兵四百五十名，每名弓一张、撒袋一副、腰刀一口。领催每名箭七十支。披甲每名箭五十支。兵二名枪一杆。兵四名帐房一架、铜锅一口。领催每名号旗一杆。外有大阅时作为军装盔甲一百八十一副。宁古塔、珲春共设棉甲五百五十件。

伯都讷地方　共额兵一千名，每名弓一张、撒袋一副、腰刀一口。领催、前锋每名箭七十支。披甲每名箭五十支。兵二名枪一杆，兵四名帐房一架、铜锅一口。领催每名号旗一杆。外有大阅时作为军装盔甲四百二十副。每岁春秋操演，鸟枪二百杆。共设棉甲三百件。

三姓地方　共额兵一千五百二十名，每名弓一张、撒袋一副、腰刀一口。领催、前锋每名箭七十支。披甲每名箭五十支。兵二名枪一杆。兵四名帐房一架、铜锅一口。领催每员号旗一杆。外有大阅时作为军装盔甲六百三十副。每岁春秋操演，鸟枪二百杆。共设棉甲四百五十件。

阿勒楚喀、拉林地方　每处额兵四百零六名，共兵八百一十二名，每名弓一张、撒袋一副、腰刀一口。领催、前锋每名箭七十支。披甲每名箭五十支。兵二名枪一杆，兵四名帐房一架、铜锅一口。领催每名号旗一杆。外有大阅时作为军装盔甲三百四十副。二处共设棉甲二百四十件。

以上各城各项军器，自官设以来遇有残破，俱系兵力粘补，各旗收贮。此内唯有鸟枪、棉甲二项系动用官项修补，存贮各本处库内，春秋二季操演时，将鸟枪发出使用，操演完竣，仍交库内存贮。每岁年底，派员查阅各军器数目，取具甘结备查，仍将查阅之处题奏外，另行造册咨报兵部。其于何年设立，并增减年分，日久档案不全，无凭可查之处，屡经声明在案，理合声明。

边　门

吉林地方共有边门四座，内有三边门各属七台，其余一边门所属八台，共台二十九座，俱系康熙二十年设立。每边门各有防御一员、笔帖式一员管辖外，各有吉林移驻旗兵二十名。每边门各有总理领催一名，每台领催各一名[①]，台丁各一百五十名。兵系看守边门，盘查出入。台丁系充当拴边、挖壕差使。

巴彦鄂佛啰边门，在吉林城正北一百七十里[②]。此边门防御、笔帖式缺出，由镶白、正蓝二旗骁骑校、披甲内挑选补放。额兵二十名，俱系满洲。此内领催一名，每月食饷银三两。披甲十九名，每月食饷银二两。领催缺出亦由二旗披甲内挑补。披甲缺出，由本旗佐领下闲散内挑补。台总理领催一名，每月食饷银二两。台领催七名，每月食饷银一两五钱。总理领催缺出由七台领催内挑补。领催缺出由正丁内挑补。七台共正丁一百五十名，俱由本台幼丁内挑补，并无饷银。边内系吉林所属，边外松花江东系伯都讷界，松花江西系蒙古界。西南距伊通边门三百里。

伊通边门，在吉林城西北二百八十里。此边门防御笔帖式缺出，由镶黄、正白二旗骁骑校、披甲内挑选补放。额兵二十名，内有满洲兵十六名，陈汉军兵四名。此内领催一名，每月食饷银三两。披甲十九名，每月食饷银二两。领催缺出亦由二旗披甲内挑补。披甲缺出由本旗佐领下闲散内挑补。台总理领催一名，每月食饷银二两。台领催七名，每月

① “一名”，《吉林外纪》卷四作“七名”。

② “一百七十里”，《盛京通志》卷五十二作“二百十里”。

食饷银一两五钱。总理领催缺出由七台领催内挑补。领催缺出由台丁内挑补。七台共台丁一百五十名。俱由本台幼丁内挑补，并无饷银。边内系吉林所属，边外系长春厅与蒙古界。西南距赫尔苏边门一百二十里。

赫尔苏边门，在吉林城西北四百里。此边门防御、笔帖式缺出，由正黄、正红二旗骁骑校、披甲内挑选补放。额兵二十名，俱系满洲。此内领催一名，每月食饷银三两。披甲十九名，每月食饷银二两。领催缺出亦由二旗披甲内挑补。披甲缺出由本旗佐领下闲散内挑补。台总理领催一名，每月食饷银二两。台领催七名，每月食饷银一两五钱。台委署领催一名，不给饷银。总理领催缺出由八[①]台领催内挑补。领催缺出，由委署领催、台丁内挑补。八台共台丁一百五十名，俱由本台幼丁内挑补，并无饷银。边内系吉林所属，边外系蒙古界。西南距布尔图库边门八十里。

布尔图库边门，在吉林城正西五百里。此边门防御、笔帖式缺出，由镶红、镶蓝二旗骁骑校、披甲内挑选补放。兵二十名，俱系满洲。此内领催一名，每月食饷银三两。披甲十九名，每月食饷银二两。领催缺出亦由二旗披甲内挑补。披甲缺出由本旗佐领下闲散内挑补。台总理领催一名，每月食饷银二两。台领催七名，每月食饷银一两五钱。总理领催缺出，由七台领催内挑补。领催缺出，由台丁内挑补。七台共台丁一百五十名，俱由本台幼丁内挑补，并无饷银。边内系吉林所属，边外系蒙古界。西南距盛京所属威远堡边门一百一十里。

① “八”，抄本作“七”，误。《吉林志书·关隘》：“查吉林地方，康熙二十年设立巴彦鄂佛罗、伊通、赫尔苏、布尔图库等四边门。”又说：“巴彦鄂佛罗、伊通、布尔图库等三边门各属七台，赫尔苏所属八台，共台二十九座。”故作“八”是，点校本改。

移　民

拉林地方　于乾隆九年由都京挪移闲散满洲七百五十二户，分为头八屯、二八屯居住。乾隆十年由都京挪移闲散满洲二百五十户，添与二屯居住。

阿勒楚喀城地方　于乾隆二十一年由都京挪移闲散满洲五百户，按立海沟八屯居住。乾隆二十二年由都京挪移闲散满洲五百户，按立瓦珲八屯居住。乾隆二十三年由都京挪移闲散满洲五百户，按立西沟八屯居住。拉林地方，于乾隆二十四年由都京挪移闲散满洲五百户，按霍集莫八屯居住。自乾隆三十二年起至嘉庆十五年，二处除将闲散满洲内陆续挑补披甲二百八十五名外，现有闲散满洲二千七百一十五户。每年每户给银五两，修葺房屋，添补农器等项，共支领报销银一万三千五百七十五两。

参　票

吉林地方，每岁陆续由部请领散放刨参票张，收办参斤，裁改年分，开列于后。

计开：乾隆二十八年，原任将军恒禄奏请：行放乌苏里等山参票，改为吉林、宁古塔地方设立官参局收贮参斤。自二十八年至三十二年，每年由部领取乌苏里、绥芬山票四千张，回山照票四千张，护票八张。内分给宁古塔、乌苏里山票二千张，回山照票二千张，护票四张。每票一张作为五夫，收参十二两，由京派员会同散放，剩票送部缴销。

乾隆三十三年，将军恒禄奏请：吉林、宁古塔地方行放参票，仿照奉天办理,改为小票。自三十三年至三十四年由部领取小票二万四千张，回山照票二万四千张，护票八张，每票[①]一张刨夫一名，收参五钱。由京派员会同散放。

乾隆三十四年，将军富亮奏请：增添洛拉密山票四千张，英额岭山票二千张，回山照票六千张，护票四张。自三十五年至四十一年由部领取乌苏里、绥芬、洛拉密等山小票三万张，回山照票三万张，护票十二张。由京派员会同散放。

乾隆四十一年，奉准户部侍郎金简题准，由京部内派往吉林、宁古塔二处会办放票收参之章京停其派往，着交该将军、副都统办理。

乾隆四十二年，钦差侍郎金简、将军福康安等会议奏请：裁去小票改为四夫一票，每票一张收官参二两，如刨夫愿带二三人者，各给将军印照一张，收官参五钱。自四十二年至四十七年，由部领取乌苏里、绥芬、洛拉密、英额岭等山票四千张，回山照票四千张，护票十二张，每放部票一张，收参二两，收得官参内，如有大枝参或有上好参枝，即作为四等参呈进。

乾隆四十八年，盛京将军永维、吉林将军庆柱等会议，采挖参山，自四十八年至五十二年奏请:歇山后，将偷挖参枝贼犯拿获至六百余人，偷挖得参枝二百两之缘由具奏。奉旨：下年毋庸歇山，仍放给刨夫票张开采。钦此，钦遵。自四十九年至五十五年，由部仍领取乌苏里、绥芬、英额岭等山票四千张，回山照票四千张，护票十二张。

① “票”，抄本作“张”。点校本改。

乾隆五十六年，将军琳宁奏请：吉林、宁古塔二处减票一千张，自五十六年至五十八年由部领取乌苏里等山票三千张。

乾隆五十八年，将军恒秀奏请：以三千张参票内分放乌苏里山票一千五百张，洛拉密山票七百张，英额岭山票七百五十张。蒙古鲁山亦产参枝，分放票五十张，竭力散票刨采。后至五十九年，钦差大学士公福康安等奏请：吉林本城参票，即以五百张为试放之数，其阿勒楚喀、三姓、伯都讷、宁古塔参票仍循照旧散放。自五十九年至嘉庆三年，由部领取刨参票三千张，内吉林留票一千四百张，行放五百张，分给宁古塔票一千张，三姓票三百张，阿勒楚喀票二百张，伯都讷票一百张，仍照旧竭力散放，剩票送部缴销。

嘉庆四年，吉林将军秀林奏请：吉林定以行放参票五百张内，减票五十张。伯都讷照上年放出票三十四张，内减票二张。三姓照上年放出票三十六张，内减票三张。阿勒楚喀照上年放出票二十九张，内减票二张，唯宁古塔参票并未议减。吉林、宁古塔二处事同一体，吉林定额五百张，减票五十张内，给宁古塔分减票十四张，印照一张。吉林减票三十五张，印照三张。二处减票五十张，免其交参，自参余银内，折价抵充该处官兵俸饷。其吉林票仍以五百张为额，宁古塔票以二百十张为额，伯都讷票以三二十张为额，三姓票以三十三张为额，阿勒楚喀票以二十七张为额。

自嘉庆四年至五年，仍由部领取刨参票三千张，照额散放，剩票送部缴销。嘉庆六年奉准户部议复，刨参票三千张内议裁二千张、护票四张。自六年至十五年，每年由部领乌苏里、绥芬、洛拉密、英额岭、蒙古鲁等山参票一千张，回山票一千张，护票八张，照额分给各城竭力行放，剩票送部缴销。

库贮地图明细

现今库贮：乾隆四十四年四月接到平定金川版图三十四张。嘉庆五年九月接到平定台湾版图十二张。嘉庆十年三月接到平定湖北、湖南版图十六张，平定四川版图四张。吉林通省图一张，吉林城图一张，长白山图一张，望祭长白山图一张。（按：上图均佚）

《吉林志书》与《盛京通志》地名异名表

	《吉林志书》	《盛京通志》
城池	昂邦毕拉城	安巴毕喇城
	榜色城	拜塞城
	博儿集城	博尔济堡
	布尔哈图西古城	布尔哈图城
	东峨城	栋鄂城
	俄磨城	鄂谟城
	噶思哈城	噶斯哈城
	哈儿边城	哈勒费延城
	虎脊城	呼济城
	虎鲁城	呼噜城
	福尔单城	富尔丹城
	福儿哈城	富勒哈城
	布尔哈图城	哈图城
	飞腰城	费雅城
	佛尔哈城	佛勒和城
	吉林	船厂
	觉罗城	觉罗堡
	木当阿城	穆当阿城
	纳单佛勒城	那丹佛呼城
	青阳堡城	青阳浦城
	撒儿八哈城	萨尔巴禅城
	撒儿虎城	萨勒瑚城
	刷烟城	苏斡延城
	刷烟岛城	苏斡延岛城
	索尔贺城	索勒和城
	瓦利城	斡里城
	西阑城	锡兰城
	席百诚	锡伯城
	业阿城	叶赫城
	业和城	叶赫城
	叶赫商坚府城	叶赫珊延府城
	伊汉山城	伊罕山城
	一拉木城	伊兰茂城
	衣蓝木哈连山	伊兰穆哈连山
	永吉州	船厂
	乌朱力堡	乌苏哩堡
边门	布尔图库苏巴勒干边门	布尔德库苏巴尔罕边门
	法忒哈边门	发特哈边门
	英额边门	英峨边门
站台	沙阑站	沙兰站
山峰	阿尔楚哈河	阿勒楚喀河
	阿儿滩额墨尔山	阿勒坦额墨勒山
	阿脊革牙哈东山	阿济格雅哈东山
	昂邦牙哈东山	安巴雅哈东山
	八岭山	巴延山
	巴彦博多科山	巴延博多和山
	巴岩喀喇山	巴延喀喇山
	壁郎吉山	毕朗吉山

	《吉林志书》	《盛京通志》
	博尔科山	博勒和山
	博多科山	博多和山
	布儿德库苏把儿汉山	布尔图库巴尔罕山
	布腊山	布拉山
	查库兰山	察库兰山
	大奇木鲁山	达喜穆鲁山
	大央阿山	达扬阿山
	德尔肯山	德克山
	邓噶喇山	登噶拉山
	敦珠虎山	敦珠克山
	峨儿滚尔山	额尔古呼山
	额黑乌郎吉山	额赫乌兰山
	俄克即哈俄磨山	鄂克济哈鄂摩山
	俄莫贺帛阿山	鄂摩和昂山
	法忒哈俄佛罗山	法特哈鄂佛罗山
	飞得力山	费德哩山
	佛尔门山	佛尔们山
	佛思恒山	佛斯亨山
	弗河库山	佛赫库山
	富儿哈山	富勒哈山
	哥奇山	雅奇山
	哈儿飞烟山	哈勒费延山
	哈尔哈山	哈尔噶山
	和尔托科山	和勒托和山
	和七坤木哈连山	和齐宽穆哈连山
	和屯朔山	和托苏山
	黑儿苏山	克尔素山
	黑咀山	黑嘴山
	壶兰山	呼兰山
	虎坤堆	呼昆堆
	虎勒山	呼勒山
	鸡冠山	鸡冠峰
	嘉色山	嘉石山
	加松阿山	札松阿山
	喀尔代山	喀尔岱山
	开运山	启运山
	科七客山	科齐克山
	腊壶塔山	拉呼塔山
	腊林山	拉林山
	墨棱山	摩琳山
	木当阿烟台山	穆当阿烟台山
	木黑连布占	穆哈连布瞻
	木克阿立哈山	穆克阿哩罕山
	纳儿浑山	纳尔浑山
	南勒克山	南埒克山
	尼马呼山	尼玛瑚山
	年马州山	尼雅勒玛州山
	欹尔民商坚阿邻	果勒敏珊延阿林
	欹尔民朱敦	果勒敏珠敦
	撒尔达山	萨尔达山
	撒木禅山	萨穆禅山

	《吉林志书》	《盛京通志》
	萨哈连浑科	萨哈连洪科
	色黑力山	塞赫哩山
	商坚窝黑	珊延沃赫
	思额木山	思额穆山
	苏大路山	苏达拉山
	通垦山	通肯山
	温德恒山	温德亨山
	乌儿浑山	鄂勒欢山
	乌绿梨山	乌鲁哩山
	兀术山	乌珠山
	西儿滩俄佛罗山	锡尔坦鄂佛罗山
	希喀塔山	锡赫特山
	西里门山	锡勒们山
	夏渣山	喜彰山
	雅呼达山	雅尔呼达山
	牙克萨山	雅克萨山
	伊汉山	伊罕山
	一拉木山	伊兰茂山
	衣蓝木哈连山	伊兰穆哈连山
	依努山	依努山
	英厄布占	英额布瞻
	幼儿浑山	纳尔浑山
	元家博多科山	元家博多和山
	珠鲁喀儿必库	珠噜喀勒毕库
崖	呼客儿崖	呼克图崖
岭	大央阿岭	达扬阿岭
	嘎哈岭	噶哈岭
	湖沦岭	呼伦岭
	虎驻岭	乌珠峰
	康删岭	康萨岭
	钮黑岭	钮赫岭
峰	阿虎峰	阿呼峰
	阿脊革峰	阿济格峰
	阿脊革河托峰	阿济格和托峰
	昂邦河托峰	安巴和托峰
	昂邦何托峰	安巴和托峰
	额黑峰	额赫峰
	伐门峰	佛门峰
	伐士兰峰	发实兰峰
	法儿马峰	发乌勒呼玛峰
	法西兰峰	发实兰峰
	亨哈达	爱罕哈达
	壶兰峰	呼兰峰
	密占窝集	玛展窝集
	娘儿马峰	尼雅勒玛峰
	乌尔坚峰	乌勒间峰
	窝黑脊峰	乌赫济峰
	色黑勒峰	塞尔勒峰
	色黑勒峰	塞赫勒峰
	通垦峰	通肯山
	衣车峰	伊彻峰

	《吉林志书》	《盛京通志》
	衣车哈达	伊彻哈达
	扎克丹峰	札克丹峰
	珠鲁木哈达峰	珠噜穆哈连峰
	珠鲁木哈连峰	珠噜穆哈连峰
	朱鲁木克善峰	珠噜穆哈连峰
岗	勒福陈岗	勒富善冈
	刷烟冈	苏斡延岗
	刷烟木敦	苏斡延木敦
山谷	蒙古谷	蒙古峪
窝集	阿尔哈窝集	阿勒哈窝集
	阿思汉毕拉窝集	阿斯罕毕喇窝集
	昂邦必拉窝集	安巴毕喇窝集
	巴阑窝集	巴兰窝集
	必儿汉窝集	毕尔罕窝集
	必兴窝集	毕歆窝集
	都耳窝集	都尔窝集
	福大密窝集	富达密窝集
	虎思喀哩窝集	呼锡哈哩窝集
	贺沦窝集	和伦窝集
	贺洛窝集	和罗窝集
	壶兰窝集	呼兰窝集
	虎思喀哩窝集	呼锡哈哩窝集
	加木屯窝集	扎穆图窝集
	库鲁窝集	库噜窝集
	库鲁讷窝集	库勒讷窝集
	马尔虎力窝集	玛勒呼哩窝集
	马尔虎力窝集	玛尔呼哩窝集
	米占窝集	玛展窝集
	模棱窝集	穆棱窝集
	纳绿窝集	纳噜窝集
	纳木窝集	纳穆窝集
	讷秦窝集	纳秦窝集
	泥满窝集	尼满窝集
	捏黑窝集	尼叶赫窝集
	奇水宁窝集	喀穆尼窝集
	撒尔布窝集	萨尔布窝集
	色齐窝集	塞齐窝集
	商坚窝集	珊延沃赫
	商坚必儿汉窝集	珊延毕尔罕窝集
	舍黑窝集	舍赫窝集
	舒阑窝集	舒兰窝集
	朔尔贺绰窝集	索尔和绰窝集
	忒林窝集	特林窝集
	吞窝集	屯窝集
	温屯窝集	温登窝集
	西兰窝集	锡兰窝集
河流	阿尔楚哈河	阿勒楚喀河
	阿脊格土拉库河	阿济格图拉库河
	阿脊革牙哈河	阿济格雅哈河
	阿兰河	阿拉河
	阿绿河	阿噜河

	《吉林志书》	《盛京通志》
	阿什河	阿实河
	阿思汉河	阿斯罕河
	阿也苦江	阿雅噶河
	安达儿汉河	安达尔琦河
	昂邦河	安巴河
	昂邦梅黑河	安巴美赫河
	昂邦土拉库河	安巴图拉库河
	昂邦牙哈河	安巴雅哈河
	敖河	鄂河
	巴阑河	巴兰河
	巴彦河	巴延河
	百辰河	伯晨河
	必津河	毕津河
	壁腊儿河	毕呼哩河
	必兴河	毕歆河
	布儿坎河	布尔堪河
	布儿哈图河	布尔噶图河
	打虎河	达呼河
	东式库河	通锡库河
	都蒂河	都岱河
	都耳河	都尔河
	都忒赫河	都特赫河
	多忒敦河	多卜屯河
	俄尔滚遂分河	鄂勒欢绥芬河
	额尔民河	额勒敏河
	峨河	鄂河
	额黑木河	额赫茂河
	额壶河	额伊壶河
	额浑河	额依浑河
	额虎河	额伊呼河
	俄克托河	鄂克托河
	额因河	额音河
	额者米河	额哲密河
	扼虎河	爱呼河
	厄里讷因河	额赫额因河
	厄尔民河	额勒敏河
	法儿撒河	发尔萨河
	法河	发河
	范图河	法勒图河
	飞可图河	费可图河
	佛多贺河	费岳和河
	佛多贺河	佛多和河
	福大密河	富达密河
	福尔单河	富尔丹河
	福尔哈河	富勒哈河
	福尔虎河	富尔瑚河
	福尔虎河	富勒呼河
	福尔加哈河	富尔吉哈河
	噶哈里河	噶哈哩河
	噶鲁河	噶噜河
	革林河	格楞河

	《吉林志书》	《盛京通志》
	庚寅河	庚吉音河
	哈当极河	哈当阿河
	哈尔民河	哈勒们河
	哈浑木克河	哈勒珲穆克河
	哈孙河	噶顺河
	哈占河	哈瞻河
	海拦河	海兰河
	汉楚汉河	汗察罕河
	汉达河	谙达河
	贺沦河	和伦河
	黑儿苏河	克尔素河
	亨滚河	兴滚河
	呼里哈河	瑚尔哈河
	呼鹿河	呼噜河
	虎林河	呼济河
	虎思喀哩河	呼锡哈哩河
	壶兰河	呼兰河
	壶勒河	呼勒河
	湖沦河	呼伦河
	虎儿哈河	瑚尔哈河
	虎脊河	呼济河
	虎夜河	呼雅河
	灰扒河	辉发河
	浑春河	珲春河
	浑绰浑河	珲绰珲河
	吉儿撒河	奇尔萨河
	吉林吉海兰河	吉朗吉海兰河
	加尔图库河	嘉勒图河
	加哈河	嘉哈河
	加浑河	嘉浑河
	伽库河	奇雅库河
	加木屯河	扎穆图河
	科敦河	科多河
	库鲁河	库噜河
	夸兰河	库斡兰河
	腊林河	拉林河
	腊新河	拉忻河
	勒福河	勒富河
	勒福陈河	勒富善河
	辽吉善河	雅吉善河
	罗引占泥河	罗察河
	马儿虎力河	玛尔呼哩河
	马家河	马佳河
	马延河	玛延河
	马彦河	玛延河
	梅黑河	美赫河
	米占河	玛展河
	磨和掩舍棱河	摩克托舍哩河
	墨棱河	摩琳河
	模棱河	穆棱河
	木陈河	穆陈河

	《吉林志书》	《盛京通志》
	木钦河	穆陈河
	纳绿河	纳噜河
	讷儿浑河	纳尔珲河
	讷民河	纳密河
	泥坎河	尼堪河
	尼马腊河	尼玛兰河
	泥满河	尼满河
	你西哈河	尼什哈河
	娘木娘库河	尼雅穆尼雅库河
	捏黑河	尼叶赫河
	挪落河	诺垒河
	诺尼河	嫩江
	诺泥河	嫩江
	七克滩河	齐克腾河
	七驽浑河	齐努浑河
	奇木宁河	奇穆尼河
	奇他木河	奇塔穆河
	启塔木河	奇塔穆河
	撒尔布河	萨尔布河
	撒纶河	萨喇河
	赛因讷因河	三音额音河
	三木定阿河	萨穆当阿河
	色渚论河	塞珠伦河
	沙阑河	沙兰河
	商坚河	珊延河
	舍黑河	舍赫河
	舍棱河	舍哩河
	舒阑河	舒兰河
	刷烟河	苏斡延河
	朔尔贺绰河	索尔和绰河
	松阿河	松阿察河
	松阿里江	松阿哩江
	松景河	松吉河
	遂分河	绥芬河
	遂哈河	绥哈河
	索儿和河	索勒和河
	他木品河	坦频河
	塔阑河	塔拉河
	台克通吉河	赫通额河
	通加江	佟家江
	通启河	通奇河
	土门河	图门河
	土门江	图们江
	忒林河	特林河
	吞河	屯河
	瓦怒虎河	斡穆呼河
	王成河	旺城河
	温吞河	温登河
	翁钦河	翁锦河
	乌查虎河	苏扎呼河
	乌尔虎马河	乌勒呼玛河

	《吉林志书》	《盛京通志》
	乌黑连河	穆哈连河
	乌思虎河	乌斯珲河
	乌绿梨河	乌鲁哩河
	乌苏里江	乌苏哩江
	西尔门河	锡勒们河
	西兰河	锡兰河
	席儿喜河	锡勒喜河
	喜绿河	希噜河
	喜绿河	奇噜河
	夏哩河	喜雅哩河
	牙门河	雅们河
	一把单河	依巴丹河
	衣儿门河	伊勒们河
	伊汉江	伊罕河
	一津河	伊津河
	一拉秦河	伊拉齐河
	依木苏河	伊木逊河
	义实河	依实河
	易屯河	伊屯河
	易屯河	伊敦河
	叶家沟河	华家沟河
	叶和河	叶赫河
	英阿什库河	永安锡库河
	英额河	英峨河
	岳记河	岳希河
	渣儿虎赤河	扎尔固齐河
	渣哈河	扎哈河
	渣淮河	扎津河
	渣星阿河	察兴阿河
	占尼河	瞻河
	折中额河	哲松额河
	朱敦河	珠敦河
	朱克敦河	珠克腾河
	株鲁多浑河	珠噜多观河
	渚沦河	珠伦河
	卓崙峨河	扎伦果河
湖		
	必尔腾湖	毕尔腾湖
	大巴库湖	达巴库湖
	俄莫贺湖	鄂摩和湖
	飞牙达池	费雅达池
	镜泊湖	毕尔腾湖
	兴开湖	兴凯湖
岛屿	哈儿边岛	哈勒费延岛

说明：

1. 本表按英文字母顺序编写，若地名首字声母相同则比较第二个字声母，若第二个字声母相同，则比较第三个字，余则以此类推。

2. 本表地名源自《吉林志书》（李澍田、宋抵点校，吉林文史出版社1988年6月）和《盛京通志》（阿桂等纂修：辽海出版社1997年8月。辽海本缺页则参考《中国地方志集成·辽宁省志》本，凤凰出版社2009年12月）。

参考文献

（清）郝懿行撰 :《尔雅义疏》，中央党校出版社传统文化研究组编，《宋元明清十三经注疏汇要》，北京 : 中共中央党校出版社 1996 年 10 月

（清）吉林将军衙门纂辑 :《吉林志书》，南京大学图书馆藏嘉庆抄本

（清）吉林将军衙门纂辑 :《吉林志书》，吉林大学图书馆藏静电复印本

（清）佚名纂，李澍田、宋抵点校 :《吉林志书》，长春 : 吉林文史出版社 1988 年 6 月

（宋）欧阳修、宋祁撰 :《新唐书》，上海 : 中华书局 1975 年 2 月

（元）脱脱等撰 :《金史》，点校本二十四史修订本，中华书局 2020 年 2 月。

（清）赵尔巽等撰 :《清史稿》，北京 : 中华书局 1977 年 12 月

（清）李有棠撰，崔文印点校 :《金史纪事本末》，中华书局 2016 年 4 月

中国第一历史档案馆编 :《嘉庆帝起居注》，桂林 : 广西师范大学出版社 2006 年 4 月

（清）张廷玉等撰 :《清朝文献通考》，《十通》第九种，《万有文库》第二集，上海 : 商务印书馆 1936 年 3 月

（清）阿桂等撰，孙文良、陆玉华点校 :《满洲源流考》，辽宁民族

出版社 1988 年 10 月

（民国）金毓黻辑 :《元一统志》,《辽海丛书》本，沈阳 : 辽沈书社 1985 年 3 月

（明）李贤撰 :《明一统志》，台湾 : 台联国风出版社 1977 年 8 月

（清）穆彰阿、潘锡恩等纂 :《嘉庆重修一统志》,《四部丛刊续编》，上海 : 商务印书馆 1934 年

（清）萨英额纂辑 :《吉林外纪》,《中国方志丛书》影印本，台湾 : 成文出版社 1974 年 ; 史吉祥、张羽点校 :《长白丛书》本，长春 : 吉林文史出版社 1986 年 6 月

（清）曹殿举标点 :《吉林分巡道造送会典馆清册》，长春 : 吉林文史出版社 1988 年 6 月

（清）西清纂、萧穆等重辑 :《黑龙江外记》,《中国方志丛书》影印本，台湾 : 成文出版社 1969 年 2 月

（清）王家相等撰 :《清秘述闻补》，张伟点校，中华书局 1982 年 5 月

（清）姚元之撰 :《竹叶亭杂记》，光绪十九年刻本 ; 李解民点校本，中华书局 1982 年 5 月

周骏富辑 :《国朝耆献类征初编》,《清史列传丛刊》影印本，台湾 : 明文书局印行 1985 年 5 月

周骏富辑 ;《清史列传》,《清史列传丛刊》影印本，台湾 : 明文书局印行 1985 年 5 月

中国历史大辞典编纂委员会编纂 :《中国历史大辞典》，上海 : 上海辞书出版社 2000 年 3 月

邱树森主编 :《中国历代职官大辞典》，南昌 : 江西教育出版社 1991 年 7 月

戴均良、刘保全、邹逸麟、王文楚、张晓敏主编 :《中国古今地名大词典》，上海 : 上海辞书出版社 2005 年 7 月

庄汉新、郭居园编纂 :《中国古今名人大辞典》，北京 : 警官教育出版社，1991 年 12 月

史为乐主编 :《中国历史地名大辞典》，北京 : 中国社会科学出版社 2005 年 3 月

魏嵩山主编 :《中国历史地名大辞典》，广州 : 广东教育出版社 1995 年 5 月

张连伟 :《关于镜泊湖的两点考辨》,《东北史地》2014 年第 1 期。

王岸英 :《牡月 · 江流域满语地名的翻译考证》,《民族翻译》2008 年第 1 期

王维宪 :《清朝伯都讷的满族教育》,《伯都讷文艺季刊》2010 年第 3 期

图书在版编目（CIP）数据

吉林志书 / 宋抵点校. -- 长春 : 吉林文史出版社, 2020.11
（长白文库）
ISBN 978-7-5472-7382-1

Ⅰ. ①吉… Ⅱ. ①宋… Ⅲ. ①吉林—地方志—清代 Ⅳ. ①K293.4

中国版本图书馆CIP数据核字(2020)第216081号

吉 林 志 书
JILIN ZHISHU
出 品 人: 张　强
点　　校: 宋　抵
丛书主编: 郑　毅
本版校注: 赵太和
责任编辑: 程　明　吴　枫
装帧设计: 尤　蕾
出版发行: 吉林文史出版社有限责任公司
电　　话: 0431-81629369
地　　址: 长春市福祉大路出版集团A座
邮　　编: 130117
网　　址: www.jlws.com.cn
印　　刷: 吉林省优视印务有限公司
开　　本: 170mm×240mm　1/16
印　　张: 13.5
字　　数: 200千字
版　　次: 2020年11月第1版　2020年11月第1次印刷
书　　号: ISBN 978-7-5472-7382-1
定　　价: 118.00元